本书为山东社会科学院学术出版资助项目

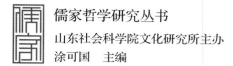

儒家哲学研究丛书

山东社会科学院文化研究所主办

涂可国　主编

明清时期景德镇瓷器
装饰艺术产业化研究

秦树景　著

中国社会科学出版社

图书在版编目(CIP)数据

明清时期景德镇瓷器装饰艺术产业化研究／秦树景著. —北京：中国社会科学出版社，2019.11

ISBN 978 - 7 - 5203 - 5129 - 4

Ⅰ.①明…　Ⅱ.①秦…　Ⅲ.①古代陶瓷—产业发展—研究—景德镇—明清时代　Ⅳ.①F426.7

中国版本图书馆 CIP 数据核字(2019)第 202625 号

出 版 人	赵剑英
责任编辑	冯春凤
责任校对	张爱华
责任印制	张雪娇

出　　版	中国社会科学出版社
社　　址	北京鼓楼西大街甲 158 号
邮　　编	100720
网　　址	http://www.csspw.cn
发 行 部	010 - 84083685
门 市 部	010 - 84029450
经　　销	新华书店及其他书店

印　　刷	北京君升印刷有限公司
装　　订	廊坊市广阳区广增装订厂
版　　次	2019 年 11 月第 1 版
印　　次	2019 年 11 月第 1 次印刷

开　　本	710×1000　1/16
印　　张	14.5
插　　页	2
字　　数	238 千字
定　　价	79.00 元

凡购买中国社会科学出版社图书,如有质量问题请与本社营销中心联系调换
电话:010 - 84083683

序

秦树景博士对艺术产业有着非常浓厚的兴趣，近年来更专注于瓷器装饰艺术的学习与研究。在攻读博士学位期间，她大量搜集资料、努力思考写作，最终形成的答辩论文构成了本书的初稿。在从事博士后研究工作期间，仍然志业于此，最终形成此书。本书主要围绕明清时期景德镇瓷器装饰艺术这一主题，首先对装饰技法和装饰纹样题材进行了分类梳理。在此基础上讨论明清时期不同文化背景、不同社会阶层人们的生活习俗、审美风尚等对景德镇瓷器装饰艺术所产生的影响，从艺术产业的角度梳理了景德镇瓷器装饰艺术的生产组织管理模式和营销方式。并认为明清时期景德镇瓷器装饰艺术的发展，应归因于当时景德镇瓷业生产自身的强大核心竞争力和当时经济的繁荣，以及书画艺术的全面发展。该书将现代艺术产业理论应用于明清时期景德镇瓷器装饰艺术的研究，并对一些相关的理论问题进行了有意义的探讨。

明清时期景德镇瓷器装饰艺术的产业化研究也是一种文化产业研究。文化产业这一术语产生于 20 世纪初。联合国教科文组织认为文化产业就是按照工业标准，生产、再生产、储存以及分配文化产品和服务的一系列活动。主要包括文学艺术、音乐、影像、绘画设计等内容。

2003 年 9 月，中国文化部制定《关于支持和促进文化产业发展的若干意见》，将文化产业界定为："从事文化产品生产和提供文化服务的经营性行业。""文化产业是社会生产力发展的必然产物，是随着中国社会主义市场经济的逐步完善和现代生产方式的不断进步而发展起来的新兴产业。"

文化产业在中国还是一个刚刚开始的新兴产业，随之而来将兴起一个综合的交叉学术研究课题。秦树景的《明清时期景德镇瓷器装饰艺术产业化研究》一书，从艺术产业化的角度开始探讨这一新兴的学术课题，这一课题也可称之为一门新的学科。任何一个学科的构成都应包括三个方面的基本要素：一是要有自己丰富的研究对象；二是要有区别于其他学科而更深入的研究目的；三是在研究对象与研究目的之间要有一个过渡的桥梁，就是科学的研究方法。现在的中国产业化研究因起步较晚，再加上我国历史性的生产理念和生产模式与欧美资本主义国家有较大差别，要总结出一套符合我国历史与当代相结合的产业化理论还需要有一个探索的阶段。综合目前的研究现状，我们仍可对中国文化产业研究的三个要素作初步分析归纳：

一、研究对象：大体包括文化产业的物质媒介、获取手段、生产流程、创作内容与艺术水平，以及营销模式和管理制度等。

二、研究方法：主要有对产业实物主体的分类系统梳理法、实物媒介的定性与定量分析法、生产流程与管理模式的逻辑判断法、传播流通的辐射探究法和历史文献的考证研究法等。

三、研究目的：主要研究各种产业在遵循市场经济规律的前提下，怎样以行业需求为导向，以实现经济效益为目的，发挥人的创作能力；怎样对传统生产模式与今天知识技能和生产模式合理整合；怎样依靠科学的专业组织管理，达到了科学的组织生产模式和取得的经济效益。

艺术的产业化研究，是文化产业研究的一部分，其本质是将艺术通过商品化和产业化的形式获取更大经济效益。它首先表明艺术生产不仅是一种美的艺术创造，它还是一种增加经济效益的生产模式。艺术的产业化生产，首先是在经济规律的指导下，再进行艺术的审美创作与生产。所以，文化艺术产品的艺术形式和内在的艺术价值必须具备，他的物质实用和艺术审美的内蕴决定了艺术产业的特性。

秦树景主要以现代文化产业相关理论为准则思考，将明清时期景德镇瓷器装饰艺术产业作为中国"古代文化产业"的一种典范模式。努力对其产业过程进行较全方位的梳理与研究，以期探讨中国古代文化产业化模式的特点，并希望对当代文化产业的研究与发展提供历史根据。

中国的瓷器产生于商代，是在陶器制造业基础上产生的，它是物质实用和艺术创作相结合的作品。由于受到陶器的影响，从创始瓷器开始，就注重器体的装饰艺术，而且瓷器必须具备的涂饰高温玻璃釉就是一种装饰艺术，缺少这种装饰艺术就不是瓷而是陶。所以，瓷器从初始创作就是一种艺术生产。发展到以市场需求为原则，扩大生产规模与流程，努力提高产品数量和质量，根据人们的审美爱好提升艺术价值，更大范围出售和交换自己的产品，再扩大自己的生产，唐代的邢窑、越窑和长沙窑已初步具备了这种艺术产业化的性质。发展到宋代的耀州窑、磁州窑和龙泉青瓷窑等，这种艺术产业化生产规模更趋完善，它和丝绸、漆器等制造业一起，在世界古典艺术产业化生产中独树一帜。

中国的瓷器发展到明清时期，形成了以瓷都景德镇为中心的繁荣昌盛局面。烧制流程工艺复杂而科学，瓷器釉色种类极其丰富，瓷器造型万类俱全，装饰技术全面娴熟，装饰内容汇融万象，特别是产生和繁荣兴起的五彩、斗彩、素三彩、珐琅彩和粉彩等彩绘瓷器，把我国的瓷器装饰艺术推向了新的高峰。明清瓷器还有科学的营销方式，拥有广阔的海内外市场。先进的瓷器烧制技术传播到欧洲和亚洲的许多国家和地区，景德镇不但是中国的瓷都，也是世界性瓷业生产中心，为世界物质文化和精神文化的发展做出了巨大贡献。

秦树景在该书中特别对明清瓷器装饰艺术的创作技法、纹饰内容分类和审美理念进行了全面的分析研究，充分说明明清时期景德镇瓷器的装饰艺术已形成了较为完善的产业化生产流程模式：第一个流程，根据原本胎体的造型和审美要求，以及对各种文化和地域特点的协调汇融，设计出用各种技法表现的纹饰内容；第二个流程，根据设计在原本胎体上线刻或贴塑各种图案纹饰，再涂施各种有微妙不同配方的高温玻璃釉。而明清时期盛烧的青花瓷，也是在胎体上用氧化钴料绘画各种纹饰；第三个流程，在涂饰的高温玻璃釉上绘画各种各样造型的色彩图案，有的彩瓷如斗彩、五彩和粉彩等需要复烧和多次绘彩，有的还书写诗词、俗语和名言；第四个流程，装窑烧制瓷器，瓷器是火与泥土的科技变幻艺术。入窑烧前的高温玻璃釉往往是一色，高温窑变烧成后则是五彩缤纷，万紫千红；第五个流程，把瓷器畅销大江南北和世界各地。每一个流程的生产和营销，都有一个庞大团队的分工协作。本是一件朴实无华的陶胎素体，经过这样复杂程序的装饰，升华为一件极具艺术审美价值的欣赏品或富有审美情怀的实用器皿。所以，人们谈起明清瓷器，总为它的装饰艺术而津津乐道。在营销过程中，往往它的装饰艺术价值是第一位的。所以，明清时期景德镇瓷器装饰艺术的发展，决定了这时期瓷器产业的持续生产和扩大再生产。

中国的文化产业如何发展，怎样总结历史经验，逐步构建一种指导文化产业生产与研究的科学理论，秦树景《明清时期景德镇瓷器装饰艺术的产业化研究》，已总结出许多重要的借鉴经验与全新的启示，是一部以创新性的思维观念研究和指导文化艺术产业的成功之作。

刘凤君

2019 年 8 月 11 日

目　　录

前　言

　　装饰艺术是一种与特定民族、时代及社会阶层人们的生活方式密切相关的文化形态，其功能不仅仅表现在对生活环境的美化上，更重要的是它能够以潜移默化的方式影响和塑造人们的思想与心灵。瓷器装饰即是在一定文化传统与时代审美思潮影响下，由材质、技法、造型与纹饰共同型构而成的典型装饰艺术形式之一，其材质和技法为造型和纹饰准备了物质技术条件，而造型和纹饰则赋予了材质和技法以审美性的艺术生命。如果说造型在审美之外还因遵循使用价值规律而承担着一定的物质实用功能的话，纹饰则主要是对一定时代的社会思想观念、审美追求、宗教信仰及价值理想等精神性内容的反映。从这个层面来讲，瓷器装饰是科学和艺术所结晶而成的工艺美术品，同时也因其物质与精神的双重功能而成为市场上流通的商品，其中所承载的文化与艺术内蕴正是赖此得以传播与传承。

　　明清时期景德镇瓷器装饰艺术由于特殊的时代社会风尚、宗教观念与审美意识等因素而在技法、造型与纹饰方面取得了举世瞩目的成就。由于官窑御厂的设置，以皇帝为代表的宫廷用瓷极力追求高端奢华，促使装饰技法不断精进、造型趋于繁复多样、纹饰内容更是丰富异常，从而形成了独特的装饰艺术风格。而这些又在无形之中为民窑瓷业生产的发展提供了技术与艺术上的宝贵资源，进而促成了整个景德镇瓷器产业的高度繁荣。装饰技法方面，突破传统较为单一的釉色装饰而形成了丰富的颜色釉创新品类；传统的胎体装饰进一步精简并常与颜色釉结合使用；彩绘技法在元青花的基础上不断创新，五彩、斗彩、珐琅彩、粉彩等发展为瓷器装饰技法的主流。纹饰方面，作为人们审美理念与价值理想的艺术表现形式，应不同社会群体的特定需求，不仅题材内容异常丰富，在纹样构图布局与整体艺术风格上也呈现出多样化的特征。如宫廷用瓷纹样风格较多受到等级制与院体画风影响；而文人士夫所用瓷器纹饰则充满文人气息并与文人画联系较为密切；至于市民百姓用瓷在纹饰上多与同属民间艺术的版画、剪纸等相互影响借鉴，注重对吉祥观念的表达，进而充满了质朴的民间美术格调；外销瓷为适应海外市场的特殊需求则形成了中西合璧的纹样内容与风格。

明清时期景德镇瓷器装饰艺术上所呈现的这许多创新内容，除了受到统治阶级意志的影响之外，主要是适应于当时发达的商品经济而出现的。官窑御厂虽非商品生产，却在自身发展过程中，客观上促进了整个景德镇瓷器产业的发展。景德镇民窑由于要面对激烈的市场竞争，因而极力发展自身的核心竞争力：一是在组织管理模式上借鉴官窑，形成了类似于现代工厂性质的产业化生产销售模式；二是利用官窑培养的大批技术优异的制瓷艺人不断创新生产工艺与产品种类；三是利用官窑与客商提供的高端市场与海内外市场的相关信息，形成有针对性的产品市场定位；四是以优秀的组织管理资源、人才资源、技术资源及信息资源为基础，不断整合传统的与时代的、国内的与国外的各种文化资源，创新产品种类与艺术风格，提升瓷器装饰的文化艺术内蕴以满足不断变化着的多样化的市场需求。

由此可以认为，明清时期景德镇瓷器装饰艺术的产业化发展不仅形成了巨大的经济效益，更在传统文化的传承与传播及中外文化的交流互动上发挥着不容忽视的作用。这既为我们留下了丰富的物质文化遗产与艺术审美及手工技艺类非物质文化遗产资源，更为我们当代文化艺术产业实践的发展与研究提供了极为宝贵的认识与经验资源。

绪　论

第一节　问题的提出

瓷器艺术是中国传统手工技艺的重要内容之一，也被誉为中国的"第五大发明"，英文中的"瓷器（china）"即为"中国（china）"，可知中国瓷器与中国传统文化之间的密切关系。中国古代的瓷器生产长期处于世界领先水平，尤其是明清时期的瓷都景德镇，其产品无论从技术还是艺术层面都达到了极高的水准，因而拥有广阔的海内外市场，而景德镇也因此成为当之无愧的世界性瓷业生产中心，为世界物质文化和精神文化的发展进程做出了重要贡献。"人类的文化，由于各地域之间进行交流才得以不断发展，这是无须赘言的。而通过陶瓷器，似乎可以更好地理解人类文化交流史……通过陶瓷器考察文化交流情况，最好的线索是中国的陶瓷器。没有任何国家的陶瓷像中国陶瓷那样历史悠久，风格多样，而且珍品众多，给予世界各地的陶瓷器以那么大的影响"①。这其中，明清时期的景德镇瓷器及其装饰艺术无疑占有至关重要的地位，而其巨大成就的获得，除客观环境及市场需求因素外，更关键的因素则在于景德镇瓷业本身所具有的核心竞争力优势，即着重于不断提高瓷器装饰的文化艺术内涵，以产品优势赢得市场的同时也促成了民族优秀传统文化的传承、传播与交流。这种竞争力优势的获得，来源于景德镇瓷业近乎现代工场式的标准化组织生产管理模式、大批技术优异的设计与制作人才、不断创新的技术能力与资源整合能力以及装饰风格适应多层次产品需求的市场反应能力等多

---

① 参见［日］长谷部乐尔：《通过陶瓷器了解东西方文化的交流》，转引自《中国国家博物馆藏文物研究丛书·瓷器卷（明代）》，上海古籍出版社 2007 年版，第 234 页。

方面因素的共同支撑。若从现代文化产业定义的相关标准来看，明清时期景德镇瓷器装饰艺术产业基于自身实力、整合文化资源并据市场需求来调整产品种类与产量，注重文化内涵的投入以提高产品艺术品味，从而满足不同消费群体的实用及精神审美需求，进而在潜移默化中影响乃至引导着人们的思维观念与审美喜好，确属中国"文化产业史"中较为典型的模式之一。

文化产业这一概念是西方工业革命的产物，其本质是将文化艺术商品化、产业化以获取经济利益，这同中国古代传统主流文化中的高雅思想有着根本的对立性。中国古代的文人们掌握着整个文化传统发展的主脉，他们有着高雅的品味，以表达自身的内在精神世界为理想与价值追求，反对并鄙夷一切与功利性及市场化相关的文化行为。然而这并不表明中国古代就不存在"事实上"的文化产业行为或模式，孔子办私学以"束脩"为礼，实质上就是一种文化商品"交易"行为，虽然并非"等价"。至于文人收润笔、板桥标画价等更是实实在在的文化交易，文化本身在这里具有了经济价值和意义。明清时期发达的商品经济，使得整个社会都浸润于一种商业文化之下，文人们津津于礼教道德的传统观念逐渐有所转变，商人和市民阶层兴起并逐渐发展成社会结构中的重要力量，进而表现出巨大的文化消费需求。在这种背景下，以瓷器艺术生产业、图书出版业等为典型代表的中国古代文化产业爆发出强大的生命力与影响力，李向民先生即曾在其著作中指出，"景德镇的瓷器……显然是具有复杂的分工、标准化的流程、大规模的贸易、严密的组织，等等等等，很工业，因而也就自然而然的是文化产业史的重要角色"[1]。当然并不是"很工业"就能解决所有问题，景德镇在明清时期成为名副其实的世界性瓷都，其瓷器生产在逐渐完备的手工业工场中进行分工精细的流水线作业，瓷器造型及纹样题材有专门人员进行设计，瓷器成品通过商业渠道进入广阔的市场并最终到达消费者手中，不仅创造了巨大的经济效益，为景德镇市民包括周边县市的百姓提供了就业机会；而且其独特的装饰内容和艺术风格作为一种艺术文化力在提升产品竞争力的同时，使中国传统的思想文化和工艺文化得到了传承，而其在世界各地的广泛传播则表现出了巨大的影响力。从这个意义上

---

① 李向民：《中国文化产业史》，湖南文艺出版社 2006 年版"前言"，第 2—3 页。

讲，明清时期景德镇瓷器装饰艺术的产销模式可作为典型的古代文化产业模式来研究。

目前关于明清瓷器的研究多侧重于某一方面，如从历史学、美术学、自然科学的角度讨论其时代特征、美学价值及工艺技术特点等内容，而将文化产业相关理论如文化消费、文化市场及文化产业学等理念引入，以探讨明清时期景德镇瓷器装饰艺术生产在什么样背景下、怎样实现产业化并迎合、引导市场消费走向进而在社会生活中产生哪些影响等问题则鲜有成果问世。而关于文化艺术产业的研究，由于这一概念产生于近代西方工业革命之后，现有研究成果皆围绕着现代文化产业领域相关理论、政策问题或个案进行探讨，对"事实上存在的中国古代文化产业"几乎没有涉及，惟《中国文化产业史》一书将"古代文化产业"相关内容进行了系统陈述，但并不深入。本书尝试以"明清时期景德镇瓷器装饰艺术产业化"为考察中心，以现代文化产业相关理论为研究视角，将明清时期景德镇瓷器装饰艺术产业作为中国"古代文化产业"的典型模式，探讨其产业化过程并阐明其特征与影响，以期为中国古代文化产业研究提供一可供参考的面向，对现代文化产业研究有所助益，并期望能够为当代文化产业实践的发展提供某些认识与经验意义。

第二节　学术界研究现状

本书所探讨明清时期景德镇瓷器装饰艺术主要包括技法与纹饰两个方面，其丰富而又精美的纹饰题材内容中蕴蓄着深厚的文化艺术内涵，正是这种能够为人们带来独特的审美愉悦与享受的装饰艺术形式成为实用功能之外人们选购瓷器时最为看重的要素[①]。明清时期景德镇瓷器装饰技法继承传统并有大量创新，从技艺上看，用毛笔描绘纹样要比锥

---

① 瓷器艺术作为一种文化产品，具有物质实用性的经济价值和精神思想性的文化价值，"事实上，物质作品是传递思想的工具，正是思想把艺术作品从'一般经济用途'转化为'文化用途'。由此，艺术品不仅具有经济价值（与所有经济商品一样），还具有文化价值。……这两种价值并不是不相关的，因为消费者对艺术作品的需求函数可能把文化价值作为一个重要参数来权衡。"［美］戴维·思罗斯比：《经济学与文化》，王志标等译，中国人民大学出版社2011年版，第113页。

雕、刻划等省时，也更符合商品经济快速高效的发展要求；从审美上看，传统绘画艺术的世俗化发展改变了人们的审美习惯，因而明清瓷器装饰以彩绘技法为主。纹饰上，不同的文化背景形塑着人们不同的审美好尚，景德镇瓷器能够在世界范围内受到人们的普遍喜爱，正是因为其对各个目标消费群体的生活与审美有着较为明确的了解，从而有意识地设计生产出符合不同群体需求的装饰内容与风格。因此从明清时期景德镇瓷器装饰技法、纹饰及整体艺术风格入手，不仅能够了解当时的时代精神、宗教信仰及思想理念等内容，更能够清晰看到景德镇瓷器装饰艺术是怎样以市场为导向、以满足人们不同的精神实用与艺术审美需求为旨归进行产业化生产与销售的。

目前学界关于明清时期景德镇瓷器装饰艺术的研究成果已颇为丰富，近古专门讨论瓷器的文献如《陶雅》《景德镇陶录》《饮流斋说瓷》《陶说》等，虽对明清瓷器装饰艺术中的纹饰方面多有涉及，但其关注对象主要是明清官窑产品，而非立足于整个社会的文化基础进行综合讨论，且论述显得分散而未成系统，故存在一定局限性，正如叶喆民在《明清瓷器鉴定·序言》中所说："近代名著如《陶说》《陶雅》《陶录》《说瓷》等虽不失为一代名作，但在具体而微之观察方法上尤感不足。"[①] 相关的今人论著可分为以下几类：第一，陶瓷通论性（陶瓷史）著作；第二，明清瓷器装饰专论成果；第三，明清瓷器与中外文化交流相关的专题研究成果，涉及瓷器装饰艺术及其产业化发展相关内容；第四，明清景德镇瓷器产业经济类研究成果。

一　陶瓷通论著作中的例行探讨

中国硅酸盐协会主编的《中国陶瓷史》全面介绍了明清时期景德镇瓷器的装饰艺术。在技法方面，明代由于瓷器胎、釉洁白程度提高，彩绘技法成为主流；而整个"清代在制瓷生产工艺方面的改革不大，制瓷业的成就主要是装饰的改进和提高。除颜色釉外，清代瓷器的装饰主要是彩绘，特别是各种釉色地加彩绘的综合装饰"[②]。至于纹饰题材，明代在传

---

①　耿宝昌：《明清瓷器鉴定》，紫禁城出版社、香港：两木出版社1993年版，"叶喆民·序言"。

②　中国硅酸盐学会：《中国陶瓷史》，文物出版社1982年版，第447页。

统动植物纹等内容的基础上，发展了花鸟及人物故事等题材内容，晚明官窑衰落民窑兴起，瓷绘纹饰题材更加丰富，并受到明代文人山水画艺术风格的影响。而某些民窑彩绘的写意禽鸟虫鱼等纹饰，在画意风格上与八大山人有着惊人的相似之处，"有人甚至认为，八大山人的画风受到了明末青花瓷器瓷绘风格的一定影响"①。清代瓷绘纹饰内容发展了花鸟、山水、人物以及书法等题材，其中表现吉祥主题的纹样尤为突出，几乎达到了"图必有意、意必吉祥"的程度，是对整个社会文化习尚的一种艺术化的直观反映。李知宴先生著《中国古代陶瓷》②一书，总结明代瓷器的工艺成就，认为在白釉瓷取得极大成功的基础上，青花、斗彩等彩绘技法均取得了高度成就。清康雍乾三代瓷器艺术整体表现出"胎质细腻、釉光莹润、色彩绚丽、镂雕精工"的特点，其中青花及粉彩类纹样在构图及配色上呈现出独特的装饰意境与风格，如青花类的山水人物、花鸟等绘画纹样逐渐趋向于中国传统水墨画的效果。五彩瓷在纹饰上多讲究用彩繁复的宏大场面，题材内容则花鸟类注重吉祥寓意，人物画多表现某个完整的历史故事图卷。粉彩由于彩料被"粉化"而显得柔和淡雅，用以表现花鸟画有着独特的意境与效果。珐琅彩为宫廷专用瓷品，其纹饰内容多表现出富丽繁缛的格调。斗彩瓷在纹饰内容与工艺方面均超过明代而发展出新的特色。书中对特定装饰技法与相应题材内容相结合所呈现的绝妙艺术风格及装饰效果美有着精准的描述。

　　吴山先生编著《中国历代装饰纹样》，系统论述了中国古代各历史时期装饰纹样的题材内容与时代风格，认为明代景德镇的瓷绘纹饰内容丰富、风格多样，并"开清代华丽瓷绘的先声"；而清代的瓷绘纹饰则有明显的等级分别，"宫廷工艺，仿古、仿旧和仿真成风。装饰图案的精巧与工细，为前代所不及，但工巧有余，生气不足，形成一种繁冗巧密的风格，尤以乾隆以后最为典型"，并特重对吉祥纹样的运用。而民间瓷绘纹饰虽同样流行吉祥内容，却显出不同于宫廷的淳朴与清新之感③。郭廉夫先生等主编的《中国纹样辞典》，指出，"装饰纹样是各个历史时期思想

---

① 中国硅酸盐学会：《中国陶瓷史》，文物出版社1982年版，第407页。
② 李知宴：《中国古代陶瓷》，商务印书馆1998年版，第190页。
③ 吴山编：《中国历代装饰纹样》，人民美术出版社1989年版，第14—16页。

文化颇为直观的形象写照，它不仅从一个方面佐证了若干学科的历史发展状况，而且在艺术领域开辟了自己特有的一方审美天地。在古代科技、生产的发展中，物的品类不断地拓宽，材料、技艺及人类的创造思维能力也不断在变化、进步。装饰纹样往往展现着明显的时代风貌"①。故而对明清瓷器装饰纹样进行寻根溯源的诠释与交代便有着很强的现实意义。

刘凤君先生著《中国古代陶瓷艺术》② 以专题研究的形式论述了中国历代瓷器的艺术特征，关于明清瓷器的探讨主要集中于彩瓷的艺术特色，分别对斗彩、五彩、粉彩等瓷器的用彩艺术进行了精炼的概括。李知宴先生主编《中国陶瓷艺术》高度肯定了陶瓷艺术在整个中国文化发展过程中的重要作用，指出 "在中国文化发展史上，陶瓷是一种独特而重要的载体。它凭借坚实的质地，稳定的性能，得以长期保存，记录下古代社会的生产生活、科技、艺术的诸多信息"③。该书 "以收集最有代表性器物和可靠的历史文献资料为基础，全面阐述陶瓷发展的历史和规律"④。但毕竟是关于陶瓷艺术的通史性著述，涵括了从旧石器时代晚期直至清王朝终结的整个中国陶瓷艺术史，因而对于明清瓷器装饰的探讨限于整体艺术风格的概括性绍述。事实上，明清瓷器为迎合多样化的市场需求，在装饰艺术中融入了人们的审美习好与价值理念，因而承载着丰富的社会文化信息。

熊寥先生在《陶瓷美学与中国陶瓷审美的民族特征》一书中重点论述了陶瓷的艺术美、生活美与科学美等内容。"并与各时期的经济、政治、哲学观念、文艺思潮、科技成就、民族习惯密切联系起来，把它看作是德性、人品的升华"⑤，是一种潜移默化的文化力量。而瓷器装饰艺术美无疑在整个陶瓷美学中发挥着不可替代的作用。《中国陶瓷美术史》⑥则以 "陶器艺术""瓷器艺术""紫砂艺术" 三个专题系统探讨了中国历

① 郭廉夫、丁涛、诸葛铠主编：《中国纹样辞典》，天津教育出版社 1998 年版。
② 刘凤君：《中国古代陶瓷艺术》，山东教育出版社 1990 年版。
③ 李知宴：《中国陶瓷艺术》，外文出版社、耶鲁大学出版社 2010 年版，"绪论" 第 1 页。
④ 同上。
⑤ 熊寥：《陶瓷美学与中国陶瓷审美的民族特征》，浙江美术学院出版社 1989 年版，"序" 第 3 页。
⑥ 熊寥：《中国陶瓷美术史》，紫禁城出版社 1993 年版。

代陶瓷名品的发展情况，并结合各时代的社会文化背景对陶瓷器的造型、釉彩、纹饰及艺术风格作了较为中肯的论述。

孔六庆先生著《中国陶瓷绘画艺术史》①将中国瓷器装饰中的"绘画"一项（事实上是瓷器装饰中的绘画纹饰单独提拎出来，研究其在各历史时期的美学意蕴。其中关于明清景德镇青花瓷绘画的研究，按题材分为人物、山水、花鸟进行分类论述，由于官、民窑受不同审美意识的支配发展出不同的瓷绘纹饰风格，故而分别进行探讨，并认为"官窑的绘画样式由宫廷指派下来，宫廷画家可能会参与官窑瓷器的装饰画面设计，源源不断的来自宫廷的画稿，将会长期潜移默化地给予景德镇瓷绘艺人以影响。尽管这一点尚待文献资料证实，但是宫廷画风的影响在景德镇瓷画中的存在应是直观的"②。于明清青花山水画而言，"无论是官窑还是民窑的，明清青花山水画受当时画坛山水画成就的影响清晰可见"③。对明清彩瓷绘画纹饰的研究则以大明五彩、康熙五彩、珐琅彩、雍正粉彩、晚清浅绛彩为时间及艺术风格分期进行论述，并认为"（明清）彩瓷出现以后，不仅使以往的颜色釉退居次要地位，即使青花也要逊让三分"④，引《陶雅》所言："康窑青花亦虽颇有天趣，而笔意老辣，终不如彩画之奇"⑤。

程金城先生在《中国陶瓷艺术论》一书中认为"陶瓷是一种最为普遍而又极为重要的文化承传的载体，陶瓷以其特有的方式不断延续着人类前进的足迹，通过一个个的、一代代的陶瓷器物，把人类的智慧和文化意蕴'固化'并世代相承，这种文化历史的链条从来没有中断过，从这个角度说，陶瓷是人类的另一种生命符号，这是任何其他文物都不能比拟的"⑥。明清瓷器的符号特性应该说主要源自其本身的造型与纹饰内容，而数量庞大的瓷器作品唯有通过市场交换进入不同消费者手中，才有可能

① 孔六庆：《中国陶瓷绘画艺术》，东南大学出版社2003年版。
② 同上书，第143页。
③ 同上书，第193页。
④ 同上书，第255页。
⑤ （清）陈浏：《陶雅》，参见伍跃等点校《古瓷鉴定指南·初编》，北京燕山出版社1991年版。
⑥ 程金城：《中国陶瓷艺术论》，山西教育出版社2000年版，第18页。

以各种方式留存至今，成为宝贵的文化遗产。

　　方李莉先生所著《中国陶瓷史》① 是陶瓷研究领域的一部最新力作。该书采用了新的研究视角和方法，并利用大量新的文献与考古资料，使中国陶瓷史的研究呈现出不同于以往的新面目。就全球化的研究视野而言，作者认为"全球化并不是今天才存在的，而是一直都存在，只是在远古时期不同文化交流和传播的速度非常缓慢，直到十六世纪欧洲航海技术提高实现了地理大发现以后，全球性的交往和传播才开始加速"②。就艺术人类学的研究方法而言，作者更注重其"整体性和语境性的研究理念"③，认为中国瓷器"一方面是人们的日常用器，另一方面也是中国文化的载体和象征物。……器物背后还有一整套的中国文化价值观及中国社会的变迁史"④。事实上，无论是文化思想观念还是审美意识皆须通过瓷器装饰艺术即造型、纹饰等内容来承传与表达，因而作者才会在考察瓷器种类、造型与纹饰的基础上，"更注重对其背后的社会与文化语境的揭示，注重挖掘陶瓷纹样的文化内涵及其产生的内在文化动因"；并试图通过历代瓷器装饰艺术的变化，"揭示中国社会与中国文化的演变轨迹及其独特性"⑤。从这个层面来讲，其对本书的研究思路与写作方法实为极大的鼓励。

　　曹林博士的《中国装饰艺术传统及其当代文化价值》⑥ 一文以中国装饰艺术传统的整体作为研究对象，考察了装饰艺术传统思想的发生发展及其本质与特征的形成脉络，并从民族文化心理学的角度，讨论了装饰艺术传统与社会政治、经济及文化意识形态之间的互动关系，陶瓷装饰艺术的传统亦包含其中。该文认为明清瓷绘纹饰的吉祥化特征有着原始的心理基础，可能源自先民的包括自然崇拜、生殖崇拜、图腾崇拜、鬼神崇拜在内

①　方李莉：《中国陶瓷史》，齐鲁书社 2013 年版。

②　方李莉：《中国陶瓷史》，齐鲁书社 2013 年版，第 7 页。

③　李修建：《视野、方法与新的研究范式——方李莉〈中国陶瓷史〉评述》，《民俗研究》2014年第 5 期。

④　方李莉：《中国陶瓷史（上）》，齐鲁书社 2013 年版，第 11 页。

⑤　李修建：《视野、方法与新的研究范式——方李莉〈中国陶瓷史〉评述》，《民俗研究》2014年第 5 期。

⑥　曹林：《中国装饰艺术传统及其当代文化价值》，中国艺术研究院 2005 年博士学位论文，第62 页。

的原始宗教思想。"祈福避祸保平安"的吉祥愿望自新石器时代开始一路发展至明清，陶瓷装饰纹样当中从未间断过对其表现，这也是瓷器装饰用以迎合人们心理需求的特有文化内涵。

二　明清瓷器装饰艺术专论成果

关于明清景德镇瓷器装饰艺术的专论成果目前所见多为针对纹饰而著，如轻工业部陶瓷工业科学研究所编《景德镇明清瓷器纹饰》、景德镇陶瓷馆编《景德镇古陶瓷纹样》皆是采取图绘或摄影等方式编辑而成的相关图册，具有图谱性质，对于瓷器装饰的学理探讨未见深入。

刘兰华、张柏两位先生合著的《中国古代陶瓷纹饰》[1] 是专论陶瓷纹饰的通论性著作，以"陶瓷纹饰的产生、发展及其研究的意义"和"古陶瓷纹饰的艺术特色"开篇，之后分别论述了自新石器时代至明清时期陶瓷纹饰的历史，关于明清瓷绘纹饰，有着详细精到的论述。该书虽是研究古陶瓷纹饰的专论著作且资料丰富，但对明清瓷器装饰的探讨仍显不够深入。邓白先生著《中国历代陶瓷纹饰》按照一般工艺美术史的写法，对中国陶瓷装饰艺术的历史渊源及发展进行了通论性的梳理，之后按照历史年代分期将历代典型陶瓷装饰纹样制图列于其后，对我们探讨明清瓷绘纹样艺术特点颇有助益。

耿宝昌先生所著《明清瓷器鉴定》一书为着准确鉴定明清瓷器的目的，提出在造型、纹饰、胎釉、款识四个方面必须下足功夫、掌握特点，方能做到融会贯通、识别真伪。该书首先指出造型乃为鉴别真伪的重要依据，因为"各类器型，多能较为准确地反映本时代的生活习俗、审美标准、社会风貌和技术条件"[2]。而"纹饰，也和造型一样，具有鲜明的时代特征；并且由于绘瓷原料和技术的不断丰富与改进，无论在题材内容及表现手法方面，不同时期的纹饰均有不同的风格与特点"[3]。书中对于明清时期历朝瓷器的造型、纹饰与胎体釉面等的艺术特点进行了较为精准细致的概括，为本书研究的深入展开提供了借鉴。

---

[1]　刘兰华、张柏：《中国古代陶瓷纹饰》，哈尔滨出版社 1994 年版。

[2]　耿宝昌：《明清瓷器鉴定》，紫禁城出版社、两木出版社 1993 年版，"绪论"第 1 页。

[3]　同上书，"绪论"第 2 页。

　　方李莉先生所著《新工艺文化论：人类造物观念大趋势》《传统与变迁：景德镇新旧民窑业田野考察》两书从社会学和文化人类学的角度、以田野考察为方法对景德镇陶瓷文化进行研究。作者"是要描写陶瓷这类器物的一个造物文化丛。……'瓷文化丛'，是指那些与瓷器相关的各种文化特质的集合体。……相关的制度技术与工艺流程、不同的时代精神与审美趋向，器物造型及图案的流脉……海内外需求的变化等等"① 都在作者的研究范围之内。

　　肖丰先生的《器型、纹饰与晚明社会生活》② "在历史文化的研究中，从研究器物层面着手，以一种既成的客观存在，把瓷器的外在特性——器型、纹饰、铭文和款识作为重要的实证材料，结合大量的文史材料对照图像信息，作深入的历史文化学、社会学以及图像学的探讨，较为全面地阐释历史文化现象，还原晚明社会生活的情境"。该书虽以晚明作为研究的时间范围，但其研究方法及结论无疑具有典型意义。

　　陆军博士著《中国古陶瓷饰纹发展史论纲》从不同的角度探讨了所谓"纹学"的任务，认为"饰纹是一门艺术，也是一种自成体系的文化符号。通过它，人类可以记录自身的生存经验和文化认识，也可以表达情感或寄托理想"。对这一综合体进行研究，以揭示寓于其中的丰富文化内涵，即"对中国古代陶瓷饰纹的发展作通史性的考察，由此来研究中国饰纹艺术在陶瓷器物上体现的特征、发展规律及其所包含的文化特质"③。文章将明清瓷器的饰纹图案布局、题材内容等艺术特色概括为"寓意吉祥"，指出"从整体特点来看，元明清瓷器饰纹的努力是朝着彩饰化和寓意化的方向发展，这也是其成就所在"④。明清时期国内消费的瓷器纹饰多注重吉祥寓意固然不错，而销往海外的外销瓷则融合了中国的民族文化特点与海外消费者的审美观念，甚至形成了独具特色的欧洲艺术风格，这一情况文中并未提到。

---

① 方李莉：《传统与变迁：景德镇新旧民窑业田野考察》，江西人民出版社 2000 年版，第 422 页。

② 肖丰：《器型、纹饰与晚明社会生活：以景德镇瓷器为中心的考察》，华中师范大学出版社 2010 年版。

③ 陆军：《中国古陶瓷饰纹发展史论纲》，中国艺术研究院博士学位论文，2006 年。

④ 同上书，第 91 页。

叶佩兰先生《明代景德镇民窑青花瓷器及其艺术成就》① 一文认为明代青花瓷器的艺术成就主要表现在青花纹饰题材广阔，突破历来官窑图案规范化的束缚，而扩展到人们现实生活中具有美感的一切事物，诸如仕女顽童、花草鱼虫等无不成为瓷绘表现题材；瓷画表现方法多样，写意画、图案化及单线勾勒等笔法皆有；花纹形式更是丰富多彩，二方连续的缠枝花方式被用于多种花卉、动物而显出民窑纹饰形式的多样性；另外在装饰方法上，明代民窑青花比较注重依据瓷器造型的整体特点来安排纹饰，形成与造型相互配合、相得益彰的装饰效果。

三　明清瓷器与中外文化交流

明清瓷器常以外销瓷的形式出现在中外文化交流史中，这里外销瓷的内容包括国内普通消费瓷器品类和针对海外消费市场专门设计制造的瓷器品类，其差别主要表现在造型和纹饰方面，瓷器装饰艺术正是在这里与产业经济之间发生着最为密切的联系。陈伟、周文姬两位先生著《西方人眼中的东方陶瓷艺术》② 探讨中国瓷器对日本、欧洲美学风格的影响，认为“瓷器作为一种文化，既是物质的，也是精神的。在欧洲人最先倾倒于瓷器的物质因素后，也逐渐被它的精神内容所折服。瓷器的细腻、精巧、温润慢慢成为一种被广泛认同的美学风格，再加上其他因素的推波助澜，形成了欧洲盛极一时的洛可可艺术风格”。这里所说的精神内容主要是指蕴含于纹饰题材内容及艺术风格方面的文化艺术力。

韩槐准先生著《南洋遗留的中国古外销陶瓷》③ 依据南洋地区有关博物馆藏品和我国历代文献资料，结合自身长期的搜集与研究经验，对遗留在南洋地区的大量中国古外销瓷进行了较为详尽的论述。朱培初先生所著《明清陶瓷和世界文化的交流》一书在大量考古与文献资料的基础上，“比较系统地介绍了明清陶瓷和世界各国的交流以及中国陶瓷对世界各国的影响”④，为我们研究明清瓷器装饰艺术在中外文化交流中的作用提供了助益。马文宽、孟凡人两位先生合著《中国古瓷在非洲的发现》书

---

① 叶佩兰：《明代景德镇民窑青花瓷器及其艺术成就》，《故宫博物院院刊》1984 年第 3 期。
② 陈伟、周文姬：《西方人眼中的东方陶瓷艺术》，上海教育出版社 2004 年版。
③ 韩槐准：《南洋遗留的中国古外销陶瓷》，新加坡青年书局，1960 年版。
④ 朱培初：《明清陶瓷和世界文化的交流》，轻工业出版社 1984 年版。

中"根据近半个世纪以来的考古调查与发掘资料，就非洲各国出土的中国自唐中期至清中叶的瓷器，进行全面的介绍，并对其窑口与年代作了论述研究。内容还涉及了中非海上交通、贸易交往，以及中外文化交流诸方面。揭示了中国古瓷在非洲人民社会生活与伊斯兰文明中的作用和地位"①。

目前尚见有多个版本的《中国外销瓷》，如香港艺术馆分馆茶具文物馆编《中国外销瓷》②，是根据布鲁塞尔皇家艺术历史博物馆藏品展中国外销瓷实物所编撰的图版著作。柯玫瑰先生《中国清代瓷器》介绍英国维多利亚与阿尔伯特博物馆所藏中国清代外销瓷，作者对中国瓷器有着精深的研究，书中的观点和兴趣皆出自西方人视角，所发布的实物图版也是极为珍贵的研究资料，为我们更直观地讨论明清外销瓷的装饰艺术提供了助益。甘雪莉先生《中国外销瓷》③ 以独特的视角对中国外销瓷的历史进行了研究。近期对明清外销瓷艺术进行较全面论述的是余春明先生所著《明清外销瓷探源与收藏》，书中介绍了中国明清外销瓷的各种情况，对外销瓷装饰艺术尤其是纹饰的分类介绍尤为细致，为笔者的研究提供了相关的参考资料及参照点。

淘智先生的《景德镇陶瓷销售市场的历史和现状》一文依据文献记载及国内外各地出土实物资料，论述历代景德镇陶瓷的销售市场，国内市场以华东、中南、华北、西南、东北、西北及少数民族市场分别论述，海外市场则分为亚洲、非洲、欧洲、美洲、大洋洲五大市场进行介绍。在谈到美洲市场时指出，针对当地消费习惯，除传统的产品造型和纹饰外，有许多是按美商要求的色彩与纹样定制的青花餐具、花瓶以及绘有女神和华盛顿总统肖像的纹章瓷等④。而这种按照客户要求进行瓷器装饰的外销瓷也是其他海外市场上的主要内容。

李金明先生《明清时期中国瓷器文化在欧洲的传播与影响》一文介绍中国瓷器文化传入欧洲之后受到人们的普遍尊重与喜爱，15 世纪的欧

① 马文宽、孟凡人：《中国古瓷在非洲的发现》，紫禁城出版社 1987 年版。
② 香港艺术博物馆编制：《中国外销瓷：布鲁塞尔皇家艺术历史博物馆藏品展》，香港市政局出版 1989 年版。
③ 甘雪莉：《中国外销瓷》，东方出版社 2008 年版。
④ 淘智：《景德镇陶瓷销售市场的历史和现状》，《景德镇陶瓷》第 10 卷第 2 期，2000 年。

洲宫廷贵族以收藏中国瓷器为荣耀的象征，16世纪初荷兰"各个阶层的家庭都普遍使用了中国瓷器"，"世界对瓷器的要求是如此之多，以至于最后都充满了中国的杯和茶壶"。在传播中国瓷器文化的过程中，荷兰东印度公司无疑具有重要作用，"为了开发瓷器贸易的潜力，使之适应于欧洲市场大规模的需要，采用了逐步把中国瓷器的基本式样和装饰花纹改变成西方式样的做法"①。这样便产生了融合西方式样的被称为"中国形"的中国瓷器。而明清时期中国瓷器文化在欧洲的传播对于当时东西方的瓷业生产都起到一定的积极影响。孙锦泉先生《华瓷运销欧洲的途径、方式及其特征》②一文描述了明清景德镇瓷器运往欧洲的路径、方式及风格特征，并认为中国瓷器在欧洲的广泛传播及不断被模仿，对欧洲近代洛可可装饰艺术风格的形成起着肇端作用。

耿东升先生《十六至十八世纪景德镇外销瓷的欧洲艺术风格》一文介绍明清景德镇外销瓷兴盛的原因、外销瓷欧洲风格的形成、特征及其在中西文化交流中的历史作用。认为其时欧洲艺术风格的外销瓷在造型、纹样及装饰技法方面更加符合欧洲人的生活和艺术欣赏习惯，不仅刺激了中国外销瓷产业的发展，也加深了中西之间的文化交流③。这里实际上指出了瓷器装饰艺术的产业化发展在文化传播与交流中所起到的重要作用。万钧先生《东印度公司与明清瓷器外销》一文以东印度公司的发展为线索探讨明清时期中国瓷器的外销，认为产生了多方面的意义，除了促进白银流入增加政府税收进一步推动瓷器生产之外，还指出由于欧洲商人提供的纹饰样稿与造型木样使得外销瓷表现出浓郁的异域风情，"特别是为了适应外销需要出现的广彩，不少作品表现出浓厚的洛可可艺术风格，是中西文化交流的产物"④。

彭明翰先生《郑和下西洋·新航路开辟·明清景德镇瓷器外销欧美》指出郑和下西洋使中国瓷器销往西亚、非洲，而新航路的开辟则将中国瓷

①　李金明：《明清时期中国瓷器文化在欧洲的传播与影响》，《中国社会经济史研究》1999年第2期。

②　孙锦泉：《华瓷运销欧洲的途径、方式及其特征》，《四川大学学报》（哲社版）1997年第2期。

③　耿东升：《十六至十八世纪景德镇外销瓷的欧洲艺术风格》，《收藏家》2005年第10期。

④　万钧：《东印度公司与明清瓷器外销》，《故宫博物院院刊》2009年第4期

器远销到了欧洲和美洲，几乎遍及世界各地。文章从纹饰内容的角度将目前所见明清景德镇外销瓷分为两类，一类是完全中国风格花鸟人物、山水类纹样，有时在造型上有欧洲特点，但表现出鲜明的中国格调，成套器具绘有相同纹饰；另一类是完全西方纹饰的专门外销瓷，造型也以西方样本为准①。但即便如此，这类瓷器仍然表现出某种程度上的中国艺术格调。

四　明清景德镇瓷器产业类研究成果

辛安潮、吴仁敬两位先生合著《中国陶瓷史》主要对明代景德镇官窑的生产组织情况、瓷器造型特点及民窑瓷艺能手等内容进行介绍。王光尧先生著《中国古代官窑制度》② 通过对文献、传世实物和考古资料的梳理考证，阐述了古代中国官窑制度变迁、官窑生产组织管理情况及其对同时代民窑瓷业生产的影响。梁淼泰先生所著《明清景德镇城市经济研究》③ 详细介绍了景德镇在明清时期怎样最终形成以瓷业生产为中心的城市经济，有什么样的发展规律，还对官、民窑的雇佣情况及二者之间的关系以及行帮、市场等问题进行了论述。佐久间重男先生所著《景德镇窑业史研究》④ 从社会经济史角度研究明清景德镇瓷业，探讨从原料到生产再到产品流通的完整产业过程。

综上可知，后两类研究成果较多涉及了瓷器装饰艺术与产业经济之间的关系。而事实上，明清时期景德镇瓷器装饰艺术的产业化发展模式，使得其着力于在瓷器的造型与纹饰方面不断注入文化艺术内涵，在提高产品竞争力以赢得客观的市场经济效益的同时，也不断满足着消费者多样化的精神与艺术审美需求，并在促进中外文化艺术交流的过程中，大大拓展了中国传统文化的影响力与感召力。

---

① 彭明翰：《郑和下西洋·新航路开辟·明清景德镇瓷器外销欧美》，《南方文物》2011 年第 3 期。
② 王光尧：《中国古代官窑制度》，紫禁城出版社 2004 年版。
③ 梁淼泰：《明清景德镇城市经济研究》，江西人民出版社 1991 年版。
④ ［日］佐久间重男：《景德镇窑业史研究》，第一书房 1999 年版。

第三节　主要研究内容

明清时期景德镇瓷器装饰艺术产业的发达受到当时社会经济、文化发展的多方面影响与制约，商品经济的高度发展提高了社会各阶层的消费水平，城市富有阶层的兴起促成了原有社会结构的变动，人们的文化消费观念由此发生了极大变化，即便是在物质产品消费过程中也更加注重其精神性的一面，即看重其愉悦身心陶养性情的功能，就瓷器的消费而言，则表现在对其精美的装饰艺术"品味"的追求。积极回应于这样的消费理念，明清时期景德镇瓷器装饰艺术整合各类文化资源不断提升自身文化艺术内涵，真正发展成了传统文化与时代审美精神及社会风尚和谐交融的符号载体，以满足多样化的市场需求，甚至做到了以不同消费群体的审美喜好为基础进行产品设计与市场定位。

皇室用瓷（非商品性）有严格的等级规制约束并受统治阶级审美影响，造型上要不断研发奇巧繁复的新样式，纹饰上则要求"龙凤"专用并在整体艺术风格上表现出院体绘画般的华丽富贵。文士作为特殊的社会阶层向以优雅的品味为自身独有的文化标签，然而富商阶层的出现却使其受到了极大的挑战甚至是威胁，于是文人阶层中的两级分化现象也在各自的瓷器消费理念上表现出来，一部分坚守信念的士人选择避世桃源（实为"心隐身不隐"），他们选用的瓷器多为造型典雅、纹饰意境悠远之作；一部分士人逐渐融入世俗生活，甚至倡导追逐古董瓷器以作为财富地位的标榜。而富商阶层凭借自身的财富地位，极力向士人高雅的生活品味靠拢，集中表现在热衷于收藏艺术品与古董瓷。新兴市民阶层也发展了专属于自己的通俗小说、戏剧、版画、画谱等市民文化，这些内容也在他们消费的瓷器装饰艺术当中有大量反映，只是瓷绘纹饰相对于版画原稿往往会有一定程度融入时代因素的改编。普通百姓的精神文化追求以直接功利性为最大特点，就瓷器装饰艺术的消费而言，主要选择那些寓意吉祥的纹饰甚至是直白的祈愿文字，而事实上，这种源自民间美术的吉祥观念在明清时期社会各阶层的文化艺术消费当中都有表现。海外消费者则会根据自身生活与审美需求向景德镇提供设计好的产品造型及纹饰模板，即便如此，专门的外销瓷中也潜含着独特的中国艺术风格而成为中西文化融汇交流的媒介载体。

国内各阶层及国际上各民族消费者的多样化需求为明清时期景德镇瓷器装饰艺术产业的兴盛提供了巨大的市场需求空间，而能够满足如此规模的消费需求则明示着当时的景德镇瓷业生产自身有着极强的内在核心竞争力，这种竞争力主要表现在其资源整合能力、市场响应能力以及内容创新能力三个方面。

就瓷器装饰艺术而言，这里的资源包括产业内部的知识、技术及人才资源和产业外部的市场信息乃至海外文化艺术资源。在人才资源方面，首先是明清两代的宫廷艺术家与御厂督陶官，前者专职服务于皇室审美并影响或直接为官窑瓷业设计造型与纹饰样稿；后者主要指清代的具有一定艺术修养的督陶官，他们作为高层管理人员，在负责整个窑务的同时也常设计、研发新品并以自身学识影响瓷器装饰的艺术风格。其次是文人画家，不仅他们创作的绘画与版画画谱等作品经常被瓷绘艺人用作纹饰创作模本而使他们自身成为间接的设计人才，当时也确实有一部分文人画家直接参与到包括瓷绘艺术在内的各种工艺品设计、生产当中[1]。再就是由官窑培养出来的瓷业生产内部的大批研发、设计及生产技艺能手，他们是与瓷器装饰艺术联系最紧密的优秀的创作实践型人才，因为无论是官窑设计纹饰、文人绘画及版画模本还是外商提供的样稿，由于瓷器本身材质及多样造型的特殊性，制瓷艺人都必须以自身民间美术素养为根基进行二度创作，才能呈现出绝妙的装饰艺术效果。在技术资源方面，官窑为着满足统治阶级的需求，不断研发、创新生产工艺，而这些新技术向民窑的传播则提高了整个景德镇瓷业的技艺水平；对西方工艺及绘画技法的借鉴，也使景德镇瓷业创作出珐琅彩并在其影响下进一步研发出粉彩新工艺，从而极大提高了瓷器装饰艺术的表现能

---

[1]　宋元兴起的文人画思潮在明清时仍有一定延续，并在瓷器绘画纹饰中有所体现。一方面文人画观念在晚明至清三代的社会环境中已远远超过文人画家的范围，而渗透到包括瓷绘艺术在内的各种工艺品制作当中，瓷绘艺人也开始追求瓷器的清简形式和怡情悦性的功能；另一方面，明清时期有不少文人会亲自参与到工艺品的设计与制作中去，如徐渭就热衷于在书画之余进行案头雕刻和手工制作，"不少艺匠受文人影响，也具备较高的诗文书画等文人修养，如制墨家方于鲁即能诗善画，这些文人或工匠身份的文人的工艺品制作，必然也会对当时工艺品风格的文人化趋向起着一定的引导作用"。李希凡总主编，单国强本卷主编：《中华艺术通史·明代卷·下》，北京师范大学出版社2006年版，第301页。

力。在知识及文化艺术资源方面，瓷绘纹饰积极借鉴融汇传统院体及文人绘画、版画等民间美术以及西方绘画的题材内容与艺术风格，不断提升瓷器装饰艺术的精神文化内涵。明清时期景德镇瓷业生产系统的各个部门皆以高度的商品化经营方式参与其中，将各种内、外部资源进行较为合理有效的配置与提升，不仅提高了资源利用率，节约了生产成本，保证各自利益的最大化，还可以确保整个瓷业生产系统的良性协调运转。

市场响应能力，也就是及时了解消费市场的动态需求变化并在最短时间内调整生产策略（包括产品种类、产量及质量层次）以生产出市场所急需文化产品的能力。这要求文化产业主体在资源整合能力的基础上，必须迅速准确地获取相应的外部市场信息并及时掌握其他产瓷区（如清初窑业恢复后仿烧日本伊万里瓷以夺回海外市场）的生产情况。明清时期景德镇瓷业获取海内外市场信息的途径主要有：官窑获取的社会上层信息通过一定途径传播到民窑（统治阶层作为时代审美潮流的引领者，其所崇尚的纹饰及艺术品位成为民窑生产高端瓷的样稿信息）；国内外商业贸易交流带来的市场信息，包括：以国内徽商、粤商为代表的商帮集团传递的各类陶瓷市场信息（市场上流通的通俗小说、画谱等文学作品也成为景德镇瓷业生产的一个市场信号）；外国客商及传教士带来的异域市场信息，有时甚至西方新近发生的新闻事件也被制成了纹饰样稿用于外销瓷的装饰。

内容创新能力，在本书主要是指瓷器装饰艺术中纹饰的创新，包括纹饰的题材内容及整体艺术风格，皆以传统文化为底蕴，积极融摄时代审美风尚的新文化元素，研究并掌握不同文化背景下消费者的审美习惯和心理需求，不断设计、开发出文化艺术内涵丰富的新产品以适应和引领世界消费市场。如文献记载"陶器彩画盛于明，其大半取样于锦缎。写生、仿古，十之三四。今瓷画样十分之，则洋彩得四，写生得三，仿古二，锦缎一也"[1]。这种创新产品所吸收融摄的文化资源可分为物质性的与精神性的，前者包括传统纸绢绘画、市民通俗文学作品中的插图小说及版画、民间美术中的吉祥纹样以及西方的绘画与珐琅工艺等内容，后者则涵括了中

---

[1]　（清）朱琰著，付振伦译注：《陶说译注》卷1，轻工业出版社1984年版，第36页。

国传统文化中的艺术美学精神、文人山水意境、民俗思维及宗教信仰等内容，这样的瓷器装饰艺术形式与内涵有着极强的表现力，从而能够不断满足不同层次消费者的精神与审美需求。

第一章 明清时期景德镇瓷器装饰技法分类

明清时期景德镇瓷器装饰艺术是按照不同民族及社会阶层人们的审美心理需求产生的，因而具有极强的功利目的性与针对性，而其纹饰的流变所体现的对于变化着的社会需求的适应，使其本身成为记录当时社会文化发展信息的特殊媒介。然而瓷器纹饰要达成最终的装饰效果，必须依赖于瓷器装饰工艺也即装饰技法的不断精进。

瓷器装饰技法作为一种工艺手段，是瓷器得以最终呈现装饰美的物质技术条件，受原材料与特定艺术形式法则的制约与影响，通过对纹饰比例、节奏及布局的有效把握，使其在整体上形成动静相宜、疏密有度的视觉心理效果，进而产生艺术美感。明清时期景德镇瓷器装饰技法在继承传统的基础上又有诸多创新，主要可分为胎体装饰、颜色釉装饰、彩绘装饰和综合装饰四类，这在很大程度上丰富了瓷器艺术内蕴的表达方式与整体装饰效果。

第一节 胎体装饰

胎体装饰是指在成型的坯胎上直接用刻、划、印、贴、塑、雕、镂、剔等技法表现纹样，通过坯体表面的凹凸变化来呈现其装饰效果。（表一）在不同的历史时期，不同窑口对各种装饰技法的侧重有所不同，如越窑青瓷多用模印、贴塑、镂空等技法，南北朝时各地窑口侧重于浮雕与刻划技法的应用，唐代长沙窑善用贴花并创造性地开始在瓷器上运用绘画技法，而宋代定窑则以印花见长等。胎体装饰技法多与釉装饰结合使用，通常在坯上刻划、堆、印纹饰之后再施青釉或白釉，使得纹饰在清亮釉色之下越显雅致之态。明清时期红釉、黄釉、绿釉、紫釉等各釉色品种发展迅速，胎体技法所形成的装饰纹样在这些呈色娇艳的颜色釉下形成若隐若现的暗花装饰效果，别具一番吸引人的意味。

表一　　　　　　　　明清时期景德镇瓷器胎体装饰技法分类

装饰技法	工艺特点	经典名瓷	备注
印花	有压印、模印、戳印之分，明清时以模印为主，即以模子在已成型坯体上印出阴文或阳文形式的纹样，其中模印阳文在透明釉下呈现浅浮雕的装饰效果。	上海博物馆"永乐鲜红釉暗花龙纹盘"	洪武鲜红、霁蓝、黄釉等彩釉器多在内壁模印出云龙纹样。永乐红釉、甜白釉以及清康熙东青、孔雀绿，雍正豆青、粉青等彩釉器多有模印暗花纹样。
贴花	亦称贴塑，将胎泥以模印或捏塑等方法制成各种花纹图案，贴于未干的瓷器坯体上，然后施釉入炉焙烧形成纹饰。	上海博物馆"嘉靖矾红地贴金缠枝莲纹高足碗"	其中最特殊者为贴金，即用漆将极薄金箔贴于已经装饰好的纹样表面，以营造富丽华贵的装饰效果。
刻花	用刀具直接在瓷坯表面刻出纹饰内容，纹路宽深，线条粗犷，整体布局疏朗大方。	南京博物馆"洪武白釉暗花执壶"、北京故宫博物院"嘉靖黄釉暗花凤穿花纹罐"、台北故宫博物院"成化黄釉暗刻云龙纹盘"、山东博物馆"康熙黄釉暗花云龙纹盘"	康熙时刻花装饰又与素三彩、五彩等结合形成综合装饰工艺，或以暗刻花做地衬托彩色纹饰，或是器内壁刻划暗纹外壁则彩绘纹饰，使得刻花与彩绘相得益彰，形成层次分明的装饰效果。
划花	以尖锐硬质工具在坯胎上划出纹饰，因线条浅细，故纹样能表现细密繁缛的装饰效果。	"万历冬青釉划花折腰碗"	乾隆时新创"粉彩轧道"工艺便是在胭脂紫釉地上划出浅淡忍冬纹，再在其上绘粉彩纹样后入炉彩烧，称作"锦上添花"。

装饰技法	工艺特点	经典名瓷	备注
锥刻	也即锥拱，利用尖细硬质工具锥点出连续的线条以组成纹饰，据出土资料显示，该技法自明洪武时已有使用。①	台北故宫博物院"永乐鲜红釉双龙戏珠纹高足碗"	据唐英《陶成纪事》记载，清代仿浇绿釉器及茄皮紫釉器便有"素地、锥花两种"。
剔花	剔除掉纹饰线条以外的胎地或化妆土，以高低或颜色的对比度来表现纹样的装饰技法。前者包括化妆土剔花和釉剔花，后者亦可称减地剔花，因效果类于浅浮雕，也称"雕花"②。	上海博物馆"宣德釉里红三果纹高足杯"、"乾隆填红釉三果纹器"	明宣德时流行的釉里红三鱼或三果纹器，经文献考对与科技测试分析证明，应属釉剔花填彩。③

---

① 明以前少见该技法的应用，《中国古陶瓷图典》认为"这种工艺始于明永乐年间"，但景德镇珠山东侧出土的"洪武铜红釉侈口碗"，内壁模印五爪龙纹，碗心及外壁近足处即以锥刻技法分别表现折带云纹和莲瓣纹。吕成龙：《中国古代颜色釉瓷器》，紫禁城出版社 1999 年版，第 40 页。

② 化妆土剔花是将花纹线条以外的白色化妆土剔去，露出灰白、褐、土黄等色胎地，与白色化妆土纹样形成对比；或者在化妆土上划出纹样后再施加黑釉彩，然后剔去纹样以外的黑色露出白色化妆土，形成白地黑剔花。釉剔花则是直接在不施化妆土的坯体上施以深色底釉，然后划出纹样并剔去纹饰线条以外的深色釉，形成胎地颜色与釉料色度的对比。减地剔花，先在坯体上刻划主题纹样，然后将纹饰内胎地剔去薄薄一层，突出纹饰以显其立体感。

③ 它们并不是"严格意义上所称的以铜红料为釉下彩绘的釉里红器，而应是鲜红釉填入剔刻出三鱼或三果纹饰的局部应用。所以可称为'白釉鲜红三鱼或三果纹器'"。吕成龙：《中国古代颜色釉瓷器》，紫禁城出版社，第 40 页。清三代仿烧明代永乐、宣德瓷品，据《景德镇陶录》记载有"宣窑宝烧釉（有三鱼、三果、三芝、五福四种）"；"龙泉釉宝烧（新制有三鱼、三果、三芝、五福四种）"，即指在龙泉釉器的局部剔出纹样，然后填入高温铜红釉烧制而成的作品。（清）蓝蒲诸、郑廷桂辑补：《景德镇陶录》，参见李科友等点校《古瓷鉴定指南·二编》，北京燕山出版社 1993 年版，第 18 页。

装饰技法	工艺特点	经典名瓷	备注
填彩	即在成型坯体上刻划、剔出纹饰线条之后，再在未央内嵌入不同色料，施透明釉入炉烧成，以线条和所填色料的颜色对比来表现纹饰的装饰美。	上海博物馆"弘治白地刻填酱釉花果盘"、北京故宫博物院"雍正霁红釉白鱼纹盘"	依据填彩前工艺的不同分为戳印填彩、刻花填彩、划花填彩、剔花填彩。
镂孔	在坯体上镂雕出纹饰，施透明釉入炉烧成。至乾隆时发展成熟，与多种颜色釉即彩绘结合，形成装饰精美的镂孔转心瓶、镂孔转颈瓶等彩瓷品种。	北京故宫博物院"乾隆松石绿釉镂空花篮"	《饮流斋说瓷》记载"素瓷甚薄，雕花纹而映出青色者，谓之影青；镂花而两面洞透者，谓之玲珑瓷"。①
堆塑	也称堆花，在坯体表面堆贴成型或半成型的艺术形象然后施釉烧成，产生类于浮雕或半圆雕的装饰效果。	北京故宫博物院"乾隆酱地描金凸雕灵桃瓶"、天津艺术博物馆"雍正窑变釉蟠螭鱼篓尊"	明清时堆塑艺术更为成熟，并与颜色釉及彩绘结合使用。

　　研究表明，明代永乐时青花瓷的美学风格以精细典雅清秀见长，在装饰技法上除彩绘之外，"千百年来发展积累起来的刻花、划花、雕塑、镂刻、粘接等艺术手法均在青花瓷器上应用"②，也就是说至晚从明永乐时开始，胎体装饰技法不仅与颜色釉结合，更开始全面与不断创新的彩绘技法综合使用，以形成独特的装饰艺术效果。

---

① （民国）许之衡著，叶喆民译注：《饮流斋说瓷译注》，紫禁城出版社2005年版，第76页。
② 李知宴：《明代瓷器研究·二》，《中国历史文物》2002年第6期。

第二节 颜色釉装饰

颜色釉装饰是指在素胎上施各种色釉原料，以釉料中所含不同金属着色元素在焙烧过后所呈现之莹润光亮的色彩显示装饰美，在工艺上不做过多加工，而是通过控制釉料中呈色元素配比、窑炉温度及烧成气氛来达到特定呈色效果。明清时期景德镇瓷业系统内颜色釉的工艺技术取得了极大进展，因而釉色品类繁多，就烧成温度而言可分为高温颜色釉和低温颜色釉[1]，按釉色不同则可分为若干釉色系统，如青釉系统、白釉系统、红釉系统、蓝釉系统、黄釉系统、紫釉系统、黑釉系统、绿釉系统、结晶釉系统以及其他系统等。（表二）我国古代颜色釉的呈色元素主要为铁、铜、锰、钴、金、锑等，同种元素在不同窑炉温度及烧成气氛下呈现不同的颜色。（表三）

表三　　　　　　　　　　　颜色釉着色元素呈色情况表[2]

着色元素	呈　色	
	氧化气氛	还原气氛
铜	绿、蓝	红
铁	红、黄、褐、茶	青、黑（含量高时）
锰	灰紫	灰褐
钴	蓝黑	蓝、淡红
金	粉红、紫	粉红
锑	黄	无色

---

[1] 高温色釉多为生坯挂釉后入窑一次烧成，烧成温度在1250℃以上，特点为釉面坚硬，胎釉结合牢固，呈色稳定无铅毒；低温色釉多为在烧好的素白瓷或涩胎上挂釉后再彩烧而成，因釉中添加助溶剂，烧成温度在700℃—1250℃之间，特点为釉面呈色均匀稳定、光泽度强但硬度较低，胎釉结合不甚牢固，稳定性较差。吕成龙：《中国古代颜色釉瓷器》，紫禁城出版社1999年版，第2页。日本学者小山富士夫先生对于中国的高温釉有高度评价，认为其"是汉族人创造发明的东方独特的釉法……它与活字印刷、指南针、火药的发明一样，大概应看作是汉族人炫耀于世界的伟大发明之一。"转引自杨永善、杨静荣《中国陶瓷》，淑馨出版社1988年版，第21页。

[2] 吕成龙：《中国古代颜色釉瓷器》，紫禁城出版社1999年版，第4页。此表格据此及相关文献绘制而成。

表二　　　　　　　**明清时期景德镇瓷器颜色釉装饰系统分类**①

高温颜色釉（1250℃以上）		低温颜色釉（700℃—1250℃）	
红釉系统	鲜红（祭红、霁红、宝石红、积红、醉红、牛血红等）；郎窑红；豇豆红（美人醉、吹红、娃娃脸、桃花片、乳鼠皮、驴肝、马肺等）	红釉系统	西洋红（蔷薇红、金红、玫瑰红、胭脂水、胭脂紫、淡粉红）；矾红；珊瑚红；芸豆红
蓝釉系统	祭蓝（霁蓝、霁青、宝石蓝）；洒蓝（雪花蓝、吹青、青金蓝、鬼脸青）；天蓝	蓝釉系统	天蓝、孔雀蓝（珐蓝）
黄釉系统	米色	黄釉系统	正黄、娇（浇）黄、象牙黄、淡黄（西洋黄）
绿釉系统	郎窑绿	绿釉系统	瓜皮绿（浇绿）；孔雀绿（珐翠、吉翠）；西湖水（葵绿、葱绿、松石绿）；苹果绿；豆绿；蛇皮绿
紫釉系统	紫金釉（酱釉）	紫釉系统	深茄紫、淡茄紫
青釉系统	豆青、冬青、粉青、龙泉青、梅子青、翠青、天青、卵青、影青、仿汝釉、仿官釉、仿哥釉	其他	炉钧釉、仿古铜釉、仿木纹釉、金釉、银釉、仿石釉、仿漆釉
白釉系统	甜白、仿定窑白釉		
黑釉系统	乌金釉		
结晶釉系统	厂官釉（茶叶末、鳝鱼黄、蟹甲青）		
其他	窑变花釉、仿古玉釉、仿钧釉		

① 吕成龙：《中国古代颜色釉瓷器》，紫禁城出版社 1999 年版，第 3 页。

　　明清时期景德镇颜色釉瓷器的生产在官窑主导下得到了迅速发展，至乾隆时无论是造型的丰富多样、釉质釉色的精妙绝伦皆达到空前绝后的历史水平。下面分别对明清时期各颜色釉瓷的类别与特征进行分析。（表四至表十）

表四　　　　　　　**明清时期景德镇瓷器红釉装饰的类别与特征**

类别	名称及着色剂	烧制朝代	工艺特点	经典名瓷
高温	鲜红（铜）	明代永乐、宣德时工艺水平最高；清康雍乾三朝成功仿烧永宣鲜红釉，称霁红。	高温铜红釉，亦称霁红、祭红、宝石红等。永宣时色调庄重典雅，康雍乾时特点为釉面起橘皮纹，色调给人沉郁稳定的美感。	北京故宫博物院"宣德红釉僧帽壶""康熙霁红釉梅瓶""雍正霁红釉白鱼纹盘"
	郎窑红（铜）	清康熙时创烧的独特品种。	摹仿宣德鲜红釉时的派生品种，特点为釉层凝厚有裂纹，玻璃感极强，口沿处形成"灯草边"。	北京故宫博物院"康熙郎窑红釉穿带瓶""康熙郎窑红釉琵琶尊"
	豇豆红（铜）	清康熙时创烧的独特品种。	摹仿宣德鲜红釉时的派生品种，因呈色深浅有别亦称正红、美人醉、桃花片等，给人幽静淡雅的美感。	北京故宫博物院"康熙豇豆红釉菊瓣瓶""康熙豇豆红釉盘"
低温	矾红（铁）	明嘉靖及清康雍乾三朝多见。	依呈色及施釉工艺可分为抹红、珊瑚红，前者釉层薄釉色清丽温润；后者釉色均匀光润，且常作色地与描金、珐琅、粉彩等合用。	上海博物馆"嘉靖矾红地贴金缠枝莲纹高足碗"；北京故宫博物院"雍正珊瑚红地粉彩牡丹贯耳瓶"
	金红（金）	清雍正、乾隆朝多见。	低温金红釉亦称西洋红、玫瑰红、胭脂紫等，在胭脂紫釉地上浅划纹样后再施以粉彩的新工艺，称"粉彩轧道"。	北京故宫博物院"雍正胭脂红釉盘""乾隆胭脂红釉灯笼尊"

表五　　　　　　　　　　明清时期景德镇瓷器蓝釉装饰的类别与特征

类别	名称及着色剂	烧制朝代	工艺特点	经典名瓷
高温	祭蓝（钴）	元代烧制成功，明洪武至万历历朝皆有，以宣德时工艺为最；清顺治及康雍乾各朝皆有。	亦称霁蓝、霁青、宝石蓝、积蓝等。特点为釉质凝厚肥亮，色调均匀，口沿处形成"灯草口"。	北京故宫博物院"宣德霁蓝釉盘""嘉靖霁蓝釉梅瓶""雍正霁蓝釉渣斗""乾隆霁蓝釉描金勾莲纹瓶"
	洒蓝（钴）	明宣德、正德、嘉靖朝；清康雍乾三朝皆有，工艺水平极高。	亦称青金蓝、雪花蓝、鬼脸青、吹青等，特点为浅蓝或白釉地上自然分布着水渍般的深蓝斑点。	北京故宫博物院"康熙洒蓝釉竹节式多穆壶""雍正青金蓝釉石榴尊""乾隆洒蓝釉描金勾莲纹斜方瓶"
	回青（钴）	明嘉靖、万历朝。	蓝色浅淡优雅，不同于霁蓝的浓艳。	北京故宫博物院"嘉靖回青釉爵杯"（外壁暗刻仿古铜器的寿面、鼓钉等纹饰）
	天蓝（钴）	清康熙朝创烧，之后历朝官窑皆有。	呈色稳定淡雅匀净，有时与暗刻、贴塑等技法合用。	北京故宫博物院"康熙天蓝釉琵琶式尊""雍正天蓝釉环耳琮式瓶""乾隆天蓝釉描金双戟耳瓶"
低温	孔雀蓝（钴）	清康雍乾三朝。	釉色明亮，但不多见。	

在众多色釉品种当中，青釉是中国瓷器装饰上应用最早的颜色釉，以铁为主要呈色元素，随着制瓷技艺的提高，青釉釉色与釉质不断完善，唐代越窑的"千峰翠色"，宋代龙泉窑的粉青、梅子青，都是青釉中的精

品。明清时期烧制工艺更为纯熟，青釉发展成为内容丰富的装饰系统，出现一系列呈色或深翠、或浅亮、或浓艳、或淡雅的青釉品种，从而将青釉装饰工艺推向了极致。"青釉呈色深浅不同，一般仅是从色泽感观上划分类别：淡青色称粉青，稍深者称东青，最深者称豆青。常见各种瓷器造型中几乎都有青釉品种。清代粉青和东青釉瓷器多以刻花、印花为辅助纹饰；豆青釉瓷器则多以青花、釉里红、五彩、红彩装饰。"① 明清官窑仿烧宋代名窑青釉，一方面追慕其优雅深邃的美学意境；另一方面也在其中融入了时代的审美风尚，表现在造型与纹饰中所传达出的丰富的吉祥寓意，使得高雅与俗丽得到了和谐的统一。

表六　　　　　　　　明清时期景德镇瓷器蓝釉装饰的类别与特征

类别	名称及着色剂	烧制朝代	工艺特点	经典名瓷
高温	米黄（铁）	清康熙时历朝皆有，以康雍朝工艺为佳。	呈色淡雅，黄中泛白，似小米色而得名。也作色釉地与五彩合用。	北京故宫博物院"康熙米黄釉白云龙碗""雍正米黄釉白鱼纹碗"
低温	正黄（铁）	明洪武至万历各朝皆有，以弘治、正德时工艺为佳；清康雍乾三朝皆有。	亦称浇黄、娇黄，特点为颜色纯正明亮，恬淡娇嫩，有时与金彩合用。资料显示黄釉器的烧制与祭祀及等级制有关。	北京故宫博物院"弘治黄釉描金双兽耳罐""正德黄釉盘""康熙黄釉暗花提梁壶""康熙黄釉暗花云龙盘"
	淡黄（锑）	雍正时创烧，乾隆至道光时皆有，以雍正时工艺为佳。	亦称洋黄、蛋黄，特点为釉层乳浊，呈色淡雅清幽。	北京故宫博物院"雍正淡黄釉小瓶"

---

① 杨静荣：《元明清颜色釉瓷器》，见《故宫博物院十年论文选（1995—2004）》，紫禁城出版社 2005 年版，第 692 页。

表七　　　　　　　　　明清时期景德镇瓷器青釉装饰的类别与特征

类别	名称及着色剂	烧制朝代	工艺特点	经典名瓷
高温	翠青	明代永乐朝独有。	实为仿龙泉釉中呈色较淡者，青嫩淡雅。	北京故宫博物院"永乐翠青釉三系盖罐"
	冬青	明永乐至嘉靖、清康熙至乾隆历朝皆有，以清三代工艺为佳。	仿龙泉釉中呈色稍深者，亦称东青、冻青，青中略泛绿或蓝。	北京故宫博物院"永乐东青釉高足碗""雍正青釉花瓣口尊""乾隆东青釉描金天鸡花浇"
	豆青	清康雍乾三朝皆有，以康熙朝为多。	仿龙泉釉中较冬青更深浓者。	北京故宫博物院"乾隆豆青釉凸蕉叶纹四级盖罐"
	粉青	清三代皆有，以雍正时为多。	仿龙泉釉中呈色最淡并泛粉白者，常与雕塑等合用。	北京故宫博物院"雍正粉青釉凸花如意耳蒜头瓶""乾隆粉青釉凸云龙海水天球瓶"
	龙泉青	清三代皆有，以乾隆时为多。	仿龙泉釉中釉层肥润比豆青呈色更深浓者。	北京故宫博物院"雍正仿龙泉青釉荷叶洗""乾隆仿龙泉凸花云龙纹盖罐"
	仿哥釉	明永乐时历朝皆有；清三代皆有并以雍乾时工艺为最佳。	雍乾时仿宋哥釉，釉质、胎质甚至是油腻酥光感及"金丝铁线"皆仿得神似。但在造型及纹饰中加入了时代审美元素。	北京故宫博物院"宣德仿哥釉菊瓣碗""康熙仿哥釉长颈瓶""雍正仿哥釉三羊瓶""乾隆仿哥釉桃式洗"
	仿官釉	明宣德、成化、嘉靖及万历朝；清三代皆有。	宣成时只注重仿釉色，嘉万时则釉质、造型皆重。雍乾时釉质肥润且多有开片。	北京故宫博物院"雍正仿官釉贯耳瓶""乾隆仿官釉三羊梅瓶""乾隆仿官釉双系鱼篓尊"

续表

类别	名称及着色剂	烧制朝代	工艺特点	经典名瓷
高温	仿汝釉	明宣德、清雍乾时多见，以雍乾时工艺为佳。	雍乾时仿汝釉呈淡天蓝色，有鱼子纹小开片并泛橘皮纹。	北京故宫博物院"宣德仿汝釉盘""雍正仿汝釉花觚""乾隆仿汝釉桃式洗"
低温	影青	明永乐、万历时多见，以永乐时工艺为佳。	亦称青白釉，仿青白玉的呈色效果，釉色青中有白。	北京故宫博物院"永乐影青刻花缠枝莲纹碗"

表八　　明清时期景德镇瓷器绿釉装饰的类别与特征

类别	名称及着色剂	烧制朝代	工艺特点	经典名瓷
高温	郎窑绿（铜）	清康熙朝独有。	烧制郎窑红时的变种产品，亦称苹果青、绿哥窑，釉层凝厚、玻璃感强，并开细小纹片。	
低温	孔雀绿（铜）	明永乐、宣德、成化、正德朝皆有，以正德时工艺为佳；清康雍乾三朝工艺达历史高峰。	亦称珐翠、翡翠、吉翠等，依釉层厚薄不同，呈色有葱翠与淡雅之分。除光素无纹外，还与暗划花及釉下青花结合。	景德镇陶瓷考古研究所"宣德孔雀绿釉青花鱼藻纹撇口盘"；北京故宫博物院"康熙孔雀绿釉暗花蕉叶饕餮纹尊""雍正孔雀绿釉凸花尊"
	瓜皮绿（铜）	明宣德、成化、嘉靖时皆有，以嘉靖时工艺为佳；清康雍乾三朝皆有。	亦称浇绿，釉层透明光亮，呈色翠绿，常与刻划、描金等合用。	台北故宫博物院"宣德瓜皮绿釉碗"；北京故宫博物院"嘉靖瓜皮绿釉暗花云凤纹尊"

续表

类别	名称及着色剂	烧制朝代	工艺特点	经典名瓷
低温	淡绿釉（铜）	清康雍乾三朝皆有。	因呈色深浅而有西湖水、松石绿之名，整体色调柔和，常与刻划、镂空合用。	北京故宫博物院"康熙淡绿釉暗花螭纹杯碟"①"乾隆松石绿釉镂空花篮"

表九　　　　　　　　明清时期景德镇瓷器紫釉装饰的类别与特征

类别	名称及着色剂	烧制朝代	工艺特点	经典名瓷
高温	紫金釉（铁）	明清各朝皆有生产，以雍乾时期的工艺为佳。	亦称酱釉，釉质莹润起橘皮纹，釉色呈现宋代紫定的效果。	陕西耀县药王山文管所"嘉靖酱釉描金孔雀牡丹纹执壶"
低温	茄紫釉（锰）	明宣德、弘治、嘉靖、万历及清顺治至乾隆朝皆有，以明万历时工艺为最佳。	依呈色深浅有淡茄紫、深茄紫之分，有时与描金、刻划技法合用。	北京故宫博物院"弘治茄皮紫釉描金双耳罐""康熙茄皮紫釉螭耳蒜头瓶""雍正茄皮紫釉胆式瓶"

明清时期景德镇瓷器颜色釉装饰除上述各大系统外，还有黑釉、金釉、银釉、仿钧釉、仿古玉釉、仿木纹釉、仿漆釉、珐华釉等，皆能以巧妙的工艺在瓷面上营造出自然天成的各种釉色装饰效果，给人以特殊的审美感受。或是巧用缺陷，让"冰裂纹""窑变花釉"等成为极富情趣的颜色釉装饰新品种；或是在均匀中追求变化，如均匀釉面上（霁红、霁蓝釉）的"灯草口""出筋"以及起白花等，皆能起到对比强烈的装饰效

---

① 北京故宫博物院另外藏有一件"康熙淡绿釉叶氏洗"，造型呈卷边叶子式，叶片上且有虫蛀孔，逼真自然的仿生效果，反映出技艺的高超，又极具观赏性。"以植物花叶为造型的器皿在康熙瓷器中屡见不鲜，为乾隆时象生瓷的制作奠定了基础"。杨静荣主编：《故宫博物院藏文物珍品大系·颜色釉》，上海科学技术出版社、商务印书馆1999年版，第172页。

果，使得呈色单一的颜色釉产生了富有韵律的节奏感（青釉刻印花装饰）；或是注重内容与形式的统一，也即使造型与颜色和谐搭配以充分显示其最佳美感。"如高温铜红釉有霁红、郎窑红、豇豆红之分，其特点分别为沉稳、奔放和淡雅。深沉稳定的霁红釉适合于大小适中的瓶罐壶盘碗等；浓艳奔放的郎窑红釉则适合于线条挺拔遒劲的大件罐瓶尊等；而柔和淡雅的豇豆红釉最适合于造型娟秀的尊洗盒等小件文房用具。"[1]

表十　　　　明清时期景德镇瓷器白釉[2]装饰的类别与特征

类别	名称及着色剂	烧制朝代	工艺特点	经典名瓷
高温	甜白	明自永乐创烧至万历各朝皆有烧制，清康雍乾三朝亦仿永乐甜白，但以永乐时工艺最佳。	亦称填白，釉质肥润，并有极细橘皮纹，有时与刻划、模印等合用。	北京故宫博物院"永乐白釉僧帽壶""雍正仿永乐甜白釉暗花梅瓶"
	仿定窑白釉	清康雍乾三朝皆有烧制。	釉色白中泛黄，呈现宋定窑白釉风格，但造型及纹饰具有时代特征。	北京故宫博物院"康熙仿定窑白釉刻花缠枝莲纹圆盒"
	填白	清康雍乾三朝皆有烧制。	具有清三代特征的白釉瓷，作为宫廷祭祀与陈设用，或用作素胎以烧制彩绘瓷。	

第三节　彩绘装饰

彩绘装饰是以绘画工具将含铜、铁、钴、锰等矿物元素的各种彩料在釉下或釉上直接描绘出装饰纹样，再经高温或低温焙烧而成，是明清时期

---

[1]　吕成龙：《中国古代颜色釉瓷》，紫禁城出版社1999年版，第156页。

[2]　颜色釉的呈色元素主要为铜、铁、锰、钴、钛等金属元素，而要烧成优质的白釉就必须尽力将原料中的呈色原素减至最少才行。

瓷器装饰技法的主流，主要可分为釉上彩、釉下彩。各历史时期由于工艺水平以及社会审美习惯的不同，往往会选择不同的瓷器装饰技法，宋代青釉、白釉以及青白釉瓷器多见光素无纹而仅以润泽的釉色显示装饰美感，即与当时社会的审美追求相关；明清时期的景德镇瓷器虽以彩绘技法为主流，同时也有不少颜色釉新品种被创烧出来，因而胎体、颜色釉及彩绘装饰常被同施于一器，以便最大程度展示人们赋予瓷器的独特情感与千变万化的装饰艺术美。

一　釉下彩

彩绘纹饰呈现于瓷器釉层之下的一种装饰技法，直接在素坯或烘烤过的素坯上以彩色颜料描绘纹样，施透明釉入窑高温一次烧成，彩料在高温状态下与胎釉紧密结合而避免装饰图案受到磨损。一般认为瓷器釉下彩绘始自唐代长沙窑，但三国吴墓出土的一件青釉彩绘羽人图盖罐，证明早在三国时期已开始用釉下彩绘技法装饰瓷器[①]，"青瓷釉下彩带盖盘口壶是从三国晚期至唐晚期的五百年间，唯一出土的釉下彩瓷器实物，这对瓷器绘画的起源研究有重要意义。青瓷釉下彩盘口壶的出土，证明我国早在三国时期就已具备烧制釉下彩瓷的先进工艺，它将制瓷工艺和绘画艺术有机结合在一起，开拓了瓷器装饰的途径，是已知以釉下彩绘美化瓷器的最早典型。它的精湛工艺为以后唐代长沙窑、磁州窑的釉下彩绘，乃至更晚的青花、釉里红等著名品种的出现开辟了道路，是陶瓷装饰艺术的一项重大发明"[②]。经宋代磁州窑釉下黑彩装饰的发展，元明清时以青花瓷绘为最典型的釉下彩装饰技法，其他釉下彩装饰品种包括釉里红、青花釉里红、釉下三彩等均取得了极大发展。（表十一）

---

① 1983 年江苏南京东吴末年墓葬出土一件"青釉彩绘羽人图盖罐"，器身以釉下彩绘技法描绘有"魂神升天图"，是目前发现最早的釉下彩绘瓷器，反映该时期青瓷的烧制水平。"它的出土，证明了中国早在三国时期已掌握了釉下彩瓷的烧造技术，将制瓷工艺与绘画艺术有机地结合在一起，以绘画艺术美化瓷器，开辟了瓷器装饰的新途径"。见耿东升主编《中国瓷器定级图典》，上海辞书出版社 2008 年版，第 9 页。

② 易家胜：《南京出土的六朝早期青瓷釉下彩盘口壶》，《文物》1988 年第 6 期。

表十一　　　　　　　明清时期景德镇瓷器釉下彩装饰的类别与特征

名称	烧制朝代	工艺特点	经典名瓷
青花	起源于唐代，元代烧制成功，成为明清时期的主流产品，康熙时工艺达历史高峰。	以钴为彩料在白瓷胎上描绘纹样，烧成后呈白底蓝花，极具中国水墨画的艺术效果。	故宫博物院"永乐青花双系扁壶""宣德青花折枝花鸟纹执壶""康熙青花松竹梅纹壶"
釉里红	创烧于元代，明洪武时工艺为明代之冠，其后几乎失传，至清康熙时才又复烧成功，工艺又胜明代。	以铜为彩料在白瓷胎上描绘纹样，烧成后呈釉下红色花纹，乾隆时常与豆青、天蓝、珊瑚红等色釉地结合使用。	上海博物馆"洪武釉里红龙纹环耳瓶"；故宫博物院"洪武釉里红牡丹纹军持""康熙釉里红竹桃纹瓶"
青花釉里红	创烧于元代，明代不多见，清雍乾时工艺水平极高。	同时运用钴、铜在釉下描绘纹样，因二者所需气氛不一，烧成难度极大。	故宫博物院"康熙青花釉里红茶壶"
釉下三彩	创烧于康熙朝。	以钴、铜、铁描绘纹样，集青花、釉里红、豆青三色于釉下。	上海博物馆"康熙青花釉里红海水双龙纹瓶"

二　釉上彩

彩绘纹饰呈现在瓷器釉层之上的装饰技法，即在烧制好的白瓷或颜色釉瓷的釉面上彩绘纹样，再施透明釉入彩炉低温烤烧而成。明清时期瓷器釉上彩装饰技法主要包括五彩、粉彩、珐琅彩、墨彩、金彩、浅绛彩等。（参见下页表十二）

第四节　综合装饰

瓷器装饰技法虽有胎体、颜色釉及彩绘之分，且由于制瓷工艺、时代审美习惯等因素，不同时期在瓷器装饰技法上也会有不同的选择，但多数窑口都有混合使用的情况，最典型者如宋代磁州窑便将胎体装饰的划花、剔花与白釉及彩绘结合起来，形成白釉划花、白釉剔花、珍珠地划花以及

表十二　　　　　　明清时期景德镇瓷器釉上彩装饰的类别与特征

名称	烧制朝代	工艺特点	经典名瓷
五彩	完全釉上五彩盛于明嘉靖、万历朝，清康熙时工艺极佳。	将铜、铁、锰等彩料依据纹样所需施于釉上，入彩炉低温烧烤而成，呈现玻璃质感，有"硬彩"之称。	故宫博物院"万历五彩镂孔云凤纹瓶""康熙五彩花鸟纹凤尾尊"；上海博物馆"康熙五彩采莲图棒槌瓶"
粉彩	创烧于康熙晚期，以雍正时工艺水平为最。	借鉴五彩和珐琅彩工艺，在白瓷上以墨线起稿，于纹样内施一层玻璃白后再施彩料，并以画、洗等技法将彩料依浓淡需要晕开，入彩炉低温烧烤而成。纹饰具有立体感，因呈色粉嫩也称"软彩"。	故宫博物院"雍正粉彩牡丹纹盘口瓶"；景德镇陶瓷馆"雍正粉彩仙人图笔筒"；天津艺术博物馆"雍正粉彩八桃过枝盘"
珐琅彩	创烧于康熙晚期，雍乾时盛烧，且工艺极佳。	用进口珐琅料在素白瓷上描绘纹样，二次彩烧完成，仅供宫廷使用。由于彩绘料厚，纹样微微凸起，加之彩料色调有深浅浓淡之分，纹饰具有极强立体感	故宫博物院"雍正珐琅彩松竹梅纹橄榄瓶""乾隆珐琅彩婴戏纹双联瓶"
墨彩	创烧于康熙朝。	在素白瓷上描绘纹样，以黑色彩料为主，低温彩烧后呈现传统水墨画的意境效果。	
金彩	明清历朝皆有烧制。	在烧成的颜色釉次面上以金彩直接描绘纹样，后入炉低温彩烧而成，呈现华丽富贵的装饰效果，但金彩容易脱落。①	故宫博物院"宣德红釉描金龙文碗"；天津艺术博物馆"乾隆蓝釉描金银桃果纹盖瓶"

---

① 嘉靖《江西大志》记载金彩制作工艺："描金，用烧成白胎，上全黄，过色窑。如矾红过炉火，贴金二道，过炉火二次，余色不上全黄。"

低温三彩和白釉釉下画黑彩等综合装饰技法，使成型的瓷器更加优美动人。明清时期，瓷器烧制工艺发展成熟，装饰技法虽以彩绘为主，胎体与颜色釉装饰仍有极大发展，将上述装饰技法中的两种或两种以上运用于同一件瓷器上构成综合装饰，从而丰富并提升瓷器装饰艺术的表现能力。（表十三）

表十三　　　　　　　　明清景德镇瓷器综合装饰类别与特征

名称	烧制朝代	工艺特点	经典名瓷
斗彩	明代成化时工艺水平为最高。	先以钴蓝绘制纹样轮廓经高温烧成青花瓷，再在釉上于轮廓线内填绘各种彩料，低温彩烧而成，以釉上青花为主，釉上色彩起点缀作用，形成相斗媲美的效果。	上海博物馆"康熙斗彩鱼藻纹盖罐"；中国历史博物馆"雍正斗彩番莲福寿葫芦瓶"；故宫博物院"成化斗彩鸡缸杯""成化斗彩菊蝶纹杯""雍正斗彩菊瓣式大瓶"
青花加彩	明宣德朝出现（青花红彩），其后至清三代历朝皆有烧制。	釉下青花与其他釉下或釉上彩综合使用，不同于斗彩者在于青花仅是彩料中的一种而不再处于主导地位。	故宫博物院"青花加彩矾红鱼藻纹盖罐"
色釉加彩		将颜色釉与彩绘技法结合，形成色地青花、色地粉彩、色地珐琅彩、色地描金等装饰效果。	故宫博物院"康熙豆青地五彩描金花鸟纹花盆""雍正珊瑚红地粉彩牡丹纹双耳瓶""乾隆黄地青花交泰转心瓶"
色釉刻花		即胎体装饰中的刻花、堆塑等技法与颜色釉装饰的结合使用。	上海博物馆"永乐红釉暗刻龙纹盘"；故宫博物院"正德孔雀绿釉暗刻莲瓣纹碗"

明清时期景德镇瓷器装饰艺术中对综合装饰技法的应用，一方面表明瓷器装饰工艺水平的极大提高，另一方面也是对消费者不断提高的变化着的精神性审美需求的反映。

第二章　明清时期景德镇瓷器
纹饰题材分类

　　瓷器纹饰题材是指通过各种技法表现在瓷器上的主题内容，如颜色釉瓷上贴塑的灵桃、莲瓣、蟠螭，刻划或模印的牡丹、鸳鸯、龙凤、鹤、麒麟，彩瓷上描绘的高士隐逸、仕女婴戏、佛道仙人、历史人物故事以及源于自然的山水竹木花鸟等纹样。明清时期的瓷器纹饰作为一种富有生趣的图像语言符号，因受到传统文化与时代风尚的影响而被赋予了具有共通性的社会思想内涵，因为"中国哲学的基调之一是把无生物、植物、动物、人类和灵魂统统视为在宇宙巨流中息息相关乃至相互交融的实体"①，也就是说，各种题材的瓷器装饰纹样在艺术形式上虽与其原初的自然形态之间存在差异，但二者在观念内涵上却有着同一性，纹样也因此能够反映人们的生活理念与审美追求甚至成为独特的情感表达方式。这种艺术形式多数时候并不以真实再现自然物象为审美标准，而是充满了自觉意义，更注重突出作为主体的人的精神性，因而形成一种具有装饰性的甚至是抽象的审美尺度。作为装饰，明清时期瓷器纹饰的特点之一表现在其对形式美感的关注，它从自然物象中抽象升华而成的纹样具有了某种程度上程式化与类型化的艺术特征，其中所反映的集体无意识正符合中国人特有的人生态度。也就是说，这些装饰纹样"从内容到形式，多数具有明确的功利性和实用性，含有丰富的社会内涵，直接或间接地表达了当时当地的文化习俗、信仰、意志等。多数具有一定的寓意，不是一种无目的的唯美虚饰"②。瓷器也便由此从物质生活领域进入了人们的精神生活以及艺术审美的领域。明清时期瓷器装饰艺术甚为发达，形成了寓

---

① 　杜维明：《试谈中国哲学中的三个基调》，《中国哲学史研究》1981 年第 1 期。
② 　吴山：《中国纹样全集·第一卷》，山东美术出版社 2009 年版，"前言"，第 1 页。

意丰富的纹饰系统，按最终消费群体可分为国内用瓷和外销瓷两类，国内用瓷装饰题材依据主题纹样分为动物、植物、人物、花鸟及山水类，外销瓷装饰题材则分为人物、建筑、图徽及其他类。

第一节　国内用瓷纹饰题材分类

一　动物类纹样

瓷器装饰艺术中的动物纹可远溯自新石器时代的彩陶纹饰，其中多见的鱼、蛙类动物形象除具有一定的装饰意味之外，并与原始人们的精神世界有着密切联系，正如法国学者热尔曼·巴赞在其著作《艺术史》中所言："先在宗教中继而在艺术中给动物以重要的地位，是另一个特性，它将最早的文明与史前时代联接起来。在原始人看来，兽的力量是神的力量的标志。"[①] 原始彩陶动物纹可能是因为人们的自然崇拜或图腾信仰而大量出现的。随着社会发展，动物纹样的种类不断增多，装饰性也逐渐增强，工艺技法的逐渐成熟使得人们能够以更丰富的纹饰形式来表达自身生活理念与审美意识，动物题材也由现实的自然界动物逐渐扩展到想象的、非现实的动物。明清时期景德镇瓷器装饰动物类纹样可分为龙、凤、麒麟、狮子、海马等瑞兽类；鹤、蝠、喜鹊等禽鸟类；鹿、羊、猴等走兽类；鱼、螺等水生动物类。各类动物纹不仅单独出现，还常与其他纹样组合构成纹饰，以表达某种约定俗成的吉祥寓意，如常见蝠纹中的"寿山福海"纹、鹿纹中的"鹿鹤同春"纹等。

（一）龙纹

龙是中国人心中最为尊崇的瑞兽，龙纹也便成为中国传统纹饰中最重要也是最典型的一种。"龙形象作为华夏标志性神话动物，以红山文化玉雕龙为开端，至少有六千年的流传和演变历史。"[②] "其（龙或龙形象）早期的神话表现功能在于升天入地下海的三栖穿越能力，成为兑现东亚人类升天入地梦想的最主要的超自然交通工具。"[③] 大约自唐末五代开始出

①　程金城：《中国陶瓷艺术论》，山西教育出版社 2000 年版，第 169 页。

②　叶舒宪：《猪龙与熊龙》，《文艺研究》2006 年第 4 期。

③　叶舒宪：《从玉教神话到金属神话——华夏核心价值的大小传统源流》，《民族艺术》2014 年第 4 期。

现在瓷器上之后，瓷绘龙纹不断朝着艺术化的方向发展，至明清时由于受到统治者的垄断并着意发展，其制作工艺达到了极高水平。从构图上看，明清时期瓷绘龙纹多与祥云、海水、火珠等组成云龙纹、海水龙纹、戏珠龙纹、穿花龙纹以及鱼龙纹、龙凤纹等纹样，表现出龙纹艺术风格的多样性。在表现技法上则各种彩绘及堆贴、刻划等均有应用。但无论何种构图或是技法，皆意在以龙纹表达尊贵、威严以及吉祥的象征性寓意，如鱼龙纹画面为一龙一鱼，鱼正跃出海面，龙则翻飞于水面之上，寓意鱼跃龙门，高升富贵。龙凤纹画面构图为一龙一凤相对飞舞，寓龙凤呈祥的吉祥意，多见于宫廷用瓷，但明中期之后民间也开始大量使用，至清乾隆时皇室已不再限制民间用瓷装饰龙凤纹样。如故宫博物院藏"成化斗彩海水龙纹盖罐"，罐身外壁满绘海水龙纹，游龙在滔天海浪衬托下更显气势。又如"万历五彩龙凤纹盘"为典型的御用之物，内壁龙凤纹在构图造型、用彩设色及工艺上皆表现出极高水准。

（二）凤纹

与龙一样，凤凰自古便被视为瑞鸟，雄为凤雌为凰，为百鸟之王，而传统文化中的凤凰始终以龟身龙文鸿前麟后的神秘奇异形象出现。至迟于三国两晋便开始出现在瓷器上的凤纹，到宋元时基本发展成熟，在构图及整体艺术风格上颇具特色。凤纹在明清时期瓷器上的应用达到了新的水平，堆贴、镂雕及青花、粉彩等技法皆有应用，构图上有单凤、双凤、团凤以及与牡丹等花卉组成的凤穿花形式，构成明清时期瓷绘凤纹艺术的主体内容。明清时期历朝瓷绘凤纹在细节处理上的不同形成了多样性的艺术风格，如"万历五彩镂空凤纹瓶"，外壁五彩镂雕的凤纹神态逼真，夸张的凤首上眉目清晰，极为传神。又如"康熙青花团凤纹碗"，外壁所绘双凤飞舞穿行于祥云之间，内壁为六组团凤纹，线条流畅，布局疏阔。而瓷绘"百鸟朝凤"纹则往往衬以山石、花草，以凸显凤凰的高贵优雅，并表达富贵吉祥的美好寓意。

（三）鹤纹

鹤是中国传统文化中的一种仙禽，因其岁寿而受到人们喜爱，鹤纹图像便作为象征长寿的符号出现于各类装饰艺术当中。此外，中国古人也信仰长生不老、寿而为仙的观念，所谓"老而不死曰仙。仙，迁也；迁入山也"①。鹤成为可以引人升仙的灵媒，以另一种符号形式频繁出现。而中国的文人士夫则尤其欣赏鹤的孤高、清雅之姿，常以鹤自比。鹤纹形象作为瓷器纹饰大约始自唐代，至明清时期得到更为广泛的应用，此时鹤纹也作为尊贵与权利的象征而出现。由于寓意丰富，故明清时期瓷绘鹤纹多不单独出现，而与其他纹样形成组合构图。如鹤与松树、寿桃、八仙等结合表达其长寿的寓意；而云鹤纹、仙人乘鹤纹中的鹤则成了导引人们升仙的灵禽；鹤纹还常作为瓷绘文人山水图的辅助纹样出现，表达文人对鹤之高雅品质的向往；以仙鹤、松树、朝阳组合构图的"一品当朝""指日高升"等纹样，则显示了鹤作为尊贵与权利象征的一面。不同的寓意导致鹤纹构图上的不同，加之青花、粉彩等多种技法的应用，瓷绘鹤纹表现出多样化的艺术风格，如"嘉靖青花云鹤纹环形盒盖"，盖面均匀分布开光内绘八卦纹并衬以云鹤纹，整体纹样构图严谨组合新颖，蕴含着浓郁的道教神仙信仰因素。"嘉靖五彩三友飞鹤纹盘"（图 2.1）内壁对称分布松竹梅纹，盘心描绘一只飞翔的仙鹤，线条流畅，设色自然生动，整个画面犹如小品画般显出清逸的格调。"康熙青花松鹤纹凤尾尊"，尊之上下分别绘有一组松鹤纹，构图以留白突出主题，以青花浓淡色阶显出层次感，白描仙鹤造型优美，分别与松、鹿构成松鹤延年、鹿鹤同春的吉祥纹样。另有"雍正黄地粉彩云鹤纹碗"，体态轻盈、造型各异的八只仙鹤舞于祥云、海水之间，鹤顶鲜红、鹤颈黑亮与鹤身洁白形成鲜明对比，在明黄地色的衬托下，整个画面不仅富丽堂皇，更显出仙鹤的高洁飘逸。"雍正青花鹿鹤纹缸"（图 2.2），外壁仙鹤舞于松柏祥云之间，笔墨清远淡逸，显出超然的意趣。

（四）麒麟纹

麒麟是传说中的瑞兽，与龙凤一样象征着祥瑞。《管子·封禅》中说："今凤凰麒麟不来，嘉谷不生。"《说文解字》："麒，仁兽也，麋身牛尾，一角；麟，牝麒也。"麒麟纹作为瓷器装饰纹样始于元代，明代中晚期及清代前期大量使用，多与人物组成"麒麟送子"纹以表达吉祥寓意。

（五）蝠纹

蝙蝠又名仙鼠，因"蝠"与"福"谐音而广泛应用于瓷器装饰纹样

---

① （汉）刘熙：《释名》，中华书局 1985 年版，第 43 页。

图 2.1　嘉靖五彩三友飞鹤纹盘　　　　　图 2.2　雍正青花鹿鹤纹缸
（故宫博物院藏）　　　　　　　　　　　（故宫博物院藏）

当中。瓷绘蝠纹自清康熙时出现，雍乾时表现最多，艺术水平也极高。蝠纹很少单独使用，常和桃实、绶带、寿字等共同组成纹样，如"五福捧寿"纹、"寿山福海"纹、福禄纹等。表现技法则青花、釉里红、粉彩、青花加彩、斗彩、珐琅彩皆有。如"雍正粉彩过枝福寿纹盘"以一株过枝桃上的八枚灵桃和枝叶间飞舞的五只红蝠构图，纹样设色清丽、布局疏密有致，除寓意吉祥外，还具有极高的艺术水平。"雍正斗彩寿山福海纹盘"内壁青花描绘海边崖石上结着九枚寿桃的桃树，五只红蝠翻飞于海面，整体布局疏阔，成为该类主题纹样的主要构图形式。"乾隆青花矾红福寿纹瓜棱瓶"以纹样构图繁密，用彩丰富为特征，如意云头、篆文寿字、变形莲花蝠纹、蝙蝠口衔的绶带璎珞以及莲花、莲瓣纹共同构成了丰繁有序寓意丰富的吉祥纹样，更显出绘瓷艺人的高度艺术水平。"乾隆粉彩福禄纹葫芦瓶"将造型与纹饰巧妙结合，外壁桔色釉地上满绘缠枝葫芦和蝙蝠，蝙蝠均口衔"卍"字纹，寓意"福禄万代"，整体显出富丽华美的艺术格调。

（六）鱼纹

鱼纹是明清时期瓷器装饰艺术中应用较为广泛的水生动物题材之一，因"鱼"与"余"谐音而被赋予"连年有余""富贵有余"的吉祥寓意。鱼纹①在新石器时代彩陶文化中便已出现，之后一直到商周时期的形象演

①　事实上，鱼纹或鱼形器在史前时期出现，与鱼蛇互变的永生神话有关，如陶器鱼纹、玉鱼、铜鱼等，直到战国时仍然多见于贵族墓葬中的石鱼、蚌鱼、贝鱼、铜鱼、玉鱼等，"无非是调动鱼形符号的法术力量达到引导生命力再生的神话目的。"参见叶舒宪《从玉教神话到金属神话：华夏核心价值的大小传统源流》，《民族艺术》2014 年第 4 期。

变皆与人们的不死信仰有关，文献中记载的颛顼死而复生的神话便是以"鱼妇"为其变化表象的。《山海经·大荒西经》："有鱼偏枯，名曰鱼妇。颛顼死即复苏。风道北来，天及大水泉，蛇乃化为鱼，是为鱼妇。颛顼死即复苏。"① 这里所谓的鱼蛇互变神话正是后世各类装饰艺术中"鱼龙变化"纹样的前身，是以鱼鳞与蛇鳞在形状上的相似性来比附动物周期变形中所体现的生命周期循环的不死特性。鱼纹作为瓷绘纹饰始于宋代，明清时的瓷绘鱼纹更为多见，有单纯以游鱼组成画面的如三鱼纹等；也有以鱼与水藻、荷莲等组合构图的如鱼藻纹、莲池游鱼纹及鱼龙变化纹等；此外还有"吉庆有余"等吉祥纹样。如"宣德青花莲池鱼藻纹碗"，碗心为青花莲池鱼纹，外壁所绘鲭、白、鲢、鳜四鱼形象生动逼真，并被赋予了"清白廉洁"的寓意。"嘉靖青花鱼藻纹出戟尊"，外壁纹样生动逼真，青花呈色的浓淡对比更有细腻传神的效果。"康熙青花五彩鱼藻纹盘"内壁均匀分布五组水草，间绘鳜、鲶、鲫、鲤、鲭五条游鱼，表达"富贵有余""连年有余"的吉祥寓意；盘心绘一鲤鱼跃出水面，亦为对美好生活的向往；底款"在川之乐"则透露出对闲静淡雅生活的追求。明清时期瓷绘鱼纹以丰富的构图形式和寓意内涵极大提升了瓷器装饰艺术的表现力。

明清时期瓷绘动物纹题材内容丰富，除上述应用较为广泛的龙、凤、鹤、麒麟、蝠、鱼外，尚有海兽、狮、虎、鹿、羊等，它们有时单独构成纹样，多数情况下与其他纹样组合构图以表达特定的吉祥寓意。风格独特、内蕴丰富的动物类纹饰在明清时期瓷器装饰艺术中有着极为重要的地位。

二　植物类纹样

以各种植物形象为主要题材对陶瓷器进行装饰的历史要晚于动物纹，但其出现有着重要的意义，"从动物装饰到植物装饰的过渡，是文化史上最大进步——从狩猎生活到农业生活的过渡——的象征"②。其重要意义便在于证明了"经济事业是文化的基本因素——能左右一个社会集群的

---

① 袁珂：《山海经校注》，上海古籍出版社1985年版，第273页。
② ［俄］普列汉诺夫：《论艺术：没有地址的信》，曹葆华译，人民出版社1979年版，第33页。

一切生活表现的确定性格"[①]。明清时期景德镇瓷器上装饰的植物类纹样包括花卉、草木、松竹蔬果等多种题材，丰富的构图布局方式形成了多种艺术风格，从而使得瓷绘植物纹在整个装饰艺术中独具特色。其中花卉纹包括荷莲、牡丹、兰花、菊花、梅花、百合、玉兰、秋葵以及各种花卉构成的四季花卉、百花、团花、皮球花、花篮等，尤以牡丹、荷花、梅兰竹菊的表现最多。松竹蔬果类则有松竹梅纹、石榴、桃实、佛手、葫芦、荔枝、枇杷、白菜、莱菔、萱草等，以岁寒三友、福寿三多、葫芦、葡萄的应用为多。

（一）荷莲纹

莲在古代有"荷花""芙蕖""芙蓉"等多种称谓，因其品行高洁，很早就受到人们的喜爱。而至迟在西汉末和东汉初传入中国内地的佛教，自东汉开始广为流行，上层官方大批修建浮屠祠的同时，民间也在大量建寺造像。佛教的这种大发展，促使作为佛教文化重要艺术象征的荷莲纹开始普遍应用于日常生活用品尤其是各类艺术品当中，而荷莲纹正式用于瓷器装饰，则始于六朝青瓷[②]。最初的瓷绘莲纹多图案化模式，以莲花、莲实、莲蓬、茨菰等组成的把莲纹为多见。唐宋以后瓷器荷莲纹饰逐渐成熟，尤其到了明清，缠枝莲、折枝莲、一束莲、莲池等多样化的构图形式大量出现，并愈加明显地体现出中国传统绘画艺术的影响。如故宫博物院藏"康熙五彩花鸟纹尊"外壁通体描绘夏日莲池景象，盛开的荷花与彩蝶、翠鸟、鹭鸶共同组成"一路荣华"的吉祥纹样，并具有极高的艺术审美价值。

（二）牡丹纹

牡丹在中国向被誉为花中之王，有"国色天香"之称。因其花朵硕大、颜色娇媚而受到喜爱，并被赋予了幸福美好、富贵繁荣等吉祥寓意。牡丹作为瓷器装饰纹样应不晚于宋代，元代已非常流行。瓷绘牡丹纹样有多种构图形式，或以缠绕往复、自由舒展的枝蔓托花形成缠枝牡丹纹；或以数枝盛开的牡丹构成折枝牡丹纹样。明清时期人们对于瓷绘牡丹纹的喜爱不亚于荷莲纹，流行饰于各类器型，青花、五彩、粉彩、珐琅彩等各种

---

①　［俄］普列汉诺夫：《论艺术：没有地址的信》，曹葆华译，人民出版社 1979 年版，第 33 页。

②　慕青：《试论中国瓷器上的莲纹》，《文物春秋》1990 年第 4 期。

技法均有应用，并形成了多样性的艺术格调。如康熙时的缠枝牡丹多构图饱满线条流畅，花叶并有阴阳反侧之分，以双犄牡丹最具时代特征。雍正瓷绘牡丹纹既有前朝遗风而又独具特色，其折枝牡丹生动逼真，表现出写生绘画的艺术效果。粉彩的柔淡色调与极强立体感更将瓷绘牡丹纹的艺术格调推向了历史高峰。如"雍正粉彩牡丹纹瓶"，通体折枝牡丹纹布局疏密有致，风格清新宜人，呈现出恽南田所谓"但觉清芬拂拂从纸间出"的传神艺术效果。

（三）松竹梅纹

明清时期瓷器装饰艺术中常用的一种组合纹样。松竹梅皆因自身高洁坚韧的品格而受到历代文人的共同赞颂，"旧托松心契，新交竹使符"①；"纷纶草木变暄寒，竹节松心故凛然"②；"梅花，君自看，丁香已白，桃脸将红，结岁寒三友，久迟筠松"③，用以寄托文人所推崇的坚贞、高尚的道德品质。文人画在元代特定的政治与文化背景下获得极大发展，该领域流行以松竹梅象征君子德行的风气影响到瓷器及其他工艺品的装饰纹样。以松竹梅组合画面作为瓷器纹饰即源自对岁寒三友绘画题材的借鉴，元代多以青花表现，有单纯的竹梅图，也有与洞石芭蕉组合构成整幅园林景色的画面。明清时期瓷绘松竹梅纹多与洞石栏杆组成庭园景致，如"宣德青花松竹梅纹三足炉"外壁通体松竹梅纹布局舒朗，青花呈色浓淡有致，犹如一幅雅丽的水墨画。清康熙时期的瓷绘松竹梅纹在风格上带有写实韵味，立体感较强，整体画意清新，以青花多见。故宫博物院藏"康熙青花松竹梅纹茶壶"，造型与纹饰巧妙结合，竹节形流、梅枝虬曲成的盖钮及松干形执柄，并在壶体接绘出相应的竹叶、梅花与松针，加之雅静的青花呈色，整体显得工致细腻而又不失韵味，造型的实用性与纹饰的精雅格调和谐为一。

（四）三果纹

由佛手、桃实、石榴或石榴、蟠桃、荔枝组合而成，为明清时期景德

---

① （唐）刘禹锡：《酬乐相遇同州与乐天替代》，参见（清）彭定求等《全唐诗》，中华书局2003年版。

② （宋）范成大：《送通守林彦强寺丞还朝》，参见北京大学古文献研究所编撰《全宋诗》，北京大学出版社1991年版。

③ （宋）葛立方：《满庭芳·和催梅》，参见唐圭璋《全宋词》，中华书局2009年版。

镇瓷器装饰典型纹样，以前者最为常见。佛手为多年生草本植物，果实状如半握之手，因"佛"与"福"音近而被赋予多福的寓意。石榴多籽，被民间视为寓意多子多孙的祥瑞之果。桃实素被古人称为长寿仙果，《太平御览》引《神异经》云"东北有树焉，高五十丈，其叶长八尺、广四五尺，名曰桃。其子径三尺二寸，小狭核，食之令人知寿"①。三果在明清时期瓷器上也有以单独折枝形式出现的，但多数情况下三者同时出现构成组合纹饰，寄托多福多寿多子的吉祥愿望，也称"福寿三多"纹。自雍正朝开始，三果纹的表现方式增多，出现了带枝叶的三果及同一花枝上满缀三种果实的构图形式，尤以乾隆时为突出。如"乾隆斗彩三果纹螭耳扁瓶"，整体装饰效果清新自然，别具感染力。

　　明清时期景德镇瓷器装饰植物类纹样除上述典型题材外，尚有百合、木芙蓉、玉兰、水仙、灵芝等多种，它们有时单独出现，多数情况下与其他题材共同形成组合纹样，以表达特定的吉祥寓意。

三　人物类纹样

　　中国陶瓷装饰艺术中的人物纹最早见于新石器时代马家窑文化彩陶舞蹈纹盆上成组的人物装饰图案，该图以写实手法描绘人们欢庆丰收的场面，是先民对自身淳朴情感与审美心理的表达。其后瓷器烧制成功且工艺不断发展完善，装饰技法与题材内容也在逐渐丰富，但人物纹始终在瓷绘题材中占有一席之地。如唐代长沙窑瓷器上便有婴戏纹样，宋代磁州窑有釉下彩绘婴戏、历史故事等人物纹样。元代青花纹饰中人物故事内容占有不小比例，多见如"萧何月下追韩信""陶渊明携琴访友""明妃出塞"等历史人物类主题纹样。元代青花人物纹样借鉴同时期绘画艺术的技法与风格，以温润青花晕染出水墨淋漓的效果来应对文人之高远心境，表达特殊时代文化背景下文人追求心灵淡泊宁静的意趣。

　　明清时期瓷器装饰艺术中的人物题材异常丰富，以现有文献记载、传世藏品及考古资料为依据，可将其分为婴戏图、高士图、仕女图、历史人物故事图、戏曲小说人物图以及佛道仙人图。随着中西文化交流日益加深，明清时期瓷绘人物纹对西方透视技法多有借鉴，尤其到了乾隆时期，

---

① （宋）李昉等：《太平御览》卷 967，《神异经》，中华书局 1960 年版。

瓷绘人物纹往往突出明暗对比效果，极大增强了人物的立体感。

（一）婴戏图

以儿童游戏场面为主题的典型纹样，内容主要有儿童戏鸭、驯鹿、戏花果（莲花、石榴、葡萄等）以及放风筝、荡船、骑竹马、舞龙灯、钓鱼、打傀儡、放爆竹、蹴鞠、点彩灯、捉迷藏等。目前所知最早的瓷绘婴戏纹见于唐代长沙窑"青釉褐彩婴戏纹执壶"上的婴戏莲纹，宋代耀州窑、定窑、磁州窑、景德镇窑等均流行以"婴戏纹"作为瓷器装饰，如1954年河北邢台出土"磁州窑白地黑花儿童蹴鞠纹枕"就极为典型，而金元时耀州窑瓷器上装饰的"婴孩驯鹿"纹也别具新颖之意。

明清时期瓷器装饰艺术极重纹样的吉祥寓意，各类婴戏纹便蕴涵着人们希求多子多福的美好祈愿。据《饮流斋说瓷》记载"绘小儿游戏之画面亦自明始，谓之耍娃娃"，具体"有五子、有八子、有九子、有十六子、有百子。百子之制，道光时尤为盛行"①多见于盘、碗、杯、盒、瓶、花盆等器型上。明代瓷绘婴戏纹由于受青花晕散现象的影响直到永、宣时才出现，成化时开始逐渐增多并广为流行，之后各朝瓷绘婴戏纹在构图布局及用彩设色上均有差异，既是当时瓷绘工艺水平的反映，又形成了独具特色的时代艺术风格。如"隆庆青花莲生贵子团花纹碗"（图2.3）外壁以团花形式表现童子荷莲纹，构图新颖，青花浓艳，呈现出民间剪纸般的艺术效果，并寓有连生贵子的吉祥含义。清代瓷绘婴戏纹的应用更为广泛，画面也被赋予了更为丰富的吉祥寓意，或求多子多福、或求升官发财。如"康熙民窑青花婴戏图罐"外壁绘有当时民间喜闻乐见的"婴戏状元夸街"纹样，蕴含着百姓希求子孙升官发财的渴求。"乾隆绿地粉彩贴塑婴戏图瓶"外壁在绿地粉彩上堆贴着五个孩童，瓶肩部三童子，其中一个匍匐于地伸手拉住一个正在攀上瓶肩的童子，地面尚有一童子用肩膀托举向上攀爬的童子，整个画面构思奇巧、生动有趣并蕴有"五子登科"的吉祥寓意，有着极高的艺术水平。又如"乾隆粉彩婴戏天球瓶"（图2.4）通体描绘孩童嬉戏闹春的画面，构图疏阔，寓意吉祥。

（二）高士图

特指以文人雅士的生活意趣为主要表现内容的瓷绘人物纹样，如携琴访友、山涧行吟、垂钓江边或对弈山中等最为贵族及文人阶层所追崇，用

---

① （民国）许之衡著，叶喆民译注：《饮流斋说瓷译注》，紫禁城出版社2005年版，第91页。

以寄托心性或是附庸风雅。常见于碗、盘、杯、罐、笔筒、梅瓶等器，以青花技法应用最多，因为浓淡有致的青花呈色正可表现文人画的水墨效果，更显文士生活情趣的雅致高洁。如"万历青花高士图碗"，碗心绘松竹三友纹，外壁为三高士及两捧书携琴的童子，并有仙鹤静立于旁，青花浅淡优雅，为万历官窑精品。清康熙官窑高士人物纹多受到陈洪绶绘画风格的影响，构图疏阔意境深幽；民窑则生动洒脱极富层次感。如"康熙青花高士图笔筒"主题纹样描绘书生月下归家，仆人于院内挑灯开门迎接，呈现出浓郁的生活气息。在这里，原本用来表现超世出尘品格的高士图却如上述婴戏纹一样，被赋予了向往安乐世俗生活的美好祈愿。另有"康熙青花竹林七贤纹笔筒"（图2.5）外壁通体描绘七位文士于竹林间饮酒赋诗，闲淡优雅之情溢于画面。

 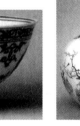 

图2.3　隆庆青花莲生贵子团花纹碗（故宫博物院藏）　图2.4　乾隆粉彩婴戏天球瓶（故宫博物院藏）　图2.5　康熙青花竹林七贤纹笔筒（故宫博物院藏）

（三）仕女图

以仕女活动为主要表现内容，有仕女游园、仕女婴戏、仕女对弈、仕女题诗、仕女观画、仕女赏月等。明清时期瓷绘仕女图多绘于梅瓶上，碗、盘、碟类器上亦有所见，常以青花、五彩技法表现。如桂林博物馆"宣德青花仕女图梅瓶"表现仕女于蕉叶上题诗的画面，其构图立意应取自唐韦应物《闲居寄诸弟》诗中"秋草生庭白露时，故园诸弟益相思。尽日高斋无一事，芭蕉叶上独题诗"之句。宫廷仕女于百无聊赖之中游园题诗，正是对"尽日无一事"的生动表现。同馆所藏"宣德青花仕女扑萤图梅瓶"主题纹样则典出唐代杜牧的《秋夕》诗作"红烛秋光冷画屏，轻罗小扇扑流萤，天阶夜色凉如水，坐看牵牛织女星"。这些典出有故的瓷绘仕女图都有着基本相同的构图形式，仕女活动也仅限于通常的宫廷活动之类。故宫博物院"万历青花妇人课子图罐"主题纹样的表现形式是以同期版画《闺苑》中的《课子图》为原稿，并经瓷绘艺人的二度加工后形成的，这也是明清时期瓷器纹饰题材来源及画意技巧表现的特点之一。

清康熙时瓷绘仕女图较为常见，除绘画工艺细腻传神外，也极注重纹样内涵上的吉祥寓意，如仕女婴戏图实际上表达的是对婴儿美好前程的期盼。以故宫博物院"康熙青花园景仕女图瓶"为例，其主题内容为仕女婴童置身于以芭蕉、桂树与洞石栏杆构成的庭院之中，看似悠闲雅致的生活画面实则表现了"今日膝下小儿，明朝登科及第"的吉祥意愿。这源自文献记载的"折桂"① 典故，用以表达对画面中婴儿美好未来的祝愿。在表现技法上借鉴传统绘画写意手法，青花呈色有明显的分水效果，更使得整个画面呈现出一种悠远的意境。雍正瓷绘仕女人物多身处陈设工整的室内环境之中，是对当时崇尚纤弱仕女之风气的一种反映。《陶雅》记载瓷绘仕女面目"雍正易以淡赭，于画理则甚合矣。而易于模糊，往往髻鬟高耸，衣裳如新，面目已不复可辨矣"。"且仕女文弱之态千篇一律，无诙诡尚武之精神，是以其人物较逊于往代也。"如"雍正粉彩仕女图盘"（图 2.6），盘心仕女婴戏纹构图疏阔、设色清新，仕女体态优雅、衣饰线条流畅，整个画面犹如工笔人物画般细腻。乾隆官窑瓷绘仕女图借鉴西画光影技法，注重人物面部与衣纹的明暗变化，形成立体生动的人物画风，以珐琅彩工艺表现仕女人物的优雅极为合适，如"乾隆珐琅彩描金人物长方盒"（图 2.7）描绘仕女课子图，其人物面部以淡红彩晕染并有光线明暗的处理，犹如西洋画般具有极强的真实感。

（四）历史人物故事图

以历史人物故事情节为瓷器装饰的主题纹样，内容主要有文王访贤、陈平分肉、悬剑拜友、商山四皓、竹林七贤、十八学士、夜游赤壁、周处斩蛟、兰亭会、昭君出塞、饮中八仙等。此类纹样多以彩绘技法装饰于瓶、罐、盘、缸类器物的显要位置。

---

① 晋代郤诜赴任为雍州刺史前，武帝问："卿自以为如何？"诜对曰："臣鉴贤良对策，为天下第一，犹桂林之一枝，昆山之片玉。"《晋书·郤诜传》。

图 2.6　雍正粉彩仕女盘
（故宫博物院藏）

图 2.7　乾隆珐琅彩描金人物长方盒
（故宫博物院藏）

如"成化斗彩人物图杯"描绘春秋时俞伯牙携琴访友和晋时王羲之以《道德经》换鹅画面，以青花勾勒纹样轮廓线条，所绘人物衣带着风，并表现出"成窑一件衣"的特点，整体构图舒朗、用色清雅，为成化官窑精品。"嘉靖青花人物图杯"外壁为竹林七贤吟诗抚琴饮酒，人物形态洒脱生动，尽显文人士夫畅舒胸臆的自适情怀，对竹林的描绘更呈现出某种程度的水墨写意格调。崇祯瓷绘历史人物图多见于民窑器，由于受到文人画风影响，瓷绘纹样往往笔意洒脱，有较强的层次感。如"崇祯青花太白醉酒图三足洗"描绘醉酒后的李太白，斜倚崖边梅石与明月对饮，背后有童子于松下烹茶，突出士大夫官场不得志的失意心境；画面构图上透出浓郁的写意格调，为典型民窑器。故宫博物院"康熙五彩兰亭会图棒槌瓶"（图 2.8）描绘王、谢等人会于兰亭吟诗作画的历史场景，五彩描绘的曲水流觞图充满了文人雅趣；衬景的树木、洞石皆以写实手法绘就，设色清丽怡人。"雍正粉彩竹林七贤图笔筒"所绘人物造型飘逸、设色柔淡，修竹、菊石描绘细腻，文人于林中弈棋吟诗充满淡逸之情，整个画面犹如工笔画般清丽。乾隆官窑瓷绘历史人物图受西画技法影响，突出人物面部和衣纹的明暗对比，具有较强的立体感。如"乾隆粉彩人物图笔筒"（图 2.9），器身一面描绘米芾研墨图，一面书写七言行书诗文。画面精致雅丽，具有极强立体感，为乾隆时官窑精品。

（五）戏曲小说人物图

此类纹样主要取材于小说、戏曲及民间传说等通俗文学作品中的故事情节，多用青花、五彩、粉彩、珐琅彩等技法进行表现。明清时期瓷绘小说戏曲人物题材多来自《三国》《西游记》《水浒》《封神演义》《西厢记》《琵琶记》《杨家将》《红拂传》等作品。如"康熙五彩三国演义图盘"描绘曹操刺杀董卓的画面，其构图形式受同期版画影响，布局巧妙形象生动，艺术水平极高。"雍正粉彩人物故事图瓶"腹部为西厢记中大战孙飞虎的画面，人物描绘细腻洒脱，粉彩色调柔和，为民窑佳作。乾隆瓷绘戏曲小说人物图也较多，据《饮流斋说瓷》记载："乾窑人物工致绝伦，故事则举汉晋以来暨唐人小说，几乎应有尽有，下至西厢三国水浒之伦，亦穷秀极研，并称佳妙。至末叶乃益曼衍，如水漫金山等不经之事实，亦入绘事。盖争奇斗巧，踵事增华，势必至也。"[1]　其人物描绘精致细腻，并以设色艳丽、构图繁满为特点。

图 2.8　康熙五彩兰亭会图
棒槌瓶（故宫博物院藏）

图 2.9　乾隆粉彩人物图笔筒
（上海博物馆藏）

（六）佛道仙人图

以佛、道教人物形象为主题装饰纹样，主要有道教的仙人骑鹤、吹箫引凤、八仙祝寿、福禄寿三星、麻姑献寿、海屋添筹、张骞乘槎、东方朔偷桃、刘海戏金蟾等纹样；佛教的达摩、观音、罗汉、力士、飞天、寒山拾得等内容。这类纹样通常都具有一定的功利目的性，因为人们相信通过描绘佛道仙人图像即可受到各方神灵庇佑而福泽永命，从而赋予了其美好的寓意象征性功能。比如关于瓷绘"东方朔偷桃故事"的纹样，其事见于《初学记》记载："东都献短人，帝呼东方朔，朔至，短人指朔谓之

---

[1]　（民国）许之衡著，叶喆民译注：《饮流斋说瓷译注》，紫禁城出版社 2005 年版，第 92 页。

曰：'王母种桃三千年一结子，此人不善，已三过偷之矣'。"因桃木在古代被认为具有辟邪功能，而桃实又被赋予了长寿的寓意，这一典故的图像形式很早便在民间以版画的形式流传，以承载人们所赋予的寓意功能，明清时期瓷绘纹饰中对其也多有表现。中国历史博物馆藏"嘉靖青花云鹤八仙图葫芦瓶"（图2.10）上腹描绘云鹤八卦纹，下腹绘八仙人物，主题纹样内容满含道教意味，上圆下方的葫芦造型更寓有道教"天圆地方"的宇宙哲学观念。"康熙五彩仙女献寿纹盘"（图2.11）内心描绘仙女手持如意随于鹿车之旁，其后有侍女肩挑灵芝与书卷相随，纹样布局大方、用笔细腻，设色鲜亮又不失柔和之美，突出祝寿的寓意主题，为康熙官窑精细作品。"雍正斗彩海屋添筹盘"（图2.12）内底心描绘仙人悠游于海中仙屋之畔，更有祥云仙鹤于上空盘旋飞翔，斗彩笔触呈色饱满，营造出福寿吉祥的氛围。

图2.10　嘉靖青花八仙云鹤纹葫芦瓶（中国历史博物馆藏）　图2.11　康熙五彩仙女献寿纹盘（故宫博物院藏）　图2.12　雍正斗彩海屋添筹盘（天津市艺术博物馆藏）

　　"顺治青花天女散花碗"外壁所绘天女体态婀娜、线条优美，周围环绕的鲜花更衬出天女动态优雅之姿。天女散花故事最早见于后秦《维摩诘经》译本，经文记载："时维摩诘室有一天女，见诸大人闻说说法，便现其身，即以天华散诸菩萨、大弟子上，华至诸菩萨即皆堕落，至大弟子便著不堕。一切弟子神力去华，不能令去。"天女散花意在以花是否著身来验证诸菩萨弟子的向道之心，若声闻结习未尽，花即著身不去，外力无助。世俗社会多欣赏天女散花时的优美之姿，却往往忽略了其背后所蕴含的深刻寓意。

四　花鸟类纹样

即以花卉、花鸟、鱼虫等作为瓷器装饰主题纹样内容，最早见于唐代长沙窑釉下彩绘瓷器上①，唐宋时瓷器花鸟纹的表现方法基本是黑白彩绘和青釉刻花。明清时期的瓷绘花鸟纹主要以青花、五彩、粉彩等彩绘技法进行表现，并注重对同时代绘画艺术的吸收借鉴，以丰富自身表现形式，进而形成了独特的艺术风格。如故宫博物院藏"万历五彩云龙纹花觚"器身通体描绘两组云龙纹及两孔雀于草石花树丛中栖息的场面，纹样布局满密、设色富丽，透出官窑御瓷的典型格调。而康熙五彩、雍正粉彩花鸟纹则对中国传统工笔花鸟画笔法多有借鉴，使得纹样更加生动逼真而富有意趣。明清时期瓷绘花鸟纹的另一个特点是满含吉祥寓意，几乎"无图不吉祥"。如"康熙洒蓝描金五彩花鸟图瓶"（图2.13）腹部四面开光内皆绘有花鸟纹样，由于瓶体腹部弧度较小，加之疏阔的构图、雅致清新的用笔，整个画面透出纸绢绘画的艺术效果。"康熙五彩鹭莲纹凤尾尊"外壁通体描绘的荷塘花鸟纹极为精致，构图精准、设色考究，整幅画面犹如立体的工笔花鸟画并寓有"一鹭莲棵"的吉祥含义。又如"雍正粉彩九鹌纹天球瓶"（图2.14）器腹所绘山石九鹌图整体透出清新淡远的意境，

图2.13　康熙洒蓝描金五彩花鸟图瓶　　　　**图2.14　雍正粉彩九鹌纹天球瓶**
（上海博物馆藏）　　　　　　　　　　　（故宫博物院藏）

---

①　冯先铭：《中国古陶瓷图典》，文物出版社1998年版。

并寓意吉祥"久安"。乾隆时吉祥观念更为发达，以瓷绘花鸟纹表达"安居乐业""长治久安"寓意作品比比皆是，如"乾隆珐琅彩鹌鹑竹菊纹瓶""乾隆粉彩鹌鹑雉鸡双联盖罐"等皆为其中精品。此外，"乾隆牙黄地粉彩描金瓜蝶纹瓶"则是以器身满绘的瓜蔓和蝴蝶组成了寓意子孙万代绵延不绝的"瓜瓞绵绵"图，其图案化的瓜蝶纹华丽异常，表达人们对美好生活的向往之情。

五　山水类纹样

以山水田园、亭台楼阁及乡居等组合构成，宋元时即已出现，但早期瓷绘山水主要作为人物衬景出现而非主题装饰纹样，直到明代瓷器上才出现真正独立意义上的山水主题纹样。由于受到同时代姐妹艺术的影响，瓷绘山水纹极具时代特征，至明末清初甚至表现出浓厚的文人山水画气息。自宋代文人画独立于院体画之后，历代文人皆以描绘山水来寓寄情怀、独抒性灵。明晚期开始文人山水画被搬上瓷面，扩大了文人画的传播途径也提升了瓷器本身的艺术品位。清三代的瓷绘山水纹虽不及花鸟、人物纹多见，但却有着极高的艺术水平：首先是分水技法的应用使得青花呈色能够达到文人画"墨分五色"的艺术效果，也即所谓的"青花五色"；其次是明末清初四王画家所擅用的"披麻皴"法影响到瓷绘山水纹样的表现，从而使得此时的青花山水纹具有了浓郁的文人水墨气息。雍乾时瓷绘山水纹致力于摹仿元明绘画名家用笔，达到了绘工精细、笔意酷肖的艺术效果。总体而言，明清时期瓷绘山水纹从整体风格上可分为两类：一为工整细致的山水楼阁纹，以表现统治阶层的审美追求为旨归；一为写意洒脱的山水人物纹，表达民间文人与百姓追求宁静淡泊生活的愿望，瓷绘山水纹在这里成为理想生活乐园的象征。

（一）山水楼阁图

明清时期瓷绘山水楼阁纹在明代永乐和清代康熙、乾隆朝表现最多，代表着统治者的审美心理和艺术感情，由于受到同期绘画艺术的影响，形成了各时期独特的审美风格，尤以康熙时的艺术成就最高。

康熙官窑瓷绘山水楼阁纹受到明末清初画家董其昌、陈洪绶绘画风格影响，构图新颖而造型略显夸张，注重笔墨韵味与画面质感，中后期又借鉴西画技法，使画面中山峦树石呈现出阴阳向背与光影层次感。如"康熙青花虎溪相送图盖缸"（图2.15）外壁通体描绘山水纹样，青花分水效果明显，使得远山浅淡近山葱翠，而以留白方法突出的山石转折线则增强了画面的真实感。

图 2.15　康熙青花虎溪相
送图盖缸（故宫博物院藏）

图 2.16　雍正珐琅彩蓝山水纹碗
（故宫博物院藏）

雍正珐琅彩山水纹往往以大胆的用色表现出中国传统青绿山水的味道。如故宫博物院藏"雍正珐琅彩山水纹碗"外壁一面所绘珐琅彩虎丘山风景图，笔触细腻、设色浓重，加之线条转折中透出的力度感，使得整个画面颇显精致；另一面墨书"塔光倒映千人石，寺影遥连万井烟"诗句。又如"雍正珐琅彩蓝山水纹碗"（图2.16）外壁所绘山水景致，在江水的衬托下给人清浅淡逸的美感享受。乾隆官窑瓷绘山水纹多表现西湖十景、私家园林等内容，加之皇帝对富丽繁华色调的偏爱，即使绘工细腻也很难表现出深远清逸的意境，以"乾隆红地描金开光山水纹壁瓶"为例，瓶呈半剖葫芦形，外壁整体以矾红为地，上部装饰有金彩花卉蝙蝠纹，下部四方委角开光内绘粉彩蓬莱仙境图，仙山屹立于祥云缭绕的波涛之中，整个山水画面构图饱满，唯有上方留白让人耳目为之一新。"乾隆黄地粉彩开光山水纹壶"（图2.17）整体以黄色轧道凤尾纹为地，其中一面开光内绘粉彩山水纹，山水楼阁集中于画面右侧，山峦层次感颇强，左上方留白使整个画面顿显疏朗开阔，在周围华丽的黄地衬景中不失为一抹清雅气息。"乾隆珐琅彩山水楼阁纹盘"（图2.18）盘心山水楼阁纹以青绿设色为主，借鉴传统界画艺术笔法，仙山楼阁描绘得精工细腻，颇显庄重典雅而又不失华丽之感。

图 2.17　乾隆黄地粉彩开光　　　　　图 2.18　乾隆珐琅彩山水楼

山纹茶壶（故宫博物院藏）　　　　　阁纹盘（故宫博物院藏）

（二）山水人物图

明清时期瓷绘山水人物纹受到宫廷院体画和文人山水画风的影响，画面中人物形象多以象征性的衬景出现而绝非主题纹样，其意在以传统隐逸生活寄寓文人的高雅心境，更是对社会文化与时代境况的形象反映。此类山水纹流行于明万历后期至清康雍乾时的民窑，表现技法上有青花、五彩、粉彩等，但以康熙民窑青花山水人物纹的艺术水平为高。

明万历后期的民窑山水人物纹由于摆脱了官窑刻板画风的束缚，开始在构图布局及笔法上表现出浓郁的文人水墨画意趣，以青花为多见。如"万历青花山水人物图盘"（图 2.19）内心描绘大面积自然山水为远景，近景则绘细水浅流，岸边写意人物不求形似但求神到，组成一幅曲水流觞的雅趣图，其山石的方硬感带有明代浙派山水画的遗风。天启崇祯朝的特殊社会时代背景使得人们唯有寄情山水方可寻得心灵的暂安，瓷绘山水人物纹大量出现且颇多新意，突出表现为对简笔写意画法的大量运用，从而表现出质朴无华的民间绘画风格。如"天启青花山水人物图盘"（图 2.20）内心所绘山水人物纹极为典型，画面中间以留白表现宽阔的水面，近景以深色青花描绘士人于江边雅谈，整体布局极为疏阔，青花呈色淡雅宜人。崇祯瓷绘山水人物纹在构图、笔法上对山水绘画借鉴较多，所表现多为写意渔樵高士，笔意则似受到八大、石涛等同时期画家的影响。如"崇祯青花山水人物图笔筒"外壁山石勾线平涂，青花呈色深浓，写意人物独自垂钓江边，画面疏远深阔并透出浓浓秋意。

康熙民窑瓷绘山水人物纹整体给人浅淡优雅的感觉，特别是中后期青花分水法①愈加成熟，加之西画透视技法的引入，使得画面更加细腻。如"康熙青花山水人物图方瓶"通体描绘山水人物纹，山石有皴法味道，青花分水效果明显，深浅浓淡间营造出淡逸的优雅之境，水面上的渔人小舟似乎也要隐没在这诗情画意的山水之中。

图 2.19　万历青花山水人物
图盘（故宫博物院藏）

图 2.20　天启青花山水人物
图盘（故宫博物院藏）

第二节　外销瓷纹饰题材分类

明清时期的外销瓷贸易极为发达，适应海外各大消费市场的需求，其纹饰题材主要可分为两类，其一为传统中国风格的山水、花鸟、人物纹等（具体见前文所述），但这类纹样有时也会配以西方边饰、西方器型甚或是采用西方的构图方式，如"崇祯青花克拉克瓷花鸟盘"② 及"康熙青花杨家将人物图盘"③ 采用了西方风格的布局形式来表现中国风格主题纹样；"雍正粉彩张敞画眉图汤盘"④ 主题纹样为中国传统故事内容，但边饰则是典型的德国迈森瓷样；"乾隆青花'南京样式'婴儿洗澡盆"⑤ 则在典型西方造型上描绘中国山水楼阁纹。其二为西方风格的主题纹样，主要包括典

① （清）陈浏：《陶雅》，金城出版社 2011 年版，第 36 页。指青花呈色有浓淡不同色阶的对比变化，有时可多至十数层，《陶雅》记载康熙时青花色阶的丰富性："青花又名淡描，同一色也，见深见浅，又一瓶一罐而分之七色、九色之多，娇翠欲滴"。

② 余春明：《中国名片：明清外销瓷探源与收藏》，生活·读书·新知三联书店 2011 年版，第 105 页，图 119。

③ 同上书，第 110 页，图 129。

④ 同上书，第 100 页，图 111。

⑤ 同上书，第 109 页，图 126。

型的西方人物、花卉、城市建筑及图徽纹章类内容，有时会配以中国风格的室内背景与造型。如"雍正粉彩西洋人物图盘"[1] 的造型是中国式的，主题纹样描绘身处中国风格室内环境当中的西方人士及其仆人正在观看犬只游戏。又如"乾隆粉彩英国国家公司纹章图盘"[2] 的纹样原稿是由西方人专门设计而成的，瓷绘艺人在遵照原样进行描绘时以素白釉代替了原设计中的暗棕底色，显示了中国文化审美元素与西方文化的交流互动。

　　目前所见关于明清时期西方风格外销瓷纹饰题材的相关研究并没有统一的分类标准，如有西方学者将大英博物馆所藏中国盛清（1723—1800）时销往西方的外销瓷分为九类：欧洲风格、英国风景、宗教题材、古希腊罗马神话系列、洛可可纹饰、器型技法源自欧洲器物、英国贵族餐具、欧洲贵族餐具。而乔克博士在《中国外销瓷：布鲁塞尔皇家艺术历史博物馆藏品展》中则将中国外销瓷中的欧洲纹样题材分为：各种题材、宗教及神话题材、爱欲题材、德国风格的纹样、纹章瓷器、加绘纹饰的瓷器六类。可见在没有统一标准的情况下，对明清时期外销瓷上西方风格纹饰题材的分类研究显得分散而没有规律，且所分类各板块内容多有重叠现象。本书以主题表现内容为标准将明清外销瓷西方风格纹饰内容分为四类，即人物类、建筑类、图徽类以及其他类。

　　明清时期外销瓷西方风格纹饰系统主要是为适应西方人的生活及审美心理习惯而形成的，这里的人物纹包括西方宗教及神话故事人物、西方世俗人物纹样。建筑类纹样主要包括西方风格的城市风光及其著名建筑。图徽类纹样源自西方特有的一种徽章文化体系，这里主要指其中的纹章纹。这些纹样的模板主要来自于西方的版画、蚀刻画、油画、陶器纹样以及艺术家的专门设计样稿[3]。其中的纹章纹、船舶纹以及著名建筑纹因具有特

① 香港艺术博物馆编制：《中国外销瓷：布鲁塞尔皇家艺术历史博物馆藏品展》，香港市政局出版1989年版，第113页，图32。

② 余春明：《中国名片：明清外销瓷探源与收藏》，生活·读书·新知三联书店2011年版，第132页，图171。

③ 当时欧洲各国东印度公司都有专门的艺术家来设计瓷器图稿，瑞典传教士、艺术家普雷却托（Precht 1706—1779）于1736年为瑞典东印度公司设计了一组瓷器纹样图稿，每种瓷器的造型与纹饰皆不同，按艺术风格则分为欧洲风格和阿拉伯风格两种，图稿右下角所写"斯德哥尔摩首饰匠普雷却托"表明了其身份。参见朱培初《明清陶瓷和世界文化的交流》，轻工业出版社1984年版，第227页，图39。

定的纪念意义，多为专门定制用于收藏或其他私人用途；城市风光、人物画像及宗教神话传说等纹样则主要用于商业贸易。船舶纹作为纪念开拓殖民地和海外市场的象征而受到欧洲人的特别喜爱。此外，源自中国传统题材的瓷绘"刀马人物"纹自明代成化朝出现开始便受到西方人的欢迎，据《陶雅》记载："成化、万历五彩皆画戏剧之战斗者，洋商所谓刀马人者也。"① 这种题材的人物纹样在清康熙时更是大量出现，一方面是国内官方提倡及民间尚武风俗影响的结果；另一方面即是为了满足西方市场的大量需求。事实上，题材及工艺上的认知是一个重要方面，外销西方的瓷绘人物纹有时是西人想象中的中国人物形象，这在某种程度上满足了西方人对中国社会的认知需求，因而大量瓷绘"刀马人物"纹样被制作出来销往西方。

一　人物类纹样

明清时期外销瓷中的西方风格人物纹主要包括西方宗教神话故事及世俗人物纹样，皆由景德镇瓷绘艺人按照西商提供的纹饰样稿绘制而成。其样稿来源有西方版画、蚀刻画、油画、画家设计、西方陶器纹样等，风格颇为独特。

（一）西方宗教、神话故事人物图

宗教文化作为最先进入中国的西方文化因素，对中国社会产生了广泛的影响，外销瓷装饰艺术受其影响自然不可避免，"大约在 1552 年之后，在澳门的耶稣会为纪念利玛窦到中国传教，烧制了一些绘有十字架的宗教瓷，成为中国外销瓷中最早具有西方宗教内容的瓷器"②。为了便于传教，西方传教士将宗教人物故事与中国人日常所用的瓷器装饰艺术结合起来，通过雕塑及彩绘的方式来传播教义，并且正如印度佛教初入中国时所采取的措施一样，传教士们将基督教圣母及圣子耶稣的形象塑造成中国人所熟悉的送子观音模样，一方面在教义传播过程中产生了极好效果；另一方面西方人因为看到了不一样的圣母子形象而对这类瓷器极为喜爱，如"康熙三彩圣母子瓷塑"③ 便是颇受西方人欢迎的宗教类人物瓷塑作品之一。

---

① （清）陈浏：《陶雅》，金城出版社 2011 年版，第 35 页。

② 余春明：《中国名片：明清外销瓷探源与收藏》，生活·读书·新知三联书店 2011 年版，第 34 页。

③ 同上书，第 186 页，图 276。

此外，取自基督教《圣经》的宗教人物故事纹样还有"雅各娶妻""耶稣受洗""耶稣受难"等内容，如"雍正粉彩仿西方油画'耶稣受难'图盘"① 所绘主题纹样是基督教信徒最为熟悉的人物故事题材，但其人物形象大都表现出中国人物的某些特征，而这些西方人所喜闻乐见的故事内容无疑是精明的商人提供了巨大商机。取自古希腊罗马神话中的人物故事纹主要见有希腊神话中的狩猎女神戴安娜等，如"乾隆粉彩希腊神话故事图盘（1745）"② 描绘女神戴安娜在即将到人间之前与诸神在天上谈话的场面。这些纹样的模板有时取自欧洲艺术家的版画、油画等作品，有些则由画家专门设计。

（二）西方世俗人物图

这类纹样多为表现西方皇室贵族成员的肖像及人物纹，如"雍正路易十四夫妇肖像瓷盘"③ 所绘人物衣饰华丽，是由荷兰东印度公司设计纹样的定烧瓷。"雍正粉彩西方人物绘画图盘"所绘纹样的原型是意大利公主与法国国王亨利四世结婚时的场景，景德镇瓷绘艺人对于西方绘画中表现光影效果的渲染手法已逐渐熟悉，整个画面布局严谨并富有层次感，甚至在某种程度上表现出鲁本斯作品的画面感④。又如台北故宫博物院所藏的"乾隆珐琅彩西洋母子图炉"（图 2.21）、"乾隆珐琅彩西洋人物碟"（图 2.22）、"乾隆珐琅彩西洋人物鼻烟壶"（图 2.23）三件作品上所绘西方人物纹样，因珐琅的工艺特点而呈现出精致的立体感。此外，设计师普隆克（Cornelis Pronk，1691—1759）于 1734 年在阿姆斯特丹为东印度公司设计了"阳伞系列"样稿（原设计稿现保存于印尼的雅加达），见有"乾隆'阳伞系列'青花和青花矾红瓷盘"⑤，描绘一贵妇和仆人在河边喂食水鸟的场面，外沿辅以由折枝花构成的二方连续边饰，再外面八个均匀分布的小开光内皆绘有来自盘心主题纹样的小图案。又如"乾隆青花西洋仕女盘"⑥ 内地心描绘

---

① 余春明：《中国名片：明清外销瓷探源与收藏》，生活·读书·新知三联书店 2011 年版，第165 页，图 226。
② 同上书，第 166 页，图 230。
③ 同上书，第 174 页，图 252。
④ 同上书，第 166 页。
⑤ 同上书，第 80 页，图 93。
⑥ 周銮书等编著：《中国历代景德镇瓷器·清卷》，中国摄影出版社 1998 年版，第 177 页。

一西欧仕女半身像，用笔准确描绘清晰，也是西商定制作品。

此外也有表现普通人物生活的纹样，如"乾隆粉彩《送别》纹碗"①描绘东印度公司工作人员家属正在送别前往中国的商船的画面，具有一定的历史文化价值。荷兰北部渔民的生活画面也成为西方人喜欢的纹饰题材，如"北海渔民捕鲸"瓷盘②。欧洲商人同中国进行贸易谈判的画面也被指定为定烧瓷装饰纹样，如"乾隆粉彩人物纹茶叶罐"③的一面描绘西商与中国官员进行茶叶贸易谈判，另一面则描绘交易谈妥后一起喝茶的场面。将这些内容描绘在外销瓷上也是西商为促进销售所采取的策略。为了扩大市场获取利润，东印度公司在欧洲大力提倡喝茶，他们甚至将中国茶乡的自然风景以及从采茶、炒茶到包装运输的整个过程制成瓷绘纹样运回欧洲，以激起欧洲人对茶叶的喜爱。"乾隆茶乡风景粉彩套碗"④为一组规格相同的海碗，外壁分别描绘了茶乡风景、采茶、炒茶、交易以及用小船将茶叶运到东印度公司大型商船上去的整个过程，这既促进了瓷质茶具的销售量，也在客观上让西方世界了解到中国特有的茶乡文化。

图 2.21　乾隆珐琅
彩西洋母子图炉
（台北故宫博物院藏）

图 2.22　乾隆珐琅
彩西洋人物碟
（台北故宫博物院藏）

图 2.23　乾隆珐琅彩
西洋人物鼻烟壶
（台北故宫博物院藏）⑤

---

① 余春明：《中国名片：明清外销瓷探源与收藏》，生活·读书·新知三联书店 2011 年版，第 7 页，图 2。

② 朱培初：《明清陶瓷和世界文化交流》，轻工业出版社 1984 年版，第 215 页，图 14。

③ 余春明：《中国名片：明清外销瓷探源与收藏》，生活·读书·新知三联书店 2011 年版，第 154 页。

④ 同上书，第 155 页。

⑤ 《台湾故宫博物院专辑之四·珐琅瓷器收藏品（2）》第 20、22、60 页。

二　建筑类纹样

这类纹样主要表现西方国家的城市风光及著名建筑形象，由于荷兰东印度公司在 16、17 世纪中国瓷器外销世界的过程中起着举足轻重的作用，因而表现北欧和荷兰风光的纹样占有重要地位，如鹿特丹城市街道建筑、水车和磨坊等，其瓷绘效果犹如荷兰著名画家林布兰的铜版画，当然也有摹自其他艺术家作品的内容。如"五彩描金波塔尼卡尔公园（英国牛津）纹样瓷盘"是在广州彩绘烧成的，英国学者认为其主题纹样的临摹范本来自"荷兰铜版画家博尔戈赫尔斯（Burghers）所创作的铜版画"①。此外，欧洲现实生活中的建筑形象也常被作为订购瓷器的纹饰样稿，如"雍正粉彩伯利别墅图碗"② 所描绘的建筑是英国女王财务秘书的私人别墅，以近景画法精工描绘而成。英国东印度公司后来将其设计成一种典型的青花纹样，建筑被简化并在前景处加了两棵树、天空有凤鸟飞过，如"乾隆青花伯利别墅图盘（1745）"③ 的主题纹样便是以远景画法构图，凤鸟并寓有吉祥含义。而景德镇瓷业生产为迎合西方消费者的生活与审美习惯，有时甚至采用荷兰铸币上的图案作为外销瓷的装饰纹样。

三　图徽类纹样

图徽是指比较正式的可用作象征性标志的徽章、像章或图案，明清时期外销瓷中的图徽类纹样主要是指西方社会的各类纹章，包括按照特定规制及色彩构成的专属于某个人、家族、团体、城市或国家的标志，西方自中世纪已有了系统的纹章体系，形成欧洲社会特有的纹章文化。欧洲最初的纹章出现于 12 世纪的战场上，用以识别因全身披戴盔甲而无法辨认的骑士，因而在色彩上要求使用对比强烈的纯色，包括金银两种金属色和红蓝黄绿黑紫六种普通颜色，且相近颜色应避免放在一起，而图案则以清晰的单线勾勒而成。纹章中的主题图

---

① 朱培初：《明清陶瓷和世界文化交流》，轻工业出版社 1984 年版，第 85 页。
② 余春明：《中国名片：明清外销瓷探源与收藏》，生活·读书·新知三联书店 2011 年版，第 191 页，图 283。
③ 同上书，第 191 页，图 284。

案多为动物，包括狮子、老鹰、熊、狼、鹿、马、小鸟蝴蝶等，并且各自含有特定的象征意义，如狮子是勇气和高贵的代表，象征王者；老鹰则是勇敢与智慧的象征等。西方各家族的纹章在住宅、城堡大门、家用器物及来往信件上使用时主要为黑白色，唯家族军队的旗帜上采用彩色纹章，因而明清外销的彩绘纹章瓷在西方纹章学的研究中也有着重要的价值。

现藏德国卡塞尔郎德博物馆的一件饰有卡泽伦伯格伯爵（1435—1455）徽章的明代青花瓷碗是目前所见最早的西方订烧瓷，可知欧洲自 15 世纪中期已开始在中国订烧纹章瓷。16 世纪晚期（1580—1620）葡萄牙人来到中国之后，各国日益增加了纹章瓷的订单数量，最初的纹章瓷以青花为主，至 18 世纪上半叶珐琅彩纹章出现之后，欧洲人更倾向于定烧墨彩或珐琅彩的套装纹章餐、茶具。明清外销彩色纹章瓷的定烧既有私人定制也有团体定制。私人定制者包括欧洲各国国王如俄国彼得大帝（图 2.26）、法国路易十五[①]等定烧的个人及王室纹章瓷；各国贵族及政治家、重要商人等[②]如苏格兰贵族约翰·霍尔丹、英国东印度公司董事长约翰·埃尔维克[③]等定烧的家族纹章瓷。这些纹章瓷要么代表着王室的权威、财富甚至一个国家的尊严，要么象征着一个名门望族的地位与声誉，因而在纹样绘制上往往要求精工细致，并配以漂亮的背景图案。关于团体定制的纹章瓷以"雍正珐琅彩荷兰东印度公司纹章茶具"（图 2.24）为例，其主题纹样为荷兰共和国议会纹章及荷兰东印度公司标志，周围环绕"和气生财，1728"字样。该纹样采自专为荷兰东印度公司在亚洲殖民地使用的银币上的设计，关于此类纹章瓷的定

---

① 余春明：《中国名片：明清外销瓷探源与收藏》，生活·读书·新知三联书店 2011 年版，第 142 页，图 185，"雍正法国国王路易十五粉彩纹章汤盆"，现藏纽约大都会博物馆。

② 余春明：《中国名片：明清外销瓷探源与收藏》，生活·读书·新知三联书店 2011 年版，第 150 页，图 200，"乾隆青花英国赫拉提尔·瓦柏尔家族纹章瓷盘（1752）"，该盘的特殊之处在于家族纹章会在外底心，而盘子造型及正面主题纹样竹子、老虎是日本设计的，瓷盘边上有八条均匀排布的凸起纹饰，纹饰绘工极为精细，属罕见作品。

③ 余春明：《中国名片：明清外销瓷探源与收藏》，生活·读书·新知三联书店 2011 年版，第 145 页，图 192，"雍正英国东印度公司董事长约翰·埃尔维克家族纹章瓷盘（1730）"，绘工精细，且第一次在外销瓷中使用了浅绛彩。

烧者及用意，西方学者推论，因为"用这种银币购买兑换券时能享有较高的汇率，所以那些希望能易于扩大资本的人士乐于采用，并在其定制的餐具或茶具上饰以这种富于纪念性的纹饰"①。又如"乾隆墨彩英国渔业公司纹章瓷汤盆"（图 2.25）外壁墨彩描绘的纹章两边配饰了两条美人鱼，该盆最大特点在于盖纽做成了石榴形状并施以红釉，呈现出中国艺术的特有格调，并与器身的白地墨彩形成了强烈对比。

图 2.24　雍正珐琅彩荷兰东印度公司纹章茶具　　图 2.25　乾隆墨彩英国皇家渔业
（比利时皇家艺术博物馆藏）　公司纹章瓷汤盆②

　　外销纹章瓷虽是以完全西方风格的纹章作为主体纹饰，且多采用西式的构图布局形式，但在纹样边饰的内容选择上多选用瓷绘艺人最熟悉的中国传统题材，在外销瓷面上形成中西合璧的完美景象。如"康熙青花五彩阿姆斯特丹市纹章碟"的主题纹章被周围花鸟纹环绕着，飘带上写有"阿姆斯特丹"字样，碟边十二组莲瓣形开光内绘以中国山水人物、瓶花等纹样。又如"康熙青花粉彩卢森堡郡纹章碟"（图 2.27），周围青花菱形地开光内所绘乃为典型的中国风格山水人物及花鸟纹。还有外销瓷盘将彩绘纹章置于中国式建筑内，旁边描绘两名站于龛内的中国仕女，将中西文化元素进行了巧妙的融合设计。

①　香港艺术博物馆编制：《中国外销瓷：布鲁塞尔皇家艺术历史博物馆藏品展》，香港市政局出版 1989 年版，第 121 页，图 36。

②　图片采自余春明《中国名片：明清外销瓷探源与收藏》，生活·读书·新知三联书店 2011 年版，第 148 页。

图 2.26　康熙五彩彼得大帝纹章
药罐（中国国家博物馆藏）

图 2.27　康熙青花粉彩卢森堡郡纹章碟
（比利时皇家艺术博物馆藏）

四　其他类纹样

这类纹样主要包括大航海时代的船舶类纹样；文学作品中的人物故事如"堂吉诃德人物"图[①]；欧洲社会历史事件，其中最著名的是描绘鹿特丹市民骚动事件（1690 年 7 月 4 日）的画面，欧洲各国博物馆共藏有 16 件该题材内容的中国外销瓷，其中包括 14 件瓷盘和两件茶杯。[②] 寓言故事类，如比利时皇家艺术博物馆藏的一件"乾隆粉彩荷兰东印度公司寓言图盘"[③]（图 2.28），主题纹样采自 1740 年长篇诗集《雅加达》扉页上由宾治制作的版画，该诗集是对东印度公司及其贸易中心雅加达的礼赞。纹样以人格化的东印度公司作为中心人物，她手持写有公司名称的旗帜，周围是纳贡人和各式贡品，以雅加达和东印度公司的船舶为背景纹样。还有伊索寓言中的故事，如寓意"不自由、毋宁死"的《狗和

---

① 余春明：《中国名片：明清外销瓷探源与收藏》，生活·读书·新知三联书店 2011 年版，第 166，图 231。"乾隆粉彩堂吉诃德图盘（1740）"，现藏纽约大都会博物馆，画面中树木和山石具有中国艺术风格。

② 朱培初：《明清陶瓷和世界文化的交流》，轻工业出版社 1984 年版，第 57 页。

③ 香港艺术博物馆编制：《中国外销瓷：布鲁塞尔皇家艺术历史博物馆藏品展》，香港市政局出版社 1989 年版，第 125 页，图 38。

狼的故事》，见"乾隆粉彩伊索寓言故事图奶杯"①。欧洲时政事件，即刚发生的新闻话题被搬上瓷面，如 1720 年英国南海贸易公司由于不正当经营而倒闭，在英国引起很大反响，东印度公司便设计生产了一套具有隐喻意义的小丑形象瓷盘②，用以告诫人们在商业经营中不要有投机心理。

图 2.28　乾隆粉彩东印度公司寓言图盘

(比利时皇家艺术博物馆藏)

明清景德镇瓷器装饰纹样呈现出题材内容的丰富性与艺术风格的多样性，这一方面与明清时期存在国内与海外两个文化背景截然不同的瓷器消费市场有着密切关系；另一方面景德镇瓷业生产系统本身所具有的创新能力则起着更为重要的作用：首先是过硬的工艺技术条件；其次是根据市场需求及时调整产品生产策略的能力；再就是着意于整合传统的与时代的、国内的与海外的各种文化资源，快速生产出满足不同消费者生活与审美需求的创新性产品的能力。这决定了明清时期景德镇瓷器装饰纹样的丰富性与多样性特点。

---

① 余春明：《中国名片：明清外销瓷探源与收藏》，生活·读书·新知三联书店 2011 年版，第 167 页，图 232。

② 香港艺术博物馆编制：《中国外销瓷：布鲁塞尔皇家艺术历史博物馆藏品展》，香港市政局出版社 1989 年版，第 117 页，图 34。

第三章 明清时期景德镇瓷器纹饰中的社会历史现象研究

　　瓷器装饰艺术中蕴含着人们独特的创造意识与丰富的文化精神，其深刻的文化意味能够直接或间接地满足人们的物质与精神需求，而它的广泛普及与持续更新则是其历久不衰的秘密所在。"一物品之成为文化的一部分，只是在人类活动中用得着它的地方，只是在它能满足人类需要的地方。"也即任何物品，其"所有的意义都是以它在人类活动体系中所处的地位，它关联的思想，及所有的价值而定"①。就明清时期景德镇的瓷器而言，其文化意味便潜含在有着丰富文化内蕴的造型与纹饰当中。因为"陶瓷的文化意味的获得和体现，一方面取决于陶瓷器本身用途的多样性；另一方面则取决于陶瓷在社会'关系'中的多样作用和包含的多重意义"②。明清时期景德镇瓷器的特定造型固然体现了其本身实用功能的多样性，而丰富的纹饰内容则在不同社会阶层的文化系统中承载着人们的民族心理、审美意识、宗教信仰等多方面的信息，因而也就具备了多重的文化意义。这种文化意味因为渗透着人类的本性与智慧而体现出特定的艺术精神，从而具有了独特的文化象征意义。

　　相对于造型而言，明清时期景德镇的瓷绘纹饰对于人们审美追求、风俗习尚的反映更为直观和集中，其中所蕴含的象征意义也更为丰富多样。作为一种艺术表现形式，明清瓷绘纹饰"还有通过形式而表达的思想意

---

① ［英］马林诺夫斯基：《文化论》，费孝通等译，中国民间文艺出版社1987年版，第16页。

② 程金城：《中国陶瓷艺术论》，山西教育出版社2000年版，第19页。

识和审美观念等精神内涵，它代表了一种民族文化心理与素质"①，更是
"人的本质力量的对象化"。由于对客观世界及其运行规律的观察与认知
方式的不同，明清瓷绘纹饰形成了异于外族的风格与特征，它以自身独特
的艺术形式无声地表达着不同的情感与意识，有时甚至成为感情与思想本
身，这为我们通过对其进行考察来了解明清时期的社会生活变迁与中外文
化交流情况提供了可能。

　　明清时期景德镇的瓷绘纹饰在题材内容、表现技法及艺术风格上受到
多重因素的规约与影响，除却普遍的社会心理与民俗习尚之外，使用者自
身的社会阶层、生活方式及审美观念等实则是更为重要的影响因素。"每
个人的审美取向、审美追求，与所处的社会文化时空中的生活氛围息息相
关，我们把这种社会文化时空中制约社会审美变化的氛围称作审美场"②。
在这种审美场（时代风尚、审美观念及社会思潮等内容）的作用下，同
一社会文化时空中的各种艺术形式都是某种审美思想的物化表现，其中潜
含着丰富的社会文化意识。因为"一种装饰的动机，一种曲调，或一种
雕刻物的意义或重要性，决不能在孤独的状态或与其境地隔离之下看得出
来"③。也就是说，我们必须将明清时期景德镇瓷绘纹饰放在其所存在的
文化情境当中，分析其所具备的功能特性也即它与当时的工艺、审美、科
技及社会思潮之间的关系，才能更准确地呈现其本身所特具的文化意义。

　　明清时期官窑御厂④的设置、商品经济的发展、制瓷手工艺的不断精
进以及渐趋频繁的中外文化交流使得瓷绘纹饰呈现出多样化的艺术风格。
首先，明清皇室皆在景德镇设置了专门烧造宫廷用瓷的御厂，以体现皇室
贵族的权力意志与审美观念。其次，国内市场上的瓷器在其纹饰当中体现
出不同社会阶层的生活观念与审美喜好。历来以清雅自持相标榜的文人士
夫在明清时期特定的社会背景下也发生了分化，一方面矜持于自身的高雅

---

① 曹林：《中国装饰艺术传统及其当代文化价值》，中国艺术研究院 2005 年博士学位论文，第
　　62 页。
② 封孝伦：《人类生命系统中的美学》，安徽教育出版社 1999 年版，第 363—364 页。
③ ［英］马林诺夫斯基：《文化论》，费孝通等译，中国民间文艺出版社 1987 年版，第 88 页。
④ （民国）许之衡：《饮流斋说瓷》，山东画报出版社 2010 年版，第 39 页。"（景德镇）自宋以
　　来已有官民窑之分，官窑者由官监制，以进上方，备赏赉者也。民窑又名客货，民间所通用
　　者也。"御窑是从明代开始设置的，是官窑当中专门烧制帝王御用器的窑口。

身份；一方面又随俗流融入了世俗生活当中，在瓷绘纹饰的消费上既有高雅的文人绘画风格，也不乏民间审美的影响。明清商品经济的高度发展促成市民阶层的出现并逐渐强大，而对于市民生活的关注与表达则促使市民文化的繁荣，其中的富有阶层追崇士人的所谓文雅生活方式而发展出崇雅与奢靡并存的生活价值观，普通市民则热衷于对通俗文学作品的追逐，这些都在他们消费的瓷绘纹饰当中有所体现。普通百姓对瓷器的需求以实用性为主，就精神性的瓷绘纹饰而言，仍以传统民俗思维中功利性的吉祥祈愿为追求，在艺术风格上则与民间美术的审美旨归相一致。再次，明清时期渐趋频繁的中外文化交流在外销瓷绘纹饰中也有明显的表现，不仅形成了独特的中西合璧式的纹样艺术风格，也促成了制瓷工艺的交流与传播。而这一切的实现皆得益于明清时期景德镇制瓷工艺水平的不断精进，青花、五彩、珐琅彩、粉彩等彩绘技法的成熟提供了坚实的技术基础。

事实上明清时期社会文化的发展有一个各阶层、各民族之间互相交流融合的过程，虽然富有阶层中仍有追逐所谓雅文化的趋势，但关注日常生活的世俗文化终于发展成为主流，这在上层社会的皇室贵族与文人士夫之间皆有明显表现。在这里，真正是"艺术形式的美感逊色于生活内容的欣赏，高雅的趣味让路于世俗的真实"①，明清时期景德镇的瓷绘纹饰以强烈的世俗趣味最终取代了宋元时期清丽淡雅的艺术格调。

明清时期景德镇的瓷绘纹饰受到传统思维观念、民俗心理以及时代风尚的影响与制约，是由人们的集体意识历史性"构建起来的观念性造型符号"②，具有符号化、规范化及传承性特征，成为民众共同的语言表达系统，承载着艺术形式之外的多种文化含义，从而具备了审美之外丰富的文化功能与价值意义。刘开渠先生在谈到中国雕塑艺术时认为，"有两种创作主流：一是以服务封建统治和宗教为目的；一是以描写社会生活及表现人的思想感情为内容。前者的作用是教人服从、崇拜、信仰，后者是有启发人向往社会生活和认识人的思想、感情的艺术效果"③。事实上，中国古代的各类美术大多都具有这两方面的特征，明清时期景德镇瓷绘纹饰

---

① 李泽厚：《美的历程》，生活·读书·新知三联书店 2009 年版，第 193 页。
② 潘鲁生、唐家路：《民艺学概论》，山东教育出版社 2002 年版，第 147 页。
③ 刘开渠：《刘开渠美术论文集》，山东美术出版社 1984 年版，第 80 页。

作为一种特殊的造型艺术亦不例外。

第一节　统治阶级的意志与审美

　　明清皇室在景德镇设置官窑御厂专门烧制宫廷御用瓷，御厂的管理以及瓷器产品的艺术风格从一开始就灌注着帝王的权力意志与审美观念，进而成为君权集中的象征。就明代而言，"这种把御用瓷器从长期以来流行的官用瓷器的范围中别列出来，其实质也和茶事、官织染业表现出的御用制一样，是明代绝对皇帝集权制度的需要与产物"①。事实上清代也不例外。为体现皇室的尊贵与威严，明清官窑御瓷从纹饰题材、烧制工艺到整体艺术风格皆以帝王的意志与审美为标准，一方面表现在御瓷烧制过程中的官样制度与使用过程中的贵族等级制度，另一方面则表现在御瓷纹饰艺术风格上既有浓郁细腻的华贵院体画风又呈现出繁缛至于极致的俗丽之感。

　　古代中国社会是一个典型的以道德来维持秩序的礼制社会，几乎所有的装饰都受到统治阶级权力与思想的支配，高度符号化的纹饰也由于社会等级观念的渗入而烙上了礼乐文化的印记。比如关于服饰的起源，有说是为着标记与象征的功能，"人们遮掩或装饰自己的身体有多种理由，其中首要的是为了作为身份的证明和社会地位象征性的展示"②。古文献《周礼·考工记》对于装饰天子礼服的十二章纹（日、月、星、山、龙、华虫、宗彝、藻、火、粉米、黼、黻）有着详细的规定，作为礼制等级的标志符号，每种纹样背后都寓有丰富的内容，虽历经朝代更迭却贯穿始终，集中体现着中华民族的价值观与文化观，并表现出华贵与威严的审美理念。天子礼服十二章纹是如此，明清官窑瓷绘纹饰作为传达思想的文化符号也必然呈现出明确的礼制观念，特定的内容与色彩为帝王所专用、或按贵族等级礼制分类使用，庶民百姓无论贫富皆无权拥有或仿制。正如功能学派文化人类学家马林诺夫斯基在谈论艺术之于社会组织方面的功能时所指出的，"社会阶层、社会地位的差异，常由

---

① 　王光尧：《中国古代官窑制度》，紫禁城出版社 2004 年版，第 136 页。
② 　［美］亚当森·霍贝尔：《人类学：人类的研究》，麦格劳—希尔公司 1966 年版，第 3 页。

艺术的特权中表现出来，如独有的装饰品，私有的歌曲和舞蹈"① 等，因为共同的艺术审美情感与经验对于同一阶层、团体的人们来说往往有着超乎寻常的凝聚力。

一　皇室贵族的皇权礼制观念

明清两代皇室用瓷皆由官窑御厂专门负责管理、烧制并解京供奉宫廷，其最大特点在于强调皇帝的独占权。严格按照官样制度烧造而成的御瓷，唯有皇帝对其具有使用权和支配权（赏赐或交换）。"（明）清代于官窑之中更有'御窑'，而专备御用而下不敢僭。若官窑则达官亦得用之，设专官以监督其工，发内帑以支销其用。故所制物品日益精美，御窑画龙必作五爪，尤其显著之识欵。"② 这种官样制度主要表现为宫廷谕旨对于御瓷造型、纹饰及烧制工艺的严格规定，以突显皇权威严。而在官窑瓷器的使用过程中，则以严格的贵族礼制等级来规范，不得有丝毫僭越。就瓷绘纹饰而言，对龙凤纹的独占是一大特点。在这里，人们融汇在艺术形式中的"情感、观念和心理，恰恰使这种图像形式获有了超模拟的内涵和意义"，从而使人们对它的感受"取得了超感觉的性能和价值，也就是自然形式里积淀了社会的价值和内容，感性自然中积淀了人的理性性质"③。也就是说，这里的瓷绘龙凤纹样艺术，并"不是从纯粹审美的动机出发，而常同时想使它在实际的目的上有用的，而且后者往往还是主要的动机，审美的要求只是满足次要的欲望而已"④。事实上可以认为，明清时期景德镇瓷绘龙凤纹的艺术审美性乃是主要为着其本身所承载的社会等级文化观念而存在的。

（一）官样制度

明清御瓷生产的官样制度严格规定了瓷绘纹饰的题材内容、烧制工艺及艺术风格，在内容上除了龙凤纹样独占之外，还以宫内旧藏的前朝名瓷或本朝新设计纹样为摹本颁发御厂按样烧制，明代主要由内府提供设计样稿，清代则仿古与创新并进，供奉宫廷的院体画家多有参与其

---

① ［英］马林诺夫斯基：《文化论》，费孝通等译，中国民间文艺出版社 1987 年版，第 88 页。
② （民国）许之衡：《饮流斋说瓷》，山东画报出版社 2010 年版，第 39 页。
③ 李泽厚：《美的历程》，生活·读书·新知三联书店 2009 年版，第 10 页。
④ ［德］格罗塞：《艺术的起源》，蔡慕晖译，商务印书馆 1987 年版，第 234 页。

中。在工艺上要求精工细致，以最高标准达到满足皇室需求的艺术效果。

1. 龙凤纹样独占

龙凤纹在中国传统文化中有着至高的寓意象征地位，如闻一多先生曾指出的："龙是原始夏人的图腾，凤是原始殷人的图腾，因之把龙凤当作我们民族发祥地和文化肇端的象征，可以说再恰当的没有了。"[1] 除此之外，古时巫师还常以龙、凤、虎、鹿等瑞兽作为沟通神灵、通联天地的媒介[2]，如长沙楚墓出土的两幅帛画"人物御龙帛画""人物龙凤帛画"即均被认为是在描绘龙凤引导墓主人灵魂升天的情景。龙凤纹所具有的图腾信仰符号意义在封建社会中则为帝王家族所独占，即"我们记忆中的龙凤，只是帝王与后妃的符瑞，和他们及她们宫室舆服的装饰'母题'，一言以蔽之，它们只是'帝德'与'天威'的标记"[3]，对龙凤纹样这种象征意义的表达在明清时期发展到极致状态。皇室日用物品、宫室陈设、舆服典仪乃至祭礼法器等皆要装饰龙凤纹以象征威严和身份等级。此处以明清时期帝后的车辇舆乘及冠服规定为例。关于皇帝所乘五辂，"清初仍明旧"，并依据典志记载严格规定到装饰纹样的各个细节。如清代的皇帝玉辂：

> 木质鈍硃，圆盖方轸，……青缎垂幨亦三层，绣金云龙羽文相间。系带四，绣金青缎为之，属于轸。四柱高六尺七寸九分，相距各五尺六寸，绘金云龙。……云龙宝座在中，高一尺三寸，阔二尺九寸。两轮各十有八辐，镂花饰金。贯以轴辕二，长二丈二尺九寸五分，金龙首尾饰两端。……后建太常，十二旒，亦青缎为之，缥绣日月五星，旒绣二十八宿，里俱绣金龙，下垂五彩流苏。用攒竹鈍硃竿，左加闟戟，右饰龙首……[4]

至于帝后的服饰衣冠，清代帝王服制：

---

[1]　闻一多：《神话与诗·龙凤》，湖南人民出版社 2010 年版，第 60 页。
[2]　张光直：《考古学专题六讲》，文物出版社 1992 年版，第 4—7 页。
[3]　闻一多：《神话与诗·龙凤》，湖南人民出版社 2010 年版，第 60 页。
[4]　《清史稿·志七十七》，《舆服一》。

衮服，色用石青，绣五爪正面金龙四团，两肩前后各一。其章左日、右月，万寿篆文，间以五色云。春、秋棉、袷，冬裘、夏纱惟其时。

朝服，色用明黄，惟祀天用蓝，朝日用红，夕月用月白。披领及袖皆石青，缘用片金，冬加海龙缘。绣文两肩，前、后正龙各一，腰帷行龙五，衽正龙一，襞积前、后团龙各九，裳正龙二、行龙四，披领行龙二，袖端正龙各一。列十二章，日、月、星、辰、山、龙、华、虫、黼黻在衣，宗彝、藻火、粉米在裳，间以五色云。下幅八宝平水。十一月朔至上元，披领及裳俱表以紫貂，袖端薰貂。绣文两肩，前、后正龙各一，襞积行龙六。列十二章，俱在衣，间以五色云。

龙袍，色用明黄。领、袖俱石青，片金缘。绣文金龙九。列十二章，间以五色云。领前后正龙各一，左、右及交襟处行龙各一，袖端正龙各一。下幅八宝立水，襟左右开，棉、袷、纱、裘，各惟其时。[①]

几乎每一个细部都饰上了形态万千、材质各异且极为精致的龙凤纹样，并以各色金、珠、玉饰相配，呈现出极尽繁缛华贵的装饰风格。服饰舆乘如此，作为宫廷日用及陈设用品的大量御用瓷器的生产与使用也有着严格的用度规则。

明洪武年间朝廷颁布"器用之禁"，禁止民间使用龙凤纹样，即便是皇室贵族，在使用龙纹时也有着极严格的规定，五爪龙纹仅供御用，藩王及其他贵族成员只能用四爪或三爪龙纹，若有冒犯便属严重的政治问题。朱元璋在洪武二十八年的"谕祭秦王祝文"中所列其罪状之一即为："制造后服与偏妃邓氏穿着，又做五爪九龙床如大殿御座之式，且前代藩王只用四爪龙床。尔乃如此僭分无礼，罪莫大焉。"[②] 明代初期，贵族之间对于龙纹爪数的使用规定严格至此，普通百姓的使用更不能有丝毫僭越。

---

① 《清史稿·志七十八》，《舆服二》。
② 《明太祖皇帝钦录》，参见张德信《太祖皇帝钦录及其发现与研究辑录》，载《明清史论丛》，第六辑。

此外，就瓷绘纹饰而言，明清两代的官颁文件中多次或隐或显地表明只有御用瓷器可装饰五爪龙纹和凤纹。据《明宣宗实录》记载："宣德二年（1427）十二月癸亥，内官张善伏诛。善往饶州监造磁器，贪酷虐下人不堪，所造御用器，多以分馈同列，事闻，上命斩于都市，枭首以徇。"① 张善被诛的原因，残酷虐待下人是为一条，但其将具有严格皇帝独占性的御用瓷随意"分馈同列"的行为可能才是更为根本的原因。御用龙纹瓷的烧造在此后的明清两代不曾停辍，朝廷还屡次颁发禁令以限制民窑仿烧。此后皇室对瓷器的需求量不断加大，据文献记载"宣德八年（1433），尚膳监题准，烧造龙凤瓷器，差本官一员，关出该监式样，往饶州府烧造各样瓷器四十四万三千五百件"②。

为保证宫廷贵族对龙凤纹样的独占，朝廷屡次颁布禁令以禁止民间私自仿烧官样御瓷，据《明史》载："正统元年，浮梁民进瓷器五万余，偿以钞。禁私造黄、紫、红、绿、青、蓝、白地青花诸瓷器，违者罪死。宫殿告成，命造九龙九凤膳案诸器，既又造青龙白地花缸"③。

> 正统三年十二月丙寅，命都察院出榜，禁江西瓷器窑厂烧造官样青花白地瓷器于各处货卖及馈送官员之家，违者正犯处死，全家谪戍口外。④
>
> 正统十二年十二月甲戌，禁江西饶州府私造黄、紫、红、绿、青、蓝、白地青花等瓷器。命都察院榜谕其处，有敢仍冒前禁者，首犯凌迟处死，籍其家货，丁男充军边卫，知而不以告者，连坐。⑤

正统年间屡次颁布"禁令"以对民窑瓷绘纹饰进行严格的限定，自然对民窑产业发展造成一定冲击，但这也有可能激发民窑的创新能力，使其在不违背禁令的同时能够满足消费者的特定需求，这也是明代后期开始景德镇民窑为迎合广大的市场需求而做出的生产策略调整，后文将会有论

---

① 《明宣宗实录》卷34，宣德二年十二月癸亥条。

② （明）申时行等：《明会典》卷194，中华书局1989年版，第981页。

③ 《明史》卷82，《食货志六》。

④ 《明英宗实录》卷49，正统三年（1438）十二月丙寅条。

⑤ 《明英宗实录》卷161，正统十二年十二月甲戌条。

述。但事实上，从禁令的屡次颁发可知其执行效果并不理想，其后官窑仍有大量龙凤纹瓷器的派烧命令，如嘉靖三十一年御厂制瓷档案记载："纯青里海水龙外拥祥云地贴金三狮龙等花盘一百、爵一百八十。白地青花里八仙捧寿外云龙花盘二百五十，里龙凤外结子莲碟三千，……三十三年，青双云龙花碗二万六千三百五十……三十八年，青地闪黄鸾凤穿宝相等花碗共五千八百……紫金地闪黄双云龙花盘碟六千，黄地闪青云龙花瓯一千四百六十，青地闪黄鸾凤穿宝相花盏、爵一万三千五百二十"①。《明会典》记载："隆庆五年（1571），内官监传造琉璃间色云龙花样盒、盘、缸、坛，皆工部办料送该监，官匠自行烧造。"②"万历十年，传行江西烧造各样瓷器九万六千六百二十四个、副、对、枝、把。……后奏准：屏风、烛台、棋盘、笔管减半"③。事实上，万历朝的御瓷烧造作为明代御窑瓷业生产的最后辉煌时期，各项严格规制已不可避免地有所松动。因为至晚从嘉靖朝开始，官、民窑瓷器纹饰的发展趋势已经发生了变化，据记载："今器贡自京师者，岁从部解式造，特以龙凤为辨，然青色狼藉，流入民间，有司不能察，其制无复分。……诸盘、盂、尊、俎、碗、碟，亦皆朝会宴赐宫卿之所需，不可阙，今庶民得被用云。"④ 这种趋势在明末特定的社会背景下自然是愈演愈烈的，上海博物馆藏有一件底款"甲戌春孟赵府造用"的"崇祯五彩云龙纹盘"，为赵王府于崇祯七年（1634）在景德镇所定烧，盘沿海水中隐现三座仙山，寓意寿山福海，盘心饰以仅限帝王御用的五爪正面龙纹。作为一件订烧的民窑产品，五爪龙纹的使用表明在明代晚期皇室对龙纹的控制已经大为松弛，不仅贵族内部开始堂而皇之地"越禁"使用，包括民窑瓷绘艺人在内的多数百姓在观念上也接受了这样的事实。瓷绘龙凤纹饰的流入民间，一方面是特定历史条件下明代皇权逐渐衰退的表现；另一方面也是民间百姓将"龙凤纹"作为富贵吉祥之象征的反映。

---

① （明）王宗沐：《江西省大志·陶书》卷7，参见熊寥《中国陶瓷古籍集成》，江西科学技术出版社1999年版，第184页。

② （明）申时行等：《明会典》卷194，中华书局1989年版，第981页。

③ 同上。

④ （明）王宗沐：《江西省大志·陶书》卷7，参见熊寥《中国陶瓷古籍集成》，江西科学技术出版社1999年版，第185页。

　　清朝皇室为彰显威严仍将龙凤纹作为宫廷生活中处处不可缺的装饰内容，据《饮流斋说瓷》记载："瓷之绘一龙一凤者，大抵皆历代君主大婚时所制，以志纪念者也。宣德青花最有名，近则康、乾之品亦足为世重矣。至所绘不止一龙一凤者，则大都取'御用'之意，而不关乎大婚纪念也。"①如"康熙五彩百鸟朝凤图盘"（图3.1）以精致的笔法与繁满的构图呈现凤鸟的高贵气势与威严。"乾隆珐琅彩龙凤纹双连瓶"（图3.2）于器身两面各描绘一组龙凤纹，并在颈部和胫部配以缠枝花与海水纹，构图满密工艺精细。而"乾隆黄地粉彩龙凤纹印盒"（图3.3）则不仅在小小的空间之内以粉彩绘制了细腻满密的龙凤戏珠纹样，更以唯有皇室可用的正黄色作为纹样底色，突出其皇室专用属性。但事实上，至乾隆时宫廷已不再严厉限制民间使用龙凤纹，据唐英于乾隆二十一年所上奏折记载，"嗣经奴才以落选之次色内有黄器，并五爪龙等件，民间未便使用，似宜仍进京添补副裕等由，奏请圣训。于乾隆八年三月钦奉朱批：'黄器如所请行，五爪龙者，外边常有，仍照原议行。钦此'。钦遵。"②明初仅供帝王御用的五爪龙纹是如此，作为皇后象征的凤纹大约也有着几乎一致的发展轨迹。

　　可见，至乾隆时，瓷绘龙凤纹在民间的使用已经形成普遍的习俗，以至于皇帝也认为不必要再强行禁止。而宫廷与民间就龙凤纹的使用而言，最大的区别便体现在工艺技巧的精细程度上。

　　2. 官方指定纹饰样稿

　　除了龙凤纹样的独占外，其他御瓷纹饰也须按照"制瓷官样"谨慎绘制而成。《明会典》记载宣德八年向饶州派烧瓷器时提到"差本官一员，关出该监式样"，便是指委派专门官员从尚膳监领取御瓷样稿送往景德镇御厂以便制瓷艺人按样烧制。"凡上用瓷器，照内颁式样、数目，行江西饶州府烧造解送"，"凡坛、庙、陵寝需用祭器，照太常寺图式、颜色、数目，颁发江西烧造解部"③。清代御瓷生产管理制度中"这种由内府或太常寺颁发的被御窑厂烧造时当作蓝本的式样，就是通常所说的制瓷

①　（民国）许之衡著，叶喆民译注：《饮流斋说瓷译注》，紫禁城出版社2005年版，第86页。
②　（清）唐英：《恭缴次色黄器及次色祭器折》，参见熊寥《中国陶瓷古籍集成》，江西科学技术出版社1999年版，第225页。
③　雍正《大清会典事例》卷201《工部五》，"都水清吏司·器用"条。

官样"①，由它决定御厂瓷器的造型与装饰纹样。这类纹饰主要以宫廷旧藏前朝名瓷为模本或由帝王、院体画家等创新设计样稿。

  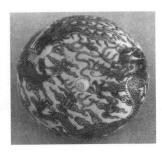

图 3.1　康熙五彩百鸟朝　　图 3.2　乾隆珐琅彩龙凤　　图 3.3　乾隆黄地粉彩龙凤
凤图盘（上海博物馆藏）　　纹双连瓶（上海博物馆藏）　　纹印盒（故宫博物院藏）

以前朝名瓷作为御瓷生产样本自明代永乐朝即已出现，但永宣时主要是仿烧哥窑及龙泉窑等前代颜色釉瓷，晚期则开始出现对本朝前代名瓷的仿烧，文献记载："穆宗登极，诏发宣德间鲜红样命造，抚臣徐栻力言此土已绝，止可采矾红，上姑允之。"② 清代则在釉色、造型及瓷绘纹饰的模仿上皆有成就，主要见于康雍乾三代，尤以承平已久的雍正、乾隆时为典型。据文献记载，清宫造办处将宋明两朝名瓷原件或制成木样或描为画样呈皇帝御览批准后发给景德镇御厂照样烧制。

康熙时御窑便有仿烧明代宣成青花、五彩器且水平极高，之后的雍乾两朝继承了这一传统。雍正帝自身有着较高的文化艺术修养，加之对瓷器偏爱有加，因而对御窑生产的管理与控制更为勤谨，要求生产工艺与产品式样等方面必须依宫廷法式而行，据《景德镇陶录》记载雍正时"年窑"："厂器也，督理淮安板闸关年希尧管镇窑务，选料奉造，极其精雅。驻厂协理官，每于初二、十六两期，解送色样至关呈请，岁领关帑。……

① 王光尧：《从故宫藏清代制瓷官样看中国古代官样制度——清代御窑厂研究之二》，《故宫博物院院刊》2006 年第 6 期。

② （明）王世懋：《二酉委谭》，参见熊寥《中国陶瓷古籍集成》，江西科学技术出版社 1999 年版，第 63 页。

仿古创新，实基于此。"① 御厂瓷器在付诸生产前皆须"解送色样至关呈请"，这表现在对造型样式与纹饰内容的选择必须体现皇帝审美意志。据档案资料记载，雍正七年"四月初二太监刘希文交来大官窑瓶一件。传旨：做木样交年希尧，照样烧造几件。钦此"②。将档案记载与故宫旧藏原器及仿品实物相对照，可知这次仿烧是以"宋官窑盘口弦纹穿带瓶"为原样并在底心加烧了"大清雍正年制"篆款。③ "雍正七年四月三十日，郎中海望持出成窑宝烧红龙白地碗一件、成窑红龙白地酒园一件，奉旨：将此二件交年希尧照样烧造"④。"雍正七年五月十三日圆明园来帖内称，四月十六日太监刘希文王太平交来成窑五彩磁罐一件（无盖），传旨，着做木样呈览……将此罐交年希尧添一盖，照此样烧造几件。原样花纹不甚好，可说与年希尧往精细里改画，……"⑤《雍正七年各作成做活计清档》记载："雍正七年八月初七日郎中海望持出菊花瓣宜兴茶壶一件，奉旨作木样交年希尧，照此款式作霁红、霁青釉色烧造。"⑥《雍正九年各作成做活计清档》载"四月十七日内务府总管海望持白瓷碗二件，奉旨着将此碗多半面画绿竹，少半面着戴临撰字言诗题写地章，或本色全绿竹；淡红或白色酌量配合烧造（戴临是雍正皇帝的代笔人）。"⑦ 可见雍正帝不仅热衷于仿烧前朝名瓷，还依自身审美理念对原有纹饰进行创新或直接在原有白瓷造型上填绘新设计的纹饰。如故宫博物院藏"雍正青花龙穿花纹天球瓶"（图 3.4）在造型及纹饰上皆是对宣德精品瓷的模仿且工艺水平极高。

---

① （清）蓝浦著，郑廷桂辑，欧阳琛等校注：《景德镇陶录校注》，江西人民出版社 1996 年版，第 66 页。

② 朱家溍选编：《养心殿造办处史料辑览》（第一辑雍正朝），紫禁城出版社 2003 年版，第 152 页。

③ 王光尧：《清代御窑厂的管理与生产制度》，《中国古代官窑制度》，紫禁城出版社 2004 年版，第 181 页。

④ 傅振伦：《唐英瓷务年谱长编》，《景德镇陶瓷》1992 年第 2 期。《清宫内务府档案总汇·3》第 548 页。

⑤ 中国第一历史档案馆、香港中文大学文物馆合编：《清宫内务府档案总汇·3》，人民出版社 2005 年版，第 559 页。

⑥ 同上书，第 635 页。

⑦ 中国第一历史档案馆、香港中文大学文物馆合编：《清宫内务府档案总汇·4》，人民出版社 2005 年版，第 707—708 页。

图 3.4　雍正青花龙穿花纹天球瓶（故宫博物院藏）

　　乾隆帝对于御窑瓷器烧制的关注丝毫不逊于雍正，据《乾隆十一年各作成做活计清档》记载："七月二十八日，太监胡世杰交嘉窑青花白地人物撇口盅（随旧锦匣），传旨：照此盅样，将里面地上改画带枝松梅佛花纹，线上照里口一样添如意云，中间要白地；盅外口并足上亦添如意云，中间亦要白地写御笔字。先做样呈览，准时交江西唐英烧造。十一月初七日，呈样览，奉旨：照样准烧造。将盅上字着唐英分匀、挪直。再按此盅的花样、诗字，照甘露瓶抹红颜色亦烧造些，其蓝花盅上花样、字、图、书俱要一色蓝；红花盅上花样、字、图、书俱要一色红。盅底俱烧'大清乾隆年制'篆字方款，其款亦随盅的颜色"。① 皇帝对瓷器的造型、纹饰乃至底款颜色都做出了精细指示。将原物与档案对照可知，此青花、矾红两种"御制诗文松梅佛如意云纹三清茶碗"是以"嘉靖青花白地人物撇口盅"为器型原件，绘以新制纹样并加乾隆年款烧制而成的。

　　乾隆十八年（1753）"二月一日，太监胡世杰交嘉窑青花白地茶盅一件，传旨交江西照样烧造十一件"②。《乾隆二十年各作成办活计注销底档》记载："九月十六日，员外郎金辉、副崔总舒文来说，太监胡世杰交宣窑青花白地梅瓶一件（随紫檀木座）传旨：着发往江西配盖，先做木样呈览。钦此。……于本月十九日，首领吕进朝将青花白地梅瓶一件配得

---

① 中国第一历史档案馆、香港中文大学文物馆合编：《清宫内务府档案总汇·14》，人民出版社2005年版，第442页。

② 中国第一历史档案馆、香港中文大学文物馆合编：《清宫内务府档案总汇·19》，人民出版社2005年版。

木盖画样持进交太监胡世杰呈览。奉旨：照样准烧造。""于乾隆二十一年八月七日，郎中白世秀、员外郎金辉将江西送到宣窑青花梅瓶一件配得盖持进交张永泰呈进，讫。"① 可知清三代帝王追慕明代宣成、嘉万时的精品瓷而多有仿烧，除青花外，还有一些精品斗彩器，据《博物要览》记载"成窑上品，无过五彩。葡萄撇口扁肚靶杯，式较宣杯甚妙。次若草虫子母鸡劝杯，人物莲于酒盏，五供养浅盏，草虫小盏，青花纸薄酒盏，五彩齐箸小楪、香合，各制小罐，皆精妙可人"②。这里的五彩实际就是著名的成化斗彩，而这些明代精品在雍正、乾隆时期皆有水准极高的御窑仿品。

至于新设计的纹饰样稿，明代见有院体画家设计稿本，清代则包括皇帝御制诗词以及宫廷艺术家刘源、郎世宁、焦秉贞、邹一桂等以及督陶官郎廷极、唐英等设计研发的新样稿，以满足皇帝审美需求。"故宫博物院至今仍保存着清代宫廷画师所设计的进呈图样。这种呈审制度，肇始于康熙一朝，延续至晚清时期；某些图器和图案已成金科玉律，各朝相袭。"③

康熙二十年至二十七年（1681—1688）由工部虞衡司郎中臧应选负责督造时的御窑"臧窑"，除在颜色釉方面取得不俗成就外，还仿烧明代宣德、成化年间的青花与五彩瓷且大有胜于蓝之势，这与当时御厂瓷样设计者刘源有密切关系。"康熙时期明艳的青花，瑰丽的五彩不乏臧窑产品，……它的艺术设计者就是才华横溢的艺术家刘源"④。关于刘源，刘廷玑《在园杂志》对其生平、才艺及供奉内廷时为官窑设计瓷样的事有较详细记载：

刑部主事伴阮兄，河南祥符人，……其字怪癖，自言融会诸家，独成一体，殊有别致；画则挥洒数笔，生动酷肖，诗不多，亦不存稿。……至制作之巧，赏鉴之精，可称绝伦……在内廷供奉时，呈瓷

① 中国第一历史档案馆、香港中文大学文物馆合编：《清宫内务府档案总汇·21》，人民出版社2005年版。

② （明）高濂：《遵生八笺》，巴蜀书社1988年版，第467页。

③ 耿宝昌：《明清瓷器鉴定》，紫禁城出版社、两木出版社1993年版，第229页。

④ 曹金源：《"臧窑"瓷样设计者——刘源散论》，《景德镇陶瓷》年代第2卷第2期（总第56期）。

样数百种，烧成俱佳，即民间所谓御窑者是也"。并说："至国朝御窑一出，超越前代，其款式规模，造作精巧，多出于秋官主政伴阮兄之监制焉。"①

《清史稿》记载刘源在康熙时"官刑部主事，供奉内廷，监督芜湖、九江两关，技巧绝伦。……时江西景德镇开御窑，源呈瓷样数百种，参古今之式，运以新意，备诸巧妙，于彩绘人物、山水、花鸟，尤各极其胜，及成，其精美过于明代诸窑。其他御用木、漆器物，亦多出监作"②。由此可知康熙臧窑御瓷造型、纹样及整体艺术风格很大程度上受到设计者刘源艺术品味的影响。③

康熙时的御窑瓷绘"耕织图"纹样乃由宫廷画家焦秉贞绘制。康熙帝为推行农本思想以安民生，特下令宫廷画家制作《耕织图》（图3.6）并亲自作序，以教化百姓重视农桑与学习耕稼知识，其《康熙御制耕织图序》曰：

> 朕早夜勤逾，研求治理。念生民之本，以衣食为天。尝读《豳风》《无逸》诸篇，其言稼穑蚕桑，纤悉具备。……朕每巡省风谣，乐观农事。……古人有言：衣帛当思织女之寒，食粟当念农夫之苦。朕倦倦于此，至深且切也。爰绘耕、织图各二十三幅，朕于每幅制诗一章，以吟咏其勤苦，而书之于图。自始事迄终事，农人胼手胝足之劳，蚕女茧丝机杼之瘁，咸备其情状。复命镂板流传，用以示子孙臣庶，俾知粒食维艰，授衣匪易。《书》曰：惟土物爱厥心臧。庶于斯图有所感发焉。且欲令寰宇之内，皆敦崇本业，勤以徕之，检以积之，衣食丰饶，以共跻于安和富寿之域，斯则朕嘉画元元之至意也夫。康熙三十五年（1696）春二月社日（二十二日）题并书。④

---

① （清）刘廷玑撰，张守谦点校：《在园杂志》，中华书局2005年版，第24、166页。

② 《清史稿》卷505，《刘源传》。

③ 宋伯胤：《从刘源到唐英：清代康雍乾官窑瓷器综述》，南京博物院、香港中文大学博物馆1995年版，第11页。

④ （清）鄂尔泰、张廷玉等编纂：《国朝宫史·下》，北京古籍出版社1997年版，第523页。

　　宫廷画家焦秉贞遵康熙谕旨所绘制的耕图 23 幅、织图 23 幅，不仅施绘于官窑御用瓷器，也在民间广为流传，成为民窑器上常见的装饰题材。

　　焦秉贞所作耕织图是以南宋楼俦的《耕织图》为底本并参以当时宫廷画院中流行的西洋画法新绘而成，焦秉贞其人"工人物，其位置之自近而远，由大及小，不爽毫毛，盖西洋法也。康熙中祗候内庭。圣祖御制《耕织图》四十六幅，秉贞奉诏所作村落风景，田家作苦，曲尽其致，深契圣衷，赐赉甚厚，旋镂板印，乃不多见之杰作也。可谓知音"①。焦秉贞运用西画透视技法对农桑耕织过程做了较为形象准确的表现，受到康熙帝嘉赏。在官方倡导下，此图旋即被镂版、刻印并流行于社会，以其为摹本的"瓷绘耕织图"开始大量出现，且以官窑所绘最为精妙："康熙彩画手精妙，官窑人物以《耕织图》为最佳。"② 以"康熙青花耕织图碗"（图 3.5）为例，外壁通景青花描绘春季农耕画面，农夫耙地、儿童嬉戏加上草屋人家，完全一幅充满生机的农家田园景象，空白处并有御制题诗。官窑瓷绘"耕织图"在这里成为皇帝意志与国家政治导向的艺术表现形式，用以倡导农本思想。"康熙《耕织图》为瓷界可珍之品，所以作以盘、碗为多。图凡多幅，每幅各系以御制诗一，诗乃短五古也。青花、五彩均有之，五彩尤为罕觏。《耕织图》画意既媲美宋人，其题句楷法亦足与虞永兴抗手"③。

图 3.5　康熙青花耕织图碗

（故宫博物院藏）

图 3.6　康熙御制耕织图·耙耨

（故宫博物院藏）

①　（清）张庚：《国朝画征录》卷中，浙江人民美术出版社 2011 年版，第 58 页。

②　（清）陈浏：《陶雅》，金城出版社 2011 年版，第 16 页。

③　（民国）许之衡：《饮流斋说瓷》，山东画报出版社 2010 年版，第 149—150 页。

　　雍正、乾隆时的督陶官唐英是从雍正六年才开始协助年希尧督理窑务的，而事实上唐英在雍正元年即有奉旨制作御瓷画样的经验。据《雍正元年各作成做活计清档》记载唐英于雍正元年（1723）奉怡亲王谕绘画瓷器样稿："二月十三日，怡亲王交定磁小瓶一件随乌木座、嘉窑小扁磁盒一件、白玉小水注一件、官窑花瓶一件、竹节式的磁壶一件随紫檀木座、定磁炉一件随紫檀木盖、座、白玉菱花花式支壶一件。王谕：俱交唐英照样画。遵此。于本月十六日，定磁小瓶等件共七件，照样画完。唐英呈怡亲王看准，将此定磁小瓶一件……怡亲王俱呈，进讫。二月十四日：怡亲王交假官窑磁瓶一件、玉壶一件、汉玉水丞一件。王谕：交唐英画样。遵此。"① 这也是唐英之后被任命协理窑务的原因之一。唐英在乾隆年间督窑时还多次自拟新样供皇帝审定，乾隆八年五月二十二日的《遵旨编写"陶冶图说"呈览折》中写道："奴才近日造得奉发之样件，并新拟样瓷，一并呈览，敬请皇上教导改正，以便钦遵烧造，谨奏。"② 乾隆十四年四月初八的《恭进上传及新样瓷器折》中也有关于唐英所新制瓷样的记载，"奴才在厂拟造新样轿瓶与陈设小件数种，谨随折恭进，伏祈皇上教导指示。应否照此新样再行制造，恭候圣裁鉴定，以便钦遵"③。

　　乾隆皇帝并对瓷器款识的书体作了具体规定，《记事档》记载乾隆二年十月十六日"太监高玉交篆字款纸样一张，传旨：以后烧造尊、瓶、罐、盘、盅、碗、碟瓷器等，俱照此篆字款式轻重成造"④。王光尧研究认为乾隆早期的这种六字篆款形式见于实物如"乾隆黄釉牺耳尊"（图3.7）。另有以乾隆御制诗词为主体装饰纹样者，如"乾隆窑变描金花卉纹诗句瓶"（图3.8）。

①　中国第一历史档案馆、香港中文大学文物馆合编：《清宫内务府档案总汇·1》，人民出版社2005年版，第16页。

②　（清）唐英：《请定次色瓷器变价处理之例以杜民窑冒滥折》，参见熊寥《中国陶瓷古籍集成》，江西科学技术出版社1999年版，第213页。

③　（清）唐英：《恭进上传及新样瓷器折》，参见熊寥《中国陶瓷古籍集成》，江西科学技术出版社1999年版，第220页。

④　中国第一历史档案馆、香港中文大学文物馆合编：《清宫内务府档案总汇·7》，人民出版社2005年版。

此外，乾隆五十二年时，"令如意馆画瓷器、铜器册页共六册（后改装成八册），从传世的瓷器图册《陶瓷谱册》《精陶韫古》《埏埴流光》《燔功彰色》看，所绘器物几乎传神"①。如意馆画工的绘画技巧使得我们相信绘画瓷器纹饰样稿对他们来说也不成问题。据《饮流斋说瓷》记载："乾隆以'古月轩'声价为最巨。古月轩所绘乃于极工致中饶极清韵有之致，以人物最为难得，即绘杏林春燕，声价亦腾噪寰区，疏柳野凫亦殊绝也。当时由景镇制胎入京，命如意馆供奉画师绘画，于宫中开炉烘花。或谓曾见有'臣董邦达恭绘'者，然寻其画笔派别，殆出诸蒋廷锡、袁江、焦秉贞之流"②。事实上，在清代晚期的同治、光绪时期，"绘制宫中所需的各种画样是如意馆画工的日常工作之一"③。

图 3.7　乾隆黄釉牺耳尊
（故宫博物院藏）

图 3.8　乾隆窑变描金花卉纹
诗句瓶（故宫博物院藏）

3. 技艺精工

明清官窑御瓷除了必须按照严格规定绘制特定的纹饰内容外，为保证艺术效果，还追求器用材质及装饰技艺上的精工奇巧。《景德镇陶录》记载明代洪武时官窑"制器必坯干经年，重用车辇薄，上釉候干入火，釉漏者辇去，

①　余佩瑾：《品鉴之趣——十八世纪的陶瓷图册及其相关的问题》，《故宫学术季刊》第 22 卷第 2 期，2004 年冬季。
②　（民国）许之衡著，叶喆民译注：《饮流斋说瓷译注》，紫禁城出版社 2005 年版，第 85 页。
③　李湜：《同治、光绪朝如意馆》，《故宫博物院院刊》2005 年第 6 期。

再上釉更烧之，故汁水莹如堆脂，不易茅篾，此民窑所不得同者"①。这是就官窑瓷器在成坯及上釉方面的精工细作而言。至于纹饰的描绘，则如明谷应泰《博物要览》记载："余评青花，成窑不及宣窑；五彩，宣庙不如宪庙。盖宣窑之青乃苏泥勃青也，后俱用尽，至成化时皆平等青矣。宣窑五彩深厚堆垛，故不甚佳，而成窑五彩用色浅淡，颇有画意。此余评似确然矣。"② 其后清代文献对此也有记载："成化厂窑烧造者，土腻埴，质尚薄，以五彩为上。青用平等青料，不及宣窑，惟画彩高轶前后，以画手高，彩料精也。"③ "古瓷彩画，成窑为最。画手高，画料精，其点染生动，有出于丹青家之上者。"④ 瓷器质地与纹饰上日益精细华丽加之精良的工艺，使得官窑御瓷逐渐向奢侈类陈设品方向发展。如工科都给事中王敬民在万历十一年上书请求减烧宫廷指派的九万六千余件瓷器时即曾指出这批瓷器"龙凤花草各肖形容，五彩玲珑务极华丽"⑤。但长此以往则不免有规矩刻板之嫌，如《陶雅》记载："康熙彩画手精妙，官窑人物以耕织图为最佳，其余龙凤番莲之属，规矩准绳，必恭敬止，或反不如客货之奇诡者。盖客货所画多系怪兽老树，用笔敢于恣肆。康窑画笔各体皆工，人物、鸟兽、山水，博古乃无一不备，而以花卉草虫为生动，且贤于雍窑彩画也。花卉、翎毛画法精绝，一空前古。"⑥

明代内府下发的瓷器造型款式多有式样奇巧、难以烧成者，据《浮梁县志》载隆庆五年下发的龙缸、方盒等器型便极难完成，即"其龙缸降发体式底阔肚凸多致坠裂，五彩缸样重过火色多系惊碎，三层方匣等器，式样巧异，一时难造。……今年窑作坯房倾坏日久，新修完又兼物料

① （清）蓝浦撰，郑廷桂辑补：《景德镇陶录》，参见熊寥《中国陶瓷古籍集成》，江西科学技术出版社 1999 年版，第 380 页。

② （明）高濂：《遵生八笺》，巴蜀书社 1988 年版，第 467 页。

③ （清）蓝浦撰，郑廷桂辑补：《景德镇陶录》，参见熊寥《中国陶瓷古籍集成》，江西科学技术出版社 1999 年版，第 381 页。

④ （清）梁同书：《古窑器考》，参见熊寥《中国陶瓷古籍集成》，江西科学技术出版社 1999 年版，第 113 页。

⑤ （清）程廷济：《浮梁县志·陶政》，参见李科友、吴水存点校《古瓷鉴定指南·二编》，北京燕山出版社 1993 年版，第 213—214 页。

⑥ （清）陈浏著，杜斌校注：《匋雅》，山东画报出版社 2010 年版，第 193 页。

细腻、式样精巧难以措办"①。这里所指式样奇巧、要求精工的器型极难烧制，尤其是方形器烧造难度更大，据《事物绀珠》记载："窑器方为难。方何以难也？出火后，多倾欹坼裂之患，无疵者甚少。造坯之始，当角者廉之，当折者挫之，当合者弥缝之。隐曲之处，虑其不和，上下前后左右，虑其不均，故曰方为难"。② 加之隆庆时官窑生产能力已严重下降，这些奇巧费工的样式更要耗费大量人力物力，成品率极低。

目前见有隆万时的方形器存世，如天津市艺术博物馆藏"明隆庆青花抚婴图长方盒"（图3.9），器盖及器身装饰有寓意吉祥的婴戏纹样。此盒为隆庆时新创形制，长方造型规整实属难得，也可见出官窑对于工艺技术的精细要求。河北石家庄文物商店藏有一件"隆庆青花缠枝莲纹方盒"（图3.10）③ 亦为长方形，盒盖中间镂空成古钱形状，表明该器可做香薰盒使用。

图3.9　隆庆青花抚婴图长方盒　　　　　图3.10　隆庆青花缠枝莲纹方盒
（天津市艺术博物馆藏）　　　　　　　　（河北石家庄文物商店藏）

"万历五彩龙凤纹笔盒"（图3.11）内部设有格挡，且依据帝王审美在笔盒内外密密绘制了五彩龙凤纹样，可知此时官窑御厂仍在为宫廷烧制工艺复杂度极高的方形器。

御窑瓷绘纹饰必须在制作工艺上做到精工细腻，据《陶雅》记载康

① （清）程廷济：《浮梁县志·陶政》，参见李科友、吴水存点校《古瓷鉴定指南·二编》，北京燕山出版社1993年版，第212页。

② （明）黄一正：《事物绀珠》卷22，参见熊寥《中国陶瓷古籍集成》，江西科学技术出版社1999年版，第256页。

③ 耿东升主编：《中国陶瓷定级图典》，上海辞书出版社2008年版，第134页，图274。

熙时"官窑力求工细,下笔不肯苟率,自其所长"①。如故宫博物院藏
"康熙五彩龙穿花纹棒槌瓶"为宫廷陈设观赏瓷,颈部绘四个团寿字并以
蝙蝠、勾莲穿插其间,寓意福寿双全,瓶身则满绘缠枝莲纹为地,十条姿
态各异的螭龙隐现其间,构图繁满而工致细腻。"康熙五彩龙凤戏牡丹纹
盘",纹饰工艺精细富丽且用彩浓重,为典型的御用瓷风格。

图 3.11　万历五彩龙凤纹笔盒·内面（故宫博物院藏）

雍正时朝廷宣布四民平等,原本名不见经传的制瓷艺人开始从低微的
社会地位而进身为工艺家,士夫阶层也逐渐更愿意加入其中以发挥其才艺
巧思,雍正瓷器因而颇有进展。《匋雅》评价雍正珐琅彩瓷:"有四绝焉:
质地之白,白如雪也,一绝也。薄如卵幕,口嘘之而欲飞;映日或灯光照
之,背面能辨正面之笔画彩色,二绝也。以极精之显微镜窥之,花有露
光,鲜盆娥细,睫有茸毛,且茎茎竖起,三绝也。小品而题极精之楷篆各
款,细如蝇头,四绝也"。② 于此也可看到雍正时御窑制瓷工艺水平之高。

乾隆御窑工艺水平在前代基础上更为精进,创烧了各式象生瓷及式样
奇巧、工艺复杂的转心瓶、转颈瓶类新器形,据《饮流斋说瓷》记载:
"瓶之腹际玲珑剔透,两面洞见而瓶内更有一瓶,检能转动,似美术雕刻
之象牙球者然。若是者,名曰转心,乃内府珍赏殊品也。"③ 故宫博物院
藏"乾隆粉彩镂空转心瓶"④（图3.12）造型别致工艺复杂,集贴塑、镂
空及彩绘技法于一身,反映出制瓷工艺之高妙,也是宫廷追逐器物繁缛工

① （清）陈浏:《陶雅》,金城出版社2011年版,第82页。

② 转引自江西省轻工业厅陶瓷研究所:《景德镇陶瓷史稿》,生活·读书·新知三联书店1959
年版,第216页。

③ （民国）许之衡撰,杜斌校注:《饮流斋说瓷》,山东画报出版社2010年版,第170页。

④ 耿东升主编:《中国瓷器定级图典》,上海辞书出版社2008年版,第158页,图323。

巧的表现。乾隆御窑瓷还常仿制其他材质如金、铜、玉、石、木、漆等工艺品并制作各种仿生的小文玩，无不工致逼真，显出奢侈华贵的审美追求。如"乾隆粉彩锦书式金钟笼"（图3.13），其整体造型"似一卷装在锦缎书套内的书函"，"书"上所置印章、印盒及印盒内的瓷质仿生莲子、花生等物皆形象逼真、精妙可人。"乾隆朝有不少以瓷器仿制其他工艺品的珍玩，此为其中一件，再结合乾隆御制书卷为名，颇具情趣"[1]。

但事实上，这类精工华美的瓷器在艺术价值方面却远逊色于康熙、雍正时期，因为这时期为了体现高端的制瓷工艺，在瓷器装饰上面追求繁缛华丽的风格，雍正时的优雅格调不复存在，在院体画风的基础上，更是追求极致的繁缛细腻，进而呈现出世俗性的审美格调。

图12 乾隆粉彩镂空转心瓶
（故宫博物院藏）

图 3.13 乾隆粉彩锦书式金钟笼
（故宫博物院藏）

乾隆时瓷绘技艺的精细还表现在西画光影技法的引入，以瓷绘仕女纹为例，比较注重人物面部及衣纹的明暗变化与对比以形成生动立体的写实画风。尤以此期已经发展成熟的珐琅彩技艺来表现优雅的仕女形象最为典型，如"乾隆珐琅彩仕女图盘"内心主题纹饰为仕女课子图，人物面部以淡红彩晕染并有光线明暗的处理，整个画面则犹如西方绘画般具有极强的真实感。而此时的粉彩工艺也同样受西画技法影响，如"乾隆粉彩描金仕女图盘"主题纹饰在布局及笔法上表现出明显的西画痕迹，惟工艺的精细与构图的繁缛具有乾隆瓷绘艺术风格，为欧洲定制外销瓷。

客观而言，明清官窑御厂瓷业生产的官样制度具有以下方面的正面影

---

① 叶佩兰：《故宫博物院藏文物珍品全集·珐琅彩粉彩》，商务印书馆1999年版，图147。

响：首先，在客观上促进制瓷工艺技术的革新，并有效提升相关瓷业窑口的知名度，从而促进瓷器行业的发展。其次，促成或说加快了制瓷工艺技术与文人情趣的结合，除了社会下层文人直接参与到瓷业生产设计当中之外，官窑御瓷的审美需求是更为紧要的因素，如乾隆十一年烧造的"御制诗文松梅佛如意云纹三清茶碗"，以"嘉靖青花白地人物撇口盅"为造型摹本，但在瓷绘纹样、内容布局以及御制诗文书写等方面皆融入了皇帝本人的审美意志，充满了文人情趣（事实上也可以认为，正是瓷器纹饰的内容与风格使之成为宫廷政治生活内容的一部分）。再次，"除皇帝个人的意图得以贯彻外，瓷器上的纹样也通过宫廷画院画工的笔墨，向制瓷匠人传授了文人画的时代信息和风尚，这正是明代晚期以后瓷器纹样能紧随文人画风而呈现出时代变化的原因所在"①。这当然也正是官窑为民窑产业提供的高端市场需求信息。事实上文人因素在明清时期的瓷器装饰艺术中出现并产生影响的时间还要更早，研究认为"明代永乐、宣德时期的瓷器年款样本都出自沈度之手，是目前所知文人影响瓷器款式的最早例证"②。表明文人因素对瓷器生产的积极介入与影响。

（二）贵族等级制度

中国古代贵族作为特权阶层十分懂得利用各种方式来形成并强化与其他社会阶层之间的对立，特定的装饰艺术便是手段之一。他们独享某些特定的装饰内容并以"雕瑑满眼"的华贵风格营造自身特权的神秘性，从而将装饰艺术的社会功能发挥到极致，以固定乃至扩大与被统治阶层之间的距离，有时甚至将"不美不饰不足以一民"提到与"不威不强不足以禁暴胜悍"③ 相等同的政治高度，装饰艺术在这里成为贵族威严与地位的象征性符号载体。就明清贵族用瓷的纹饰而言，内容、色彩及风格上的等级规定，也是帝王所定礼制内容的重要组成部分。据《后汉书·舆服上》记载："夫礼服之兴也，所以报功章德，尊仁尚贤。故礼尊尊贵贵，不得相逾，所以为礼也，非其人不得服其服，所以顺礼也。顺则上下有序，德

---

① 王光尧：《从故宫藏清代制瓷官样看中国古代官样制度——清代御窑厂研究之二》，《故宫博物院院刊》2006 年第 6 期。

② 刘新园：《景德镇明御窑厂故址出土永乐、宣德官窑瓷器之研究》，《景德镇出土永乐、宣德官窑瓷器展览》，香港市政局 1989 年版，第 42—43 页。

③ 《荀子·富国》。

薄者退，德盛者缛。"① 这里指示服饰的使用只有符合等级规制才"合理"。其他生活器用的形制、纹饰也必须符合社会礼仪与规范，虽为贵族也必须遵循严格的等级制度。

据《明史》记载："洪武二十六年定公侯一品二品酒注酒盏金，余用银；三品至五品酒注银酒盏金，六品至九品酒注酒盏银，余皆瓷、漆、木器，不许用朱红及抹金描金雕琢龙凤纹；……百官床面、屏风、橱子杂色漆饰，不许雕刻龙文并金饰朱漆；军官、军士弓矢黑漆，弓袋箭囊不许用朱漆描金装饰。建文四年，申饬官民不许僭用金酒爵，其椅棹木器，亦不许朱红金饰。正德十六年，定一品二品器皿不用玉，止许用金；商、军、士、贾、技艺家器皿不许用银，余与庶民同。"② 中国古代以色表意的"五色观念"使色彩具有了特定的社会文化意义。明清彩绘瓷的兴盛不仅体现出色彩在人们视觉感受中所拥有的优势，也将其社会文化性发展到了极致。明清皇室便以制度的形式对色彩的等级、适用场合、搭配方式及其与各类纹饰的组合关系等内容做了详细规定，并适用于瓷绘纹饰的烧制。朱红及金、玉之色代表的是尊贵与威严，贵族达官尚需按规定配用，庶民百姓则无权使用。如兖州市图书馆所藏"弘治白釉兽纹熏炉"腹部凸雕双蟠螭纹，盖顶堆塑一蹲坐麒麟，做张口回首状。造型与纹饰显出浓郁的威严感，符合墓主人的贵族身份。该器 1966 年出土于山东兖州明弘治十八年（1505）巨野郡王朱阳塑墓。③

按照礼制，除非皇帝赏赐，贵族无权使用高档官窑御瓷，但可以使用普通的官窑瓷。江西新建县明宁献王朱权长子朱盘炌正统二年墓葬中发现的五个青花缠枝莲纹盖罐④，是目前有年代可考的正统初年青花器的典型，器身皆以缠枝莲为主体纹饰，有的并配有八宝和覆莲，从浓艳的青花呈色看，很有宣德官窑器的风格，与墓主人的贵族身份相符。另外，1958年江西南城的嘉靖三十六年（1557）益庄王朱厚烨夫妇合葬墓（益庄王妃继葬于万历十八年，1590 年）出土有明"嘉靖青花龙穿花纹罐""嘉靖青花海兽龙纹罐""嘉靖青花云龙纹盘"及"万历青花团龙纹碗"等器

① 《后汉书·舆服上》。
② 《明史》卷 68，《舆服志》。
③ 耿东升主编：《中国瓷器定级图典》，上海辞书出版社 2008 年版，第 129 页，图 261。
④ 古湘、陈柏泉：《介绍几件元、明青花瓷器》，《文物》1973 年第 12 期。

（现藏江西省博物馆），其上所饰龙纹皆为五爪，是典型的嘉、万官窑御用青花瓷器，① 当属帝王赏赐品而用于陪葬的情况。

　　清代自康熙朝开始便有烧制御用瓷赏赐臣工的传统，据《陶雅》记载"康窑七寸碟四周淡赫锦文，分嵌'万寿无疆'篆字，盖六旬庆典所制以赐大小臣工者也"。② 雍正帝为着整肃吏治也常令御窑烧制赏赐瓷器用于恩赏贵族及百官，据档案资料记载："雍正八年十月，御窑厂奉命再将赏用瓷瓶烧造些来。"③ 可见之前已有烧造，这种赏瓶④往往以青花描绘缠枝莲并配以蕉叶，取其"清廉"的寓意，可知御用赏瓶（图 3.14）着实有着明确的"整饬吏治，奖廉肃贪"的目的。据《记事档》记载，乾隆二十年四月二十六日，"员外郎白世秀来说，太监胡世杰传旨：着交唐英，照从前烧造过三子、五子瓶并今日所进的瓶等样款烧造五十件。要赶在七月初一日送到，赏人用。钦此"⑤。（图 3.15）

图 3.14　雍正青花缠枝莲
纹赏瓶（广州市文物店藏）

图 3.15　乾隆粉彩雕塑三子婴戏
瓶及底款（故宫博物院藏）

贵族为着突显自身社会地位与丰厚财力，往往追逐民窑高端精品瓷，

---

① 耿东升主编：《中国瓷器定级图典》，上海辞书出版社 2008 年版，第 270—271 页，图 273—275；第 275 页，图 283。

② （清）陈浏：《陶雅》，金城出版社 2011 年版，第 169 页。

③ 中国第一历史档案馆、香港中文大学文物馆合编：《清宫内务府档案总汇》，人民出版社 2005 年版。

④ 耿东升主编：《中国瓷器定级图典》，上海辞书出版社 2008 年版，第 149 页，图 305。

⑤ 中国第一历史档案馆、香港中文大学文物馆合编：《清宫内务府档案总汇》，人民出版社 2005 年版。

明清时期专门供贵族使用的高档民窑瓷被称作"官古器"，"此镇窑之最精者，统曰官古。式样不一，始于明。选诸质料，精美细润，一如厂官器，可充官用，故亦称官。今之官古，有混水青者，有淡描青者，有兼仿古名窑釉者"①。此外还有稍次的"假官古器"和"上古器"。这些精细的陈设瓷与高仿瓷是为满足贵族官僚奢侈生活及夸耀富贵的需要而烧制的，嘉靖时王宗沐记载："利厚计工，市者不惮价，而作者为奇钓之，则至有数盂而直一金者；他如花草、人物、禽兽、山川，屏瓶盆盏之类不可胜计，而费亦辄数金；如碎器与金色瓷盘，又或十余金，当中家之产而相竞以逞。"② 至万历时，民窑高端瓷的市场需求更为旺盛，以至"每一名品出，四方竞重购之"③。这类瓷器往往纹饰繁缛、用色堆砌，呈现出华贵以至于繁缛俗丽的艺术风格，但却正是对贵族阶层生活与审美心理的反映。

事实上，崇雅也是贵族阶层审美的一种表现，也即他们在追求奢华富丽的同时也表现出对于文人高士情结的追慕，如桂林博物馆所藏"宣德青花携酒寻芳（携琴访友）图梅瓶"，描绘一在朝士夫骑马行进于山野之中，前有童子携琴、后有童子担酒相随。"宣德青花西溪问樵图梅瓶"主题纹饰与前者基本相同，只是此瓶所绘官员正回首向樵夫问路。瓷绘纹饰所用的白描细线皆颇为工整。两瓶同于 1972 年在桂林市东郊明代靖江安肃王朱经扶夫妇合葬墓（嘉靖四年，1525 年）出土。于此我们知道，消费者特定的生活与审美喜好乃是瓷绘纹饰产业调整生产及发展方向的最重要依据，而在这里，针对上层社会对文人雅趣的追慕，民窑瓷绘艺人便获得了自由表达心性的可能性，从而为一种新的写意性装饰风格的形成提供了发展空间。

二　华贵与繁缛并存

明清官窑御瓷作为皇权礼制观念的载体，不仅在瓷绘纹饰内容生产及

---

① （清）蓝浦撰，郑廷桂辑补：《景德镇陶录》卷1，参见熊寥《中国陶瓷古籍集成》，江西科学技术出版社 1999 年版，第 363 页。

② （明）王宗沐：《江西大志·陶书》，参见熊寥《中国陶瓷古籍集成》，江西科学技术出版社 1999 年版，第 184—185 页。

③ （清）蓝浦撰，郑廷桂辑补：《景德镇陶录》卷 5，参见熊寥《中国陶瓷古籍集成》，江西科学技术出版社 1999 年版，第 383 页。

使用过程中有着严格的规定，在整体艺术风格上也独具特色，为满足帝王的审美需求，一方面要呈现出院体画般的华丽工整，另一方面又由于过度堆砌及帝王对世俗吉祥的追求而显出繁缛趋俗之感，因而表现为艺术格调上的双重标准。

（一）院体画风的华贵工整

为帝王所专用的官窑御瓷纹饰自然须体现皇帝审美而在内容及意境等方面表现出浓重的院体绘画风格，文献记载明清时期有些彩瓷纹样"精仿宋元绢花人物故实，几于笔笔有来历"①。许之衡《饮流斋说瓷·说花绘》也记载"明代绘事，人物虽不甚精细，而古趣横溢，俨有'武梁画像'遗意。若绘仕女，又似古椠之《列女传》图也。成化人物，多半意笔高古疏宕，纯似程孟阳。若花卉有极整齐者，虽开锦纹夹花之权舆，然色泽深古，一望而知为朱明之物矣。若绘龙凤众兽，则颜色深入釉骨，时露古拙之致，却非庸手所能及。若万历之九龙盘、碗，五龙四凤盘等，古泽扑人眉宇，虽俪红妃绿，亦同于夏鼎商彝"②。将其纹样内容、色彩应用及艺术格调方面比之于夏鼎商彝，可知其时的瓷绘工艺是怎样受到人们的推崇。而"乾隆绘人物面目，其精细者用写照法，以淡红笔描面部，凹凸恍若传神阿堵矣"③，则表明官窑御瓷为着满足帝王对华丽工整格调的追崇不仅借鉴院体画的工致笔法，甚至着意于对西画技法的引入。

院体画也称"院画"，"原指两宋时期翰林图画院所供养的专职画家所创作的特定绘画风格，后来也指非画院画家所效法的宫廷特定画风……（院画）讲究迎合帝王宫廷需要的工致画风，且多以花鸟、山水、宫廷生活及宗教内容为表现题材"④。可知院体画本就是为皇室宫廷服务的，其风格主要受皇帝审美意志规约，追求工丽写实。明清时期的画院画家除了承旨作画外，还为官窑御瓷提供设计样稿。据明王士性《广志绎》记载："本朝宣、成二窑为佳。宣窑以青花胜，成窑以五彩。宣窑青花，真苏勃泥青也，成窑时皆用尽，故成不及宣。宣窑五彩，堆垛

---

① （清）陈浏：《匋雅》，参见伍跃等点校《古瓷鉴定指南·初编》，北京燕山出版社1993年版，第61页。

② （民国）许之衡著，叶喆民译注：《饮流斋说瓷译注》，紫禁城出版社2005年版，第78页。

③ 同上书，第85页。

④ 姚舜熙：《中国花鸟画学概论》，高等教育出版社2007年版，第320页。

深厚，而成窑用色浅淡，颇成画意，故宣不及成。然二窑皆当时殿中画院人遣画也"①。而清代宫廷如意画馆实则与高质量的工艺品作坊是融为一体的，据《清史稿·唐岱传》："清制画史供御者，无官秩。设如意馆，……凡绘工文史及雕琢玉器、装潢帖轴皆在焉。初类工匠，后渐用士流，由大臣引荐，或献画称旨召入，与词臣供奉体制不同。"② 如此则作为权力与地位象征的御窑瓷绘纹饰在院体画风影响下形成工整细致、华丽富贵的艺术格调，也是对帝王审美意志的反映。这同时也在事实上对民窑高端瓷的生产有着极为深远的影响。为达到理想的艺术效果以满足帝王的审美要求，御窑纹饰一般以分工合作的方式绘就，即"画者不学染，染者不学画，所以一其手而不分其心"③。这样每位瓷绘艺人以最熟练的笔法精心绘制，最终形成的纹饰也是如设计稿本样的工细效果。"康窑七寸碟，四周淡赫锦文，分嵌'万寿无疆'篆字，……画笔各体皆工，人物、鸟兽、山水、博古乃无一不备，而以花卉草虫为绝生动"④。院体画细腻华贵的风格是通过准确的造型与写实的色彩等形式语言来体现的，南齐谢赫"六法论"⑤ 中的"应物象形"与"随类赋彩"即是指绘画内容要真实反映所描绘的对象，明清官窑御瓷纹饰在这方面确也达到了极高的标准。

明王士性在品评宣德、成化窑的青花和五彩时提到"二窑皆当时殿中画院人遣画也"，即当时的御瓷纹饰样稿是由画院画家们提供的。据知，宣德时供奉朝廷的花鸟画名家有孙隆、边景昭、商喜等，人物画家有李在等，但并未见有文献明确记载哪些宫廷画家参与了瓷绘纹样设计，不过御窑瓷绘纹饰在整体上符合宣德、成化二帝的审美追求而具有院体画风则是没有疑问的。如故宫博物院所藏"宣德青花庭院仕女图碗"和"宣德青花庭院仕女图梅瓶"，二者主题纹样在线条运用上受到院体画家李在（？—1431）的人物画风影响。李在的绘画线条因对南宋院画家马远、夏

---

①　（明）王士性：《广志绎》卷4，中华书局1981年版，第84页。

②　转引自冯克诚：《清代绘画史·上》，中国文史出版社2005年版，第208页。

③　（清）朱琰撰，傅振伦译注：《陶说》，轻工业出版社1984年版，第34页。

④　（清）陈浏：《陶雅》，金城出版社2011年版，第169页。

⑤　由南齐谢赫《画品》提出的中国绘画理论，即"画有六法：一曰气韵生动，二曰骨法用笔，三曰应物象形，四曰随类赋彩，五曰经营位置，六曰传移模写"。

圭山水风格的借鉴而呈现出方硬感。这里的瓷绘青花人物虽达不到院画家的水平，但其劲健的线条审美还是表现出受宫廷人物画影响的痕迹。此外，明代官窑瓷绘仕女图还多注重其政治教化功能，即"明代绘事，人物虽不甚精细，而古趣横溢，……若绘仕女，又似古篆之《列女传》图也"①。这自然也是帝王意志的表现。另有被明代文献称为"鹦鹉啄金杯"或"一平双喜杯"的"成化斗彩果树双禽纹高足杯"，是为成化斗彩御瓷名品，其纹饰蓝本即由当时宫廷画家设计，在艺术格调上体现成化皇帝本人的审美品位。

苏州博物馆藏"顺治青花天女散花图碗"（图3.16）在纹饰线条运用上明显受到明代浙派绘画大家吴伟（1459—1508）的影响。吴伟白描技法极具功力，其所作《歌舞图》及《武陵春图卷》中的人物仪态极为自然便得益于线条的柔和流畅，他更擅长以墨笔细线来刻画有着细密哀愁的仕女形象，从"顺治青花天女散花图碗"上天女形态的柔美温婉来看，明显是受到吴伟线条韵味的影响②。顺治朝去明未远，在景德镇供职的可能还是明末那一代受到当时绘画风格影响的瓷绘艺人，因而在顺治时的瓷绘仕女纹样中表现出来也属自然。

图3.16 顺治青花天女散花碗   （苏州博物馆藏）

御瓷之外，贵族官僚等上层社会人士对于瓷绘纹饰的要求同样体现精致细腻与特定寓意的表达，如故宫博物院藏"顺治青花群仙仰寿图盘"（图3.17）内心纹样描绘西王母托寿桃乘祥云而至，八仙各持宝物

① （民国）许之衡著，叶喆民译注：《饮流斋说瓷译注》，紫禁城出版社2005年版，第78页。
② 孔六庆：《中国陶瓷绘画艺术史》，东南大学出版社2003年版，第168页。

于地面恭迎，画面上方有七言诗"□根月窑秀理台，青英红梦闻研开，泛公结子三千岁，预喜鲜游复折来"，末行青花题记"乙未仲春书贺，瑞伯相公千秋"，外底足内书"乙未年制"（顺治十二年，即 1655 年）篆款，纹饰内容与题诗共同表现出明确的祈福祝寿含义；就艺术形式而言，青花呈色纯净，浓淡晕染颇显雅丽，整体构图也极为完整协调。故宫博物院藏"顺治青花加官图盘"（图 3.18）是由当时的江西饶州守道王镆专为朋友订烧的礼品瓷，盘心主题纹样为四个着不同服饰的人物，其中一人头顶并有华盖，具有明显的吉祥寓意。空白处有题铭"戊戌冬月（顺治十五年，即 1658 年）赠子雍贤契，鲁西王镆制"。人物造型追求比例的准确性，青花呈色浓艳并有明显的分水效果，画面显得颇为工整。

图 3.17　顺治青花群仙仰
寿图盘（故宫博物院藏）

图 3.18　顺治青花加
官图盘（故宫博物院藏）

康熙御窑瓷绘纹饰受宫廷院体画影响，往往构图开阔而又意境深远，在艺术效果上与同时代画家"四王"的纸绢绘画效果极为相似。康熙时定"四王山水"为宫廷院体画。四王指王时敏、王鉴（1598—1677）、王翚、王原祁，他们因受董其昌绘画"南北宗"论影响而追崇"元四家"写意画风。王原祁（1642—1715）曾"供奉内廷，鉴定古今名书画"，其绘画受到康熙帝喜爱，因 70 岁时主持绘制为皇帝祝寿的《万寿盛典图》而更受赏识，其绘画作品流传于宫中的有《仿吴镇山水图轴》等。王翚（1632—1717）字石谷，号耕烟老人，康熙帝曾诏他主持创作"南巡图"，历六年完成，受到赏识而被赐题"山水清晖"。四王山水皆以仿元画名家的笔法为基本风格，在理解古人画法笔意的基础上进行创作。如王时敏

（1592—1680）《西庐画跋》记载王翚绘画"凡唐宋元诸名家，无不摹仿逼肖，偶一点染，展卷即古色苍然，毋论位置蹊径，宛然古人，而笔墨神韵，一一寻真。且仿某家则全是某家，不杂一他笔，使非题款，虽善鉴者不能辨"①。摹仿古人尤其是元四家笔意而成的四王山水对康熙官窑瓷绘山水纹饰产生影响也便属情理之中。以"康熙青花虎溪相送图盖缸"（图 3.15）为例，器面山石的青花用线深长有力，对比《富春山居图》山石的描绘笔法，可见其与黄公望的长披麻皴有许多相似之处。而整个画面的布局、构图及意境追求又与黄公望的《九峰雪霁图》有相通之处。绢本水墨的《九峰雪霁图》渲染的是一种大雪初晴时的山峰景色，以细笔线条描绘山峦并染以墨点，宁静苍然的感觉跃然画面②。瓷绘青花山水纹固然达不到如此境界，但其山石描绘以青花晕染出浓淡色阶，就瓷绘山水所能达到的意境而言已属难得。又如"康熙五彩加金山水花鸟纹缸"腹部四个开光内主题纹样分别为花鸟、博古及山水人物纹，其中的山水纹在用笔及设色上明显受到"四王"画风影响，而金彩则使纹样整体更加富丽，别具韵味。

　　康熙时不少西洋画家供奉宫廷，如郎世宁、艾启蒙及王致诚等，西画元素由此对皇帝审美意志产生了一定影响。其中郎世宁历奉康、雍、乾三帝，为适应帝王审美而积极学习中国绘画理法，进而创造出了中西合璧的新绘画技法。这种新技法影响到了焦秉贞、冷枚等一众宫廷画家，而王翚等在创作《康熙南巡图》时便已将西画因素融入其中。焦秉贞于康熙三十五年奉旨作《耕织图》四十六幅，之后以其耕织图为摹本制作的彩绘纹饰也融入了对西画透视技法的应用。如故宫博物院藏"康熙五彩耕织图棒槌瓶"（图 3.19）颈部与瓶身分别绘山水人物纹和两组耕织图。山水人物意境淡远，犹如妙绝的山中小景。瓶身主题纹样为养蚕过程中的"分箔"和耕作活动中的"春碓"，其中人物刻画显得颇为精工细致，童子的顽皮、妇人的端庄以及农夫的朴实皆得以生动表现，而作为衬景的山石树木也描绘细致，是对农村耕织生活的生动再现。耕织图并题有御制的"春碓""分箔"两首五言诗。在这里，由诗文与绘画结合构成的纹样显

---

① 孔六庆：《中国陶瓷绘画艺术史》，东南大学出版社 2003 年版，第 199 页。
② 同上书，第 201 页。

出极美的意境格调。此外，据《陶雅》记载："康窑青花《耕织图》大碗，妇孺鸡犬神情宛宛，五彩尤奇美，中外珍之。"[1]

图 3.19　康熙五彩耕织图棒槌瓶（故宫博物院藏）

清初恽南田[2]的没骨花卉画法对宫廷院体花鸟画影响极大，其柔软细腻的画风影响了宫廷的视觉审美，进而为粉彩的创制提供了感官审美基础。恽南田绘画风格受到北宋画家徐崇嗣没骨画风的影响，追求所绘花卉"粉笔带脂，腴泽匀和，工整灵秀，色彩明艳"。清人方薰论"设色花卉，世多以薄施粉泽为贵，此妄也。古画皆重设粉，粉笔从瓣尖染入，一次未尽腴泽匀和，在此补染足之，故花头圆绽不扁薄。然后以脂自瓣根染出，即脂汁亦由粉厚增色，南田恽氏得此诀"[3]。恽南田的没骨花卉用笔意趣精微，自成一派，受到人们的普遍欣赏与模仿。当时不少画家都对这种柔细风格有所借鉴与发展，如画院画家蒋廷锡的《塞外花卉图卷》便是以这种笔意完成的代表作之一。

以恽南田的没骨荷花为例，其特点是瓣尖色浓而瓣根处色彩浅淡几至

① （清）陈浏：《陶雅》，金城出版社 2011 年版，第 40 页。

② "恽寿平（1633—1690 年），以字行，武进人，名格，一字正叔，号南田，又号白云外史。本世家子，工诗文，好画山水，力肩复古。及见虞山王石古（王翚，1632—1717 年），自以才质不能出其右，……于是舍山水而学花卉，斟酌古今，以北宋徐崇嗣为归，一洗时弊，独开生面，为写生正派，由是海内学者宗之。"（清）张庚：《国朝画征录》，浙江人民美术出版社 2011 年版，第 52 页。"正叔写生简洁精确，赋色明丽，天机物趣毕集毫端，大家风度于是乎在。"其所用没骨画法是指去传统"骨法用笔"中的细劲之线不用，而以色彩晕染出浓淡效果，故称"没骨"。

③ （清）方薰：《山静居画论》，参见孔六庆《中国陶瓷绘画艺术史》，东南大学出版社 2003 年版，第 288 页。

隐没（图3.20），瓷器粉彩画面要达到这种效果需要先以玻璃白打底，再将金红彩料细细洗染，使得瓣尖彩厚而显色浓，瓣根处则浅淡优雅，烧成后便呈现没骨花卉般的清丽效果（图3.21）。但粉彩追求的只是没骨花卉的柔细风格，保留了对线条的使用，最典型者如故宫博物院藏"雍正粉彩八桃图天球瓶"（图3.22）上所绘纹样，其桃实、桃叶等皆以工笔细线勾勒轮廓，再以彩料洗染，桃枝甚至具有某种程度的西画因素而显出立体感。除了粉彩的没骨画意之外，其装饰艺术从整体上体现了传统中国画的气韵与节奏感，纹样布局疏密有致、线条的"硬"感与彩料的"软"性巧妙结合皆是表现。另一件典型器为故宫博物院藏"雍正粉彩过枝九桃图盘"（图3.23），其纹饰整体艺术效果与前述天球瓶基本一致，工艺极为精细。

图 3.20　清恽南田《出水芙蓉图》荷花局部（故宫博物院藏）图 3.21　雍正粉彩四季花卉纹方瓶·局部（故宫博物院藏）

图 3.22　雍正粉彩八桃图天球瓶·局部（故宫博物院藏）　图 3.23　雍正粉彩九桃过枝图盘（故宫博物院藏）

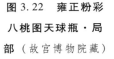

雍正时宫廷院体画风对瓷绘纹饰的风格形成也颇有影响，如故宫博物院藏"雍正青花桃蝠纹橄榄瓶""雍正珐琅彩雉鸡牡丹纹碗"（图 3.24）不仅寓意吉祥，精致细腻的绘工极具院体工笔花鸟的格调，后者在风格上更与当时宫廷画家余省的《牡丹双绶图》极为相似，[①] 此碗纹饰或许正是据余省本人所设计样稿绘制而成。另外"雍正粉彩仙人图笔筒"用笔也极为工细，构图上则运用了传统绘画"疏可走马、密不透风"的布局手法。"雍正珊瑚地粉彩花鸟纹瓶"（图 3.25）在珊瑚红釉地上描绘折枝桃竹纹，并有绶带鸟栖于枝干上，完全一幅鸟语花香的工笔花鸟画面，线条与色彩运用极为工整细腻。

图 3.24　雍正珐琅彩雉鸡牡丹
纹碗（故宫博物院藏）

图 3.25　雍正珊瑚地粉
彩花鸟纹瓶（首都博物馆藏）

乾隆时期瓷绘纹饰受到前朝及当时著名画家的影响，据《中国的瓷器》书中考证，其时瓷绘山水纹多参董浩、张宗昌绘画风格，瓷绘花鸟纹多据院画家蒋廷锡、邹一桂等人的画风，瓷绘婴戏纹则多以宫廷画家金廷标作品为样本，人物神态生动，设色工丽精致，如故宫博物院藏"乾隆珐琅彩开光婴戏图瓶"（图 3.26），器身以通体黄彩为地并在其上描绘西洋缠枝花，三面开光内皆绘不同内容的婴戏人物纹样，因整体具有铜胎珐琅效果并融入了西画技法而使得婴戏纹更加生动逼真。故宫博物院藏"乾隆珐琅彩烹茶图壶"（图 3.27）腹部两面开光内分别为"烹茶图"和

---

① 故宫博物院编：《故宫博物院藏·清代宫廷绘画》，文物出版社 1995 年版，第 145 页。

墨书乾隆七年（1742）御制的《雨中烹茶泛卧游书室有作》诗，器型规整，纹饰更是诗画结合颇具意境，其艺术风格自然是以皇帝审美风格为标准。故宫博物院藏"乾隆珐琅彩花卉图瓶"（图3.28）腹部主题纹饰为设色艳丽、工整细腻的山石花卉图，加之"夕吹撩寒馥，晨曦透暖光"的题诗，整体艺术效果真正是"一派宫廷工笔花鸟画的感觉"①。

图 3.26　乾隆珐琅
彩开光婴戏图瓶
（故宫博物院藏）

图 3.27　乾隆珐琅彩烹茶
图壶（故宫博物院藏）

图 3.28　乾隆珐琅
彩花卉图瓶
（故宫博物院藏）

（二）细腻堆砌至于繁缛

明清时期帝王除了追求瓷绘纹饰的富贵奢华之外，还在内容上偏爱民间世俗吉祥纹样的堆叠乃至于表现出繁缛趋俗的艺术格调，这种大约自明代嘉靖、万历朝开始风行的御瓷纹饰风格延续到了清代，在乾隆时尤其受到推崇。清康雍乾三代制瓷工艺不断革新，也将瓷绘艺术风格引入更为丰富多彩、异常华丽的境界，尤其是在彩绘纹饰中引入了金彩，使艺术风格显得更为金碧辉煌，进而呈现出犹如当时欧洲社会正在风行的洛可可式装饰风的细腻、繁缛与俗艳。"它（明清彩瓷）与宋瓷的一色纯净完全不同。如果说元以前中国的陶瓷艺术风格是以雅文化为主导，到元及明中期以前则是雅文化和俗文化合流的时期，到明晚期，尤其是从清开始，俗文化、市井文化的表现成了当时中国陶瓷艺术发展的主流，尤其是以官窑为代表的景德镇陶瓷艺术，它以另一种审美方式指向了近代资本主义，甚至

① 孔六庆：《中国陶瓷绘画艺术史》，东南大学出版社2003年版，第285页。

可以说是对几千年中国文人审美思想的一种反叛"①。

　　吉祥寓意纹样是民间世俗文化中的常见内容，其出现在御瓷装饰当中并非始自嘉靖朝，但确是自嘉靖官窑御瓷开始得以极大发展的。嘉靖帝崇信道教，多年不理朝政而专注于祥瑞祈祷，据文献记载"（嘉靖）帝久不视朝，深居西苑，专意斋醮，督抚大吏争上符瑞，礼官辄表贺"②。青词是为道教斋醮仪式中献给神灵的祝文，相传嘉靖帝最为欣赏的青词内容为：上联"洛水玄龟初献瑞，阴数九，阳数九，九九八十一数，数通乎道。道合元始天尊，一诚有感"，下联"岐山丹凤两呈祥，雄鸣六，雌鸣六，六六三十六声，声闻于天。天生嘉靖皇帝，万寿无疆"。在绘画方面则极力追求福寿类吉祥内容，《无锡县志》《常州府志》记载嘉靖时的一名画家张广，"嘉靖中征入京，待诏内廷。世宗见其《万福图》，赏之，命尽进所画。于是宦者共属广为《万寿图》，将献之以邀宠"③。如此，则嘉靖御用瓷绘纹饰以祈求长生延寿的寿山福海、多子多福、群仙捧寿等吉祥内容为表现主题正在情理之中（图3.29），且往往满饰于整个器身，这从嘉靖朝历次供御瓷器的主题纹饰中可见一斑。据《浮梁县志》记载嘉靖年间奉烧御瓷有："青花白地外海水苍龙捧八卦寿比南山久福如东海深里三仙炼丹花盌""外四季花耍娃娃里出水云龙花草瓯""四季花里三阳开泰花样盘""青花白地海水飞狮龙捧福寿字花盘""青花白地龙凤群仙捧寿花盒"④ 等。故宫博物院所藏实物见有"嘉靖青花八仙祝寿图罐"，其纹饰以群仙各持贺礼朝拜寿星为主题，前景中起舞的仙鹤也表达着长寿的寓意；"嘉靖青花寿字盖罐"器身满饰寿字并以缠枝纹相互串结，寓意吉祥"万寿"，充满了民俗气息。

　　隆庆、万历时御用瓷纹饰在对吉祥寓意的追求上丝毫不逊于嘉靖朝，据《陶说》记载，隆庆时宫廷贵族盛宴所用瓷质桌器包括"外穿花龙凤五彩满地娇朵朵花里团龙鸾凤松竹梅玉簪花碗、外双云龙凤九龙海水缠枝

① 方李莉：《景德镇民窑》，人民美术出版社2002年版，第104页。

② 《明史》卷226，《海瑞传》。

③ （明）沈德符：《万历野获编》卷2《嘉靖青词》；《无锡县志》《常州府志》，参见穆益勤编《明代院体浙派史料》，上海人民美术出版社1985年版，第66页。

④ （清）程廷济：《浮梁县志·陶政》，参见李科友、吴水存《古瓷鉴定指南·二编》，北京燕山出版社1993年版，第210—211页。

图 3.29　嘉靖斗彩双耳八卦炉（首都博物馆藏）

宝相花里人物灵芝四季花盘、外双云龙凤竹叶灵芝朵朵云龙松竹梅里团龙四季花碟、……外梭龙灵芝五彩曲水梅花里云龙葵花松竹梅白暗云龙盏……双云龙松竹梅朵朵菊花香盒"等；万历时则有"……外团云龙鸾凤锦地八宝海水福禄寿灵芝里双龙捧寿长春花五彩凤穿四季花碗、外牡丹金菊芙蓉龙凤四季花五彩八宝葡萄蜂赶口花里葵花牡丹篆寿字五彩莲花古老钱杯盘、……天下太平四方香草如意面回纹人物五彩方胜盒、……外海水飞狮缠枝四季花长春螭虎灵芝石榴里葵花牡丹海水宝相花杯、乾坤八卦灵芝山水云龙香炉"①　等。

这些御用瓷多为宫廷日常膳食所用的盘杯碗盅碟类，但从各自名称繁琐的前缀修饰语上即可想见其纹饰的繁密程度，至于其实质性内涵则是对吉祥寓意的无限堆叠。既有皇室象征性标志的龙凤，也有民间百姓喜欢的婴戏荷莲、百子婴戏以及文人常用的松竹梅兰菊鹤等，上层社会、世俗民间乃至儒释道不同文化系统的观念皆出现在吉祥堆叠的御瓷纹饰当中，表现出帝王审美及思想观念的世俗化取向。如故宫博物院藏明"万历五彩云龙纹觚"所绘五爪龙纹在器身满绘的祥瑞花鸟纹中并不占据主要位置，其象征意义上的"权威"性被消解，仅作为一种装饰纹样而存在。万历时宫廷所用吉祥纹样的堆叠还见于定陵地下宫殿孝靖皇后棺内出土的两件百子婴戏纹后服，② 其纹样基本相同，皆在百子之间点缀蝙蝠、八宝及松竹梅等各类花卉，其中一件四季暗花罗地的后服有些残损，但依然存有九

① （清）朱琰：《陶说》，参见熊廖《中国陶瓷古籍集成注释本》，江西科学技术出版社 1999 年版，第 336—338 页。

② 中国社会科学院考古研究所等：《定陵》上册，文物出版社 1990 年版，图 224A、图 224B。

十一名嬉戏玩乐的婴童，以其绣工、用色之精细严谨，可推断完整的纹样当确实绣有一百名童子，宫廷对于吉祥寓意的追求较之民间更为一丝不苟。

这种对民间世俗吉祥的追求在之后延续整个清代而不辍。故宫博物院藏"康熙青花万寿字大罐"（图3.30）以整整一万个不同形体的青花篆书"寿"字布满全器，寓意"万寿无疆"。布局上纵横排布整齐，字体书写工整严谨，表现出极高的艺术造诣，是专为康熙帝烧制的祝寿瓷。"康熙青花寿山福海图花盆"的装饰纹样从整体艺术形式上看显得画意生动，极为精致，也是御窑祝寿瓷。

图3.30　康熙青花万寿字
字大罐（故宫博物院藏）

图3.31　康熙五彩仕女图
折沿盘（故宫博物院藏）

多数情况下，康熙御窑瓷绘仕女图也被赋予了吉祥寓意，如"康熙五彩仕女图折沿盘"（图3.31）内心主题纹饰为一仕女端坐洞石，面前一童子躬身向其敬献荷花，画面构图清雅疏阔，更寓有"连生贵子"的吉祥寓意。此外，康熙官窑瓷绘纹饰中还多见道教神仙人物，且表现技法颇为精工。据《饮流斋说瓷》记载："康雍瓷品所绘八仙带有水波纹者，吕洞宾旁立一人，头戴柳枝，状殊怪异，俗谓之柳树精。……又康窑八仙盘具，其中必兼绘南极老人及麻姑、童子、仙鹿，亦有但绘南极、童子等而不绘麻姑者。"①《陶雅》记载："康熙民窑彩碗上画过海八仙，而并无海水，面目清秀，身段灵活，乃叹康窑画手非后世及。"②如"康熙五彩八

---

① （民国）许之衡著，叶喆民译注：《饮流斋说瓷译注》，紫禁城出版社2005年版，第92页。

② （清）陈浏：《陶雅》，金城出版社2011年版，第16页。

仙人物碗"（图 3.32）及"康熙五彩麻姑献寿图盘"（图 3.33）皆为其中
精品。可知，内容之外，工艺的精巧细致也是表达吉祥追求的一个重要
方面。

图 3.32　康熙五彩八仙人
物碗（故宫博物院藏）

图 3.33　康熙五彩麻姑献寿
图盘（江西景德镇陶瓷馆藏）

雍正瓷绘纹饰当中也多见灵芝、寿桃、蝙蝠、葫芦、松鹤以及"海
屋添筹"等吉祥内容。如"雍正粉彩八桃过枝图盘"（图 3.34）所绘纹
样整体构图别致巧妙，满坠八枚寿桃的桃枝由外壁伸向盘内，并有红蝠于
枝叶之间舞动；主题纹饰着色生动并显出浓淡阴阳的层次感，犹如细致的
没骨花鸟画，艺术美感之外并寓有祝寿的含义。"雍正斗彩番莲福寿葫芦
瓶"（图 3.35）上腹以斗彩寿字、山石、群蝠以及海涛组成"寿山福海"
纹；下腹均匀布满十四条枝叶烂漫的番莲纹；整体布局以舒朗清雅与繁密
有致互为对比，极具装饰性。

乾隆时官窑瓷绘纹饰内容异常丰富，"除传统的题材外，尤多封建伦
理和福禄寿寓意画面。如石榴百子、百子图……这些祈福求祥的内容，成
为以后各朝司空见惯的装饰，广泛流行至清末"[1]。以"乾隆粉彩百鹿双
耳尊"（图 3.36）为例，纹饰画面以粉彩描绘苍松翠柏之下群鹿或抵角或
依偎或奔跑的各异姿态，并配以灵芝与河流，以满密的构图透出福禄吉祥
的意味。又如"乾隆粉彩婴戏图环耳瓶"（图 3.37）描绘数十名童子在
山水花草之间的空地上嬉戏玩乐的情景，以孩子们的天真活泼与充满童趣
的各种游戏活动表达对百子多福、吉祥富贵的追求。故宫博物院藏"乾

①　耿宝昌：《明清瓷器鉴定》，紫禁城出版社、两木出版社 1993 年版，第 275—276 页。

隆珐琅彩婴戏纹双连瓶"将粉彩与珐琅彩技法结合使用，主题纹饰具有三阳开泰、福在眼前、多子多福等吉祥寓意。上海博物馆藏"乾隆珐琅彩八仙图方瓶"也是粉彩、珐琅彩合用，描绘八仙过海纹样，并配以寿字、蝙蝠及杂宝纹。

图 3.34　雍正粉彩八桃过枝
图盘（天津市艺术博物馆藏）

图 3.35　雍正斗彩番莲福寿
葫芦瓶（中国国家博物馆藏）

图 3.36　乾隆粉彩百鹿双
耳尊（江西景德镇陶瓷馆藏）

图 3.37　乾隆粉彩婴戏图
环耳瓶（上海博物馆藏）

第二节　民间内销瓷中的社会风尚

明清时期商品经济的迅速发展对社会各阶层都造成了极大影响，改变着人们的生活方式与审美观念，自然也包括对于瓷器造型、瓷绘纹饰及其艺术风格的消费心理。这使得明清时期景德镇的瓷器装饰艺术形成了多样化的风格特点，既可以富丽华贵，也可清新典雅，亦或敦厚端庄、质朴豪放，皆取决于不同阶层人们的生活与审美喜好，可从文人士子、城市富有阶层及普通百姓层面进行分析。

商品经济的发展对文人士子所造成的冲击，促使一种反传统士风①的形成，文士们一方面要固守传统的高士名节、坚持对个人心绪的自由表达，他们专注于自身精神情怀的舒适与满足，而不再亟亟于读书入仕，其原因可能是对社会现实的失望或不满；另一方面却又与商人交游，加入真实热闹的世俗生活甚至直接参与商业活动以追逐经济利益，包括在朝官员所经营工商业活动、在野文人创作出版通俗文学作品等，后者或许有维持生计的考虑，前者则更多是为了利与欲的满足。只就文人阶层而言便出现了这样看似矛盾的生活与思维方式的转变，表现在他们对于瓷绘纹饰的消费观念上，一方面是题材内容仍以传统文人喜爱的三寒友、四君子、竹林七贤及"四爱图"等高士纹样为主，艺术风格则模仿抒写心绪的文人绘画，要求呈现出优雅深远的意境格调；另一方面，部分财力丰厚的士人热衷于对古董瓷、高仿瓷以及精品瓷的追逐，并以此来夸耀地位与财富，标榜一种所谓的"高雅"生活方式，实质上已是入俗很深了。此外，明清时期确实有一大批在野文人因无缘入仕而陷入生存与精神上的双重困境，他们在职业选择上表现出多样化的特征，或从医或教学或进入商业领域②，因而他们对于瓷器的消费心理表现出与市民阶层的某种共有特点。

城市富有阶层是指在商品经济中发展起来的商人及市民中的财力丰厚者，一方面，他们凭借自身财力基础，着意追求与自身经济地位相匹配的社会与文化地位而热衷于同士人交游，不惜财力追崇模仿士人的文"雅"生活方式，表现出"贾而好儒"的倾向；另一方面，关注市民本身生活与审美观念的市民文化在明清时也蓬勃发展起来，尤其是以戏

---

① 崇祯初的 1630 年礼科给事中张霖心概括晚明士风之反世俗心态曰："士骄于序而蔑等，凌尊，贱名，迁义，赋诗，饮酒，口舌。"（抄本《崇祯长编》。参见李文志《明清时代封建土地关系的松懈》，中国社会科学出版社 1993 年版，第 30 页）顾炎武："举业至于抄佛书，讲学至于会男女，考试至于鬻生员，此皆一代之大变。"（《日知录》卷 18《艺文》）

② 陈宝良：《明代生员的社会职业流动及其影响》，《明清论丛》第 3 辑，紫禁城出版社 2002 年版。

剧、小说为主的通俗文学作品更是受到人们的极度喜爱。因而就城市富有阶层所消费的瓷绘纹饰而言，既有对士人品味的模仿，更多的则是表现市民生活本身的戏剧、通俗小说及历史人物故事等内容，充满了真实热闹的生活气息。

　　庶民百姓向来以质朴、热烈的民间美术作为满足精神需求的艺术形式，其审美旨趣是基于传统的民俗思维与观念形成的，具有很强的精神功利性。就明清瓷绘纹饰的民间消费而言，表达人们质朴生活愿望的吉祥纹样最受欢迎，有时甚至以直白的祈愿文字作为纹饰内容；艺术形式上则要构图圆满、设色红火热闹才好。因而百姓对于瓷器的消费更注重物质上的实用功能与精神上的功利性目的，满足的仍是传统的民间审美追求。但由于明清时的瓷绘艺人同时受到院体画与文人画风格影响，充满民间生活气息的瓷绘纹饰有时也会透出某种程度的工整细腻或是文人绘画般的写意格调与清雅意味。

一　文人士子的雅致与趋俗

　　文人士子作为社会文化精英阶层向来以其高雅脱俗与知识渊博而独树一帜，他们基于"重道轻器"的观念追求艺术的精神境界而鄙弃作为形而下之"器"的装饰工艺，自然更不愿参与其中，但这些并不妨碍文人装饰思想与审美情趣所具有的时代影响力。中国古代的瓷器装饰艺术自唐宋时便受到文人气质的浸润[①]，以茶试瓷本就雅意十足，宋代士人更将外向的拼搏进取精神化入内心的山水花鸟世界之中，追求一种理想化的、淡漠优雅的生活方式与审美理念，正如李泽厚所言"时代精神已不在马上，而在闺房，不在世间，而在心境。所以，从这一时期起，最为成功的艺术部门和艺术品是山水画、爱情诗、宋词和宋瓷。……人的心情意绪成了艺术和美学的主题"[②]。重意境而轻华丽的审美风格更是与皇室贵族的奢华相对立，其典雅清丽渗透于整个社会的审美趣味当中，宋瓷清雅纯净的釉

---

① "宋代艺术的审美主导心理是士大夫审美心理。在传统社会里，士大夫艺术永远是一个时代的精英艺术，它领导着时代的潮流。因而士大夫自发创造并自我欣赏的艺术，成为宋代审美趋势的主流，它影响着市井艺术，导引着宫廷艺术，发挥了潜移默化的支配作用。"李希凡：《中华艺术导论》，北京师范大学出版社 2010 年版，第 261 页。

② 李泽厚：《美的历程》，生活·读书·新知三联书店 2009 年版。

色正是对文人注重内心素净淡泊之意绪的最好表达。

　　与此同时，中国古代文人文化在抒写个体心情意绪的同时，也有另一条逐步世俗化的道路，这与中国古代社会自唐代开始的整个的世俗化进程①是相一致的。自武后时期开始取代旧贵族地位而新兴起来的士人官僚阶层在文人文化方面表现出新的文化特色，"这时，士人的生活不再是传统尊崇的俭朴和庄重，而是奢华和轻浮，理想也不再是超越世俗之上的清高和洒脱，而是世俗的地位和财富，依赖取得社会声望的资本，也不再是知识的渊博和思想的深刻，而是文词的华丽和想象的丰富"②。这种对于财富与地位的追逐经过宋代市民文化的发展至于明清几乎到了无以复加的地步。明清时期的文人阶层在商品经济发展所形成的世俗文化风潮当中，逐渐放弃了清高脱俗的生活追求，士人追求的所谓"闲情逸致"已然失去了其最初的清雅意味③，如王锡爵所言："今士大夫一旦得志，其精神日趋于求田问舍、撞钟舞女之乐。"④ 物质条件的相对富足加之阳明心学为士人营造的较为广阔的精神生活空间，使得谈情说性、耽于享乐的感官享受成为时代风尚，成为文士实现所谓人生价值的一个方面，而当时百姓对士人这种趋于世俗的生活方式也视若寻常，可知当时风气之盛，如袁宏道（1568—1610）在给龚惟长的书中曾提出人生有"五快活"，生动描述了明代中后期士人追求的所谓"真乐"：

　　　　然真乐有五，不可不知。目极世间之色，耳极世间之声，身极世

---

① 钱穆先生认为"古代的文学，是应用于贵族社会的多些，而宗教方面者次之。古代的艺术则应用于宗教方面者多些，而贵族社会次之。但一到唐代全变了，文学、艺术全都以应用于平民社会的日常人生为主题。这自然是中国文化史上一个显著的大进步"。钱穆：《中国文化史导论》，商务印书馆1994年版，第170页；"隋唐思想文化和文学艺术的发展，还存在两种重要倾向：其一是文艺的重心由贵族逐渐转移到平民社会；其二是文艺关注的主要对象由宗教转移到日常人生"。李希凡：《中华艺术导论》，北京师范大学出版社2010年版，第193页；"在敦煌，世俗场景大规模地侵入了佛国圣地，它实际标志着宗教艺术将彻底让位于世俗的现实艺术"。李泽厚：《美的历程》，生活·读书·新知三联书店2009年版，第123页。

② 葛兆光：《中国思想史》第2卷，复旦大学出版社2001年版，第93页。

③ "宋代文人既不违背君亲之意，义节两隆，又不背高洁之心，情操清爽。在这种自我培植起来的均衡心态中，宋代士大夫欣之怡之地开始从事他们对于美的创造。"李希凡：《中华艺术导论》，北京师范大学出版社2010年版，第258页。

④ （清）顾炎武：《日知录集释》卷13《士大夫晚年之学》，中州古籍出版社1983年版。

间之鲜，口极世间之谭，一快活也。堂前列鼎，堂后度曲，宾客满席，男女交邂逅，烛气熏天，珠翠委地，金钱不足，继以田土，二快活也。箧中藏万卷书，书皆珍异。宅畔置一馆，馆中约真正同心友十余人，人中立一识见极高，如司马迁、罗贯中、关汉卿者为主，分曹部署，各成一书，远文唐宋酸儒之陋，近完一代未竟之篇，三快活也。千金买一舟，舟中置鼓吹一部，妓妾数人，游闲数人，泛家浮宅，不知老之将至，四快活也。然一生受用至此，不及十年，家资田地荡尽矣。然后一身狼狈，朝不谋夕，托钵歌妓之院，分餐孤老之盘，往来乡亲，恬不知耻，五快活也。士有此一者，生可无愧，死可不朽矣。若只幽闲无事，挨排度日，此最世间不紧要人，不可为训。①

这种对于情性利欲的追逐与放纵在文人的瓷器消费审美观念上也有反映，除了传统的高士图、三寒友、四君子之外，他们更热衷于追逐古董瓷、仿官窑瓷以及创新的高端精品瓷。据《明英宗实录》记载"正统三年十二月丙寅，命都察院出榜，禁江西瓷器窑厂烧造官样青花白地瓷器于各处货卖及馈送官员之家，违者正犯处死，全家谪戍口外"②。这说明为满足官僚士夫对高端精品瓷器的需求，民窑户为获取厚利而常有违禁烧制仿官窑御瓷品种投入市场的情况。

明清时期高度发展的商品经济，催生了一种适应市民生活与娱乐方式的市民文化，以通俗小说、戏剧为主要内容的文学作品最为典型，而这种文化的主导者正是一批投入商业活动的文人士子，他们将自己的生活方式、审美观念等内容以市民喜欢的文学作品形式呈现出来，受到人们的追捧与仿效。明末清初的文学家、戏曲家李渔（1611—1680）同时也是极为活跃的文学作品出版商，他以自己的儒学修养与才识获取生活所需，认为"我以这才换那财，两厢情愿无不该"，同样也反映出市民文化的繁荣发展，而文人的生产与生活方式则在这里同世俗生活密切联系在一起。而清初思想家唐甄（1630—1704）也曾有言："苟非仕而

---

① （明）袁宏道：《袁宏道集笺校》上册卷 5，上海古籍出版社 1981 年版，第 205—206 页。
② 《明英宗实录》卷 49，正统三年十二月丙寅条。

得禄，及公卿敬礼而周之，其下耕贾而得之，则财无可求之道。求之，必为小人矣。我之以贾为生者，人以为辱其身，而不知所以不辱其身也。"①　现实的生活处境在明末清初成为文人在思想领域重视"治生"并在实践中投入世俗经济社会的重要原因之一。可以说，明清时期的商品意识与市民意识使得文人士夫逐渐把审美感受与官能享受混为一体，"自娱"之风成为文人观念意识中的重要内容并在其生活实践中得以体现。其中既有魏晋名士的狂狷士气也有商品社会中的市民习气，就审美价值取向而言，明清士人吸收历代关于情性高致的理论以为己用；就生活和艺术实践而言，明清文人的审美理念则在事实上最终被引入了世俗化之途。

（一）世风与士风

明清时期商品经济的发展促进城市化进程加快以及社会结构的变迁，由绅商富民及外来工匠和商人组成的市民阶层在社会发展中逐渐表现出巨大的影响力。在朝士夫与城市富商对大量生活日用品及奢侈品的消费，促成了消费市场的扩大，同时也为包括工匠、小商贩、说书人等在内的普通市民提供了维持生计的就业机会。事实上，明清时期包括普通百姓在内的整个社会的实际购买力都有一定程度的提升，而当时的城市生活就在这样的经济基础上蓬勃发展。与此同时的思想领域，自明代中后期开始，士人文化中出现了一种以谈情说性为生活价值追求的世俗情欲观，如袁宏道的"五快活"理论，将感官享乐视为人之天性追求的一部分，是实现人生价值的一个方面。而阳明心学打破程朱理学对人们思想的禁锢，则更是极大解放了士人的心性，为情感与感官追求的合理化提供了思想基础与动力，这样人们就会形成消费需求进而谋求从市场获取相应的奢侈品以满足需求。这种由社会、经济以及思想因素变迁共同型构而成的奢侈消费风潮，对于明清时期的士风自然造成了极大冲击，大部分士人包括在朝士大夫亦不能免俗，或利用官职之便经营工商业以谋求厚利，或极尽奢华排场以夸耀财富，或仅仅是为了谋生而投身商业浪潮之中。

明清时的各级官僚士夫作为封建机器得以正常运转的重要支柱，本身即享有优厚的待遇与特权。明初政令严格，明确禁止在朝官员投身工商业

---

① （清）唐甄：《潜书·养重》上篇下，中华书局1963年版，第91页。

活动，但明代中后期开始，在商品经济影响下，士风渐趋淫靡，不少在朝士夫为谋求厚利着意于兼并土地并从事工商业活动。嘉靖时礼部尚书董分（1510—1595）在湖州不仅拥有大量田产，还"有质舍百余处，各以大商主之，岁得子钱数百万"①。首辅徐阶（1503—1583）在任时也于家乡华亭县"多蓄织妇，岁计所织，与市为贾"②。这些拥有权势地位并财力丰厚的官僚士夫无不过着奢华的生活，万历时首辅张居正（1525—1582）奉旨归葬，"藩臬以上皆跪迎，巡方御史为之前驱。真定守钱普，创为坐舆，前轩后室，旁有两庑，各立一童子给使令，凡用舁夫三十二人。所过牙盘上食，味逾百品，犹以为无下箸处。普，无锡人，能为吴馔，居正甘之曰：吾至此，始得一饱。于是吴人之能庖者，召募殆尽"③。在任士夫的生活如此，没有官职的一般士人也极讲究生活品位，《醒世恒言》卷29中的《卢太学诗酒傲王侯》所描写监生卢楠的生活水平及饮食状况可为代表，书中说他"世代簪缨，家赀巨富；日常供奉，拟于王侯。……卢楠日夕吟花课鸟，笑傲其间，虽南面至乐，亦不过是"④！作品中的卢楠既有着雄厚的经济基础，虽一时未入仕，也还是有条件能够过着如此奢华的生活。

事实上明清时期尚有很大一批出身寒门而又无缘入仕为官的下层士人，他们经受着经济的与精神的双重压力，幸而商品经济的发展也为他们提供了一条维生路径。他们以自身儒学修养为资本投身于商业活动，参与刻本小说、戏剧、传奇等文学作品创作，甚至直接参与瓷绘艺术在内的工艺美术品的设计与制作。这其中以万历时"壶公窑"主人吴十九为较早的典型例子，据文献记载："浮梁人吴十九者，能吟，书逼赵吴兴，隐陶轮间，与众作息。所制精瓷，妙绝人巧。尝作卵幕杯，薄如鸡卵之幕，莹白可爱，一枚重半铢，又杂作宣、永二窑，俱逼真者。而性不嗜利，家索然，席门瓮牖也。"⑤ 这位吴十九虽以制陶谋生，生活清贫，却并未失去文人的清雅品格，在那样一个商业喧嚣的时代实属

---

① （明）范守己：《曲洧新闻》，收入《御龙子集》卷2，庄严图书公司1997年版，第14页。
② （明）于慎行：《谷山笔尘·相鉴》卷4，中华书局1998年版，第39页。
③ （清）赵翼著，王树民校正：《廿二史札记》卷34《明仕宦僭越之甚》，中华书局1982年版。
④ 汤纲、南炳文：《新版明史》，上海人民出版社1985年版，第600—601页。
⑤ （明）李日华：《六言斋笔记·紫桃轩杂缀》，凤凰出版社2010年版。

难得。

　　除了商品经济的发展之外，文人生活方式的转变更有着思想精神上的基础，这源自明清时期儒释道三家思想的世俗化发展。首先是明中后期兴起并很快进入盛期的阳明心学对士人的道德心理及修身观念所产生的极大影响。关于心学兴起的时代背景，有研究者分析："明代政治经过洪武、永乐鼎盛阶段，自宣德以后，逐渐步入中衰，……学者中的忧国之士，面对明中叶的国运不济，苦苦探索着原因，终于归咎于'人心不正'。于是，一种力图抛弃朱学，另寻新义的要求，在学术界酝酿着，正是在这种背景下，以'正心'以挽回衰世为目标的王守仁心学应运而起。"[1] 心学对于挽回衰世或许并不能发生实质性的效用，却在事实上极大地解放了文士阶层的心性。其学说所强调的"个个人心有仲尼"[2]"良知之在于人心，无间于圣愚"[3]，本意在于通过个人修持的完善来实现社会自下而上的道德与秩序的完善，这也是儒学由"政治取向转为社会取向"从而真正走向民间世俗社会的表现。然而个人道德修持的完善必须关注自我本心，人的自然天性追求就成为题中应有之义，泰州学派将这点发展到了极致从而使王学走向了"任由个性之张扬与欲望之放纵"的途径，也使得"一种原本在于追求道德修持，重在从内心深处进行道德自我约束之哲学，却在不知不觉中背离了其初衷，走向了摆脱道德约束、自我放任之途"[4]，而这种发展既是当时社会发展的必然趋势，也为文人士子的现实生活提供了极大的自由性。文士们从心底里认可个人品格修持全在于用心，而享受现实生活对于修行孔孟之道并无妨碍，这使得他们能够心安理得于感官上的奢靡追求。新禅宗更是强调心性自度，唯随心任性自我解脱即可成佛，不拘在家或出家等一切外在形式，亦然走向了世俗社会生活当中。而明清时期的士禅交往风尚，更促成了文人阶层放诞不羁的性格特征。新道教的世俗化发展表现为济世拯民行善成仙，整个修行过程因落实于世俗生活而充满了社会文化意义。史料记载明万历之后，参禅悟道成为士人"雅致"生活的重要内容，所谓"与衲子坐松林石上，谈因果，说公案。久之，

① 冯天瑜：《明清文化史散论》，华中工学院出版社1984年版，第42页。
② （明）王明阳：《王阳明全集》卷20，《咏良知四首示诸生》，上海古籍出版社1992年版。
③ （明）王阳明：《传习录》卷中，《答聂文蔚》，江苏古籍出版社1992年版。
④ 罗宗强：《社会环境与明代后期士人之心态走向》，《粤海风》2006年第3期。

松际月来，踏树影而归，此日便非虚度"①。"南方士大夫，晚年多好学佛，北方士大夫，晚年多好学仙"（顾炎武语）②。儒释道三家思想在这里找到了无间的融合点，共同将文人阶层的思想理念导向了对世俗生活的关注。

如此，则明清时期由商业发展所造成的经济生活环境与思想方面的世俗化走向共同型构了文人亦儒亦商的生活态度，他们追求自我情绪的表达，乃至发展为放纵情欲追求物质享乐的风尚。而这种生活方式、思维观念、审美倾向上的变化皆在文人对于瓷器的审美消费中有所反映。就瓷绘纹饰而言，既有自况性情与品格的松竹梅菊及隐逸高士，也有夸耀财富地位的亭台楼阁、园林景致，以显示奢华的生活品位。而"经济生活之丰裕本为士大夫人生理想中之一重要项目，与其思想之玄远似相反而实相成"③。实际上不少文人积极参与工商业活动，为迎合市民口味而设计了很多通俗作品，包括对感官情欲内容的描绘。与商人交游，在一定程度上影响了士人的心理追求，并最终使之在观念与事实上摆脱传统生活方式的束缚，读书只是为着世俗生活及精神上的愉悦而非入仕，由商业之途所得正可用来保障精致的日常生活。

（二）纹饰与文人绘画

无论是从题材内容还是从艺术风格来看，明清时期景德镇瓷绘纹饰与文人绘画之间都有着密切的联系，现有研究表明明代中后期的写意画家徐渭等在绘画题材与意境呈现上无不显出当时民窑青花瓷绘画的影响痕迹，或许我们也可以认为是景德镇艺人为迎合士人生活品味而借鉴了文人画的风格、题材也未可知。事实上，明清时期确实有不少文人会亲自参与到包括瓷器在内的工艺品的设计与制作中去，如徐渭（1521—1593）就热衷于在书画之余进行案头雕刻和手工制作，"不少艺匠受文

①　（明）郑瑄：《昨非庵日纂》卷19，《韬颖》，参见《笔记小说大观》第14册，江苏广陵古籍刻印社1983年版。

②　（明）张萱：《西园闻见录》卷4，《谱系》。

③　余英时：《士与中国文化》，上海人民出版社2003年版，第292页。第293页，"自然之发现与个体之自觉常相伴而来，……自然景物不仅为文士吟咏之题材，抑且为画师描写之对象……是士大夫之怡情山水，哀乐无端，亦深有会于老庄之思想也。""魏晋南朝以下士大夫有田园或别墅之建筑……其精神之背景，即汉魏以来士大夫怡情山水之意识。"

人影响，也具备较高的诗文书画等文人修养，如制墨家方于鲁即能诗善画，这些文人或工匠身份的文人的工艺品制作，必然也会对当时工艺品风格的文人化趋向起着一定的引导作用"①。明清时期景德镇的瓷绘纹饰呈现出一定程度的文人画风格自然是没有问题的，这可以从其题材内容、构图布局（尚清简、诗书画印融为一体）以及用笔设色（水墨、青花较多）等方面表现出来。事实上，这类纹饰风格的形成正是为了迎合文人消费市场的审美需求。

朱琰《陶说》记载清代瓷绘纹饰题材及艺术格调时指出："其画染，则有山水、人物、花鸟、写意之笔，青绿渲染之制，四时远近之景，规抚名家，各有元本。"② 事实上，瓷胎与绢帛、宣纸相比，不惟材质、质感迥异，更有器形上的丰富变化，因而瓷绘纹饰即便要借鉴文人画也必须重新构图、设计画面，也即《陶说》所谓"画器调色，与画家不同，器上诸色，必出火而后定。配合调剂，前人有经验之方，毫厘不得差。又须极细极匀，则色透骨而露彩。古瓷五彩，成窑为最，其点染生动，有出于丹青家之上者。""青花圆器，……画者，学画不学染，染者，学染不学画，所以一其手，不分其心也。画者、染者，分类聚一室，以成画一之功。……写生以肖物为上，仿古以多见能精，此青花之异于五彩也。"③也正因此，具有文人画风格的瓷绘纹饰才更显出别样的艺术韵味与审美感染力。

陈师曾先生认为文人画"即画中带有文人之性质，含文人之趣味，不在画中考究艺术上之工夫，必须于画外看出许多文人之感想，此之所谓文人画"④。而文人画的题材则"多取材于山水、花鸟、梅兰竹菊和木石等，借以发抒'性灵'或个人抱负，间亦寓有对民族压迫或对腐朽政治的愤懑之情。他们标举'士气''逸品'，崇尚品藻，讲求笔墨情趣，脱略形似，强调神韵，很重视文学、书法修养和画中

---

① 李希凡总主编，单国强本卷主编：《中华艺术通史·明代卷·下》，北京师范大学出版社2006年版，第301页。

② （清）朱琰撰，杜斌校注：《陶说》，山东画报出版社2010年版，第4页。

③ 同上书，第22—24页。

④ ［日］大村西崖：《中国文人画之研究》，陈师曾译，天津古籍出版社1992年版，第3—7页。

意境的缔造"①。事实上，自元代开始，瓷器装饰艺术便积极借鉴当时成就极高的文人画来创作瓷绘纹饰，以迎合与满足特定阶层的消费需求。

明清时期景德镇的瓷绘纹饰在题材及艺术格调上多有受文人画影响者，据《饮流斋说瓷》记载明清瓷绘纹饰题材，"明瓷所绘故事，若周茂叔爱莲、陶渊明赏菊、竹林七贤流觞曲水之属，均极俊逸雅茜之致。康熙人物，无一不精，若饮中八仙、若十八学士、十八罗汉与夫种种故事，皆神采欲飞，栩栩欲活"②。"康窑画松树，苍翠欲滴，古干森郁，其粉本纯由宋画而出。若李思训、赵大年殆其私淑者。配以人物高士，亦飘飘有仙气"③。"康熙画笔为清代冠，人物似陈老莲、肖尺木，山水似王石谷、吴墨井、华秋岳，盖诸老规模沾溉远近故也。雍正花卉纯属恽派，没骨之妙可以上推徐熙，草虫尤奕奕有神，几于误蝇欲拂"④。又《陶雅》记载"康窑棒槌式黑瓶，金彩山水，密林陡壑，甚似黄鹤山樵（山水画'元四家'之黄公望）。"⑤ 许之衡总结明清时期瓷绘纹饰的文人画风格："明瓷之画也，用笔粗疏而古气横溢，且有奇趣。其地之色釉浓厚深穆，却非后来所有。康熙画花，于肆异之中而行其缜密，于工致之中而寓其高古。雍正则逸丽而秀倩。若乾隆则繁密富丽之极，而时露清气。"⑥ 清代陈浏《陶雅》记载明清时期的瓷器绘画纹饰有言："成化彩瓷，吾见亦罕矣，证以康雍两朝所临仿者，笔意生动活泼，宜高出乎嘉靖、万历之上。康熙彩之料固非后世所常有，论其画手高妙，不但官窑器皿仿佛王、恽，即平常客货亦莫不出神入化，波澜老成。雍正花卉殊尤，又颇饶书卷气。乾隆而后，虽有缜栗奇丽之品，而匠心独运，未能脱去町畦。"⑦ 可知明清时期瓷绘纹饰对文人画题材及风格意境的借鉴与吸收。

---

① 沈柔坚：《中国美术辞典》，上海辞书出版社 1987 年版，第 4 页。

② （民国）许之衡：《饮流斋说瓷》，山东画报出版社 2010 年版，第 110 页。

③ 同上书，第 116 页。

④ 同上书，第 106 页。

⑤ （清）陈浏：《陶雅》，参见伍跃等点校《古瓷鉴定指南·初编》，北京燕山出版社 1997 年版，第 64 页。

⑥ （民国）许之衡撰，杜斌校注：《饮流斋说瓷》，山东画报出版社 2010 年版，第 129 页。

⑦ （清）陈浏：《陶雅》，金城出版社 2011 年版，第 96 页。

　　文人画风格的瓷绘纹饰在社会上流行与明清特定社会文化背景下所形成的文人消费心理有关。已如前文所述，在明代宫廷审美的影响下，文人开始追求瓷质化的文房用品，原本以竹木金石等材质制作的文房器具在明清时多以瓷制品形式出现。朱琰《陶说》记载清代的文房用品如"文房砚屏、墨床、书滴、画轴、秘阁镇纸、司直，各适其用。而于中山毛颖，先为之管，既为之洗，卧则有床，架则有格，立则有筒。仿汉人双勾碾玉之印章，其纽法或为龙虎，或为龟驼，或象、或狮，或牛，或马，为连环，为覆瓦。印色之池，或方，或圆，或棱，可助翰藻"①。明清时期的瓷质文房器具加之文人画风格的瓷绘纹饰代表的是一种雅致的生活方式，受到文人及城市富有阶层的青睐与追捧，从而形成了巨大的消费市场。为迎合市场需求，不但景德镇民窑的瓷绘艺人极力模仿文人绘画风格，为数不少的文士甚至"弃儒就贾"，为瓷绘纹饰制作版画、画谱等样本，或者直接参与到包括瓷绘艺术在内的工艺美术创作当中，从而为瓷绘艺术的文人画风格奠定了坚实的技术与艺术基础。

　　瓷绘纹饰的文人画风格主要表现在题材内容、线条、意境等方面。就纹饰内容而言，文人更倾向于清新淡雅的山水、花鸟纹以及人物题材当中的高士类纹样。如故宫博物院藏"康熙五彩竹雀纹壶"（图3.38）作为生活日用器，该壶将实用与文人审美意趣进行了巧妙结合，器身竹雀花鸟纹以墨色为主，与其他颜色形成明暗对比，而竹干的表现有类于徐渭以双勾法绘竹的写意笔风，周围点缀以梅兰菊等，构成一幅精致的花鸟画面，且极富装饰意趣。又如故宫博物院藏"雍正珐琅彩墨竹纹碗"（图3.39）外壁一面以墨彩绘竹石图，画风清逸，韵味典雅，另一面并有五言题诗，整个呈现出文人画的构图意境。此外文人花鸟中的常用题材如玉兰、牡丹、萱草等也普遍具有吉祥寓意，民窑为着适应市场而着意提高产品艺术内蕴与表现力，也更愿意采用具有文人风格的花鸟纹样。

---

① （清）朱琰撰，杜斌校注：《陶说》，山东画报出版社2010年版，第4页。

图 3.38　康熙五彩竹雀纹壶

（故宫博物院藏）

图 3.39　雍正珐琅彩墨竹纹碗

（故宫博物院藏）

　　将诗句、铭文等内容搬上瓷面以构成"诗书画印"相结合的文人韵味是景德镇瓷器装饰艺术产业自明后期便开始采用的生产策略，上海博物馆藏有几件"可竹居"题款瓷器①便是典型作品，"崇祯青花竹石图瓶"在竹石花卉及山水图之外又题写了整篇唐代诗人王维的五言绝句《竹里馆》，还有一侧似为可竹居主人所作题句"壹片石，数株松。远看淡，近又浓。不出门庭叁五步，观尽江山千万重"并有三方落款印章。另一件"崇祯青花博古图瓶"在主题纹样之外也以隶篆题写两句"竹摇清影挂幽窗，两两时禽噪夕阳"，并有青花落款印章。由瓷绘纹饰内容及题诗、落款格式所体现出来的文人画风格，可知其生产者或管理者本身当具有深厚的文化艺术素养，他们更加了解文人阶层对于瓷绘审美的需求，因而不断提高其产品的文化内涵，瓷绘纹饰所具有的雅致风格成为商品价值的一部分，并且正是文人消费者所追求的那一部分，因而能够满足文人这一高端客户群的心理需求。

　　清丽典雅的花鸟、山水纹饰之外，人物题材中的高士类纹样是更为典型的反映文人士夫品性的瓷绘纹饰。所谓"高士"通常是指具备某种特有品格或心性的人，他们皆有着超越常人的才情而又与现世生活保持着特定的距离，或如伯牙、子期般性情高雅而固守着"携琴访友"这样的生活方式；或如陶渊明、王羲之般品性高洁；或如"竹林七贤"般恃才傲物行为乖僻。高士品性的产生有着多方面的原因，或因自身性情淡薄、或

① 上海博物馆编：《上海博物馆与英国巴特勒家族所藏十七世纪景德镇瓷器》，上海书画出版社 2005 年版。

因仕途不顺而着意于追求心灵的淡远清净。但若从世俗的角度来看，总不免呈现某种程度的"悲情"色彩，同时代表着某种可望而不可即的生活境界。于现实中的士人而言，对高士品性的敬仰与追慕则发展成一种"高士情结"，用以调适心性或有时候仅作为一种纹饰来表达自身情怀。作为文人心绪与审美的艺术表现形式，明清瓷绘高士纹样因此而独具艺术风韵①。

现实中士人的这种高士情结向被认为与老庄、参禅有着不解之缘，指示着一种清静无为、质朴简洁的生活方式与理念。然而在明清特殊的世风熏染下，士人们以这种"情结"相标榜，以高士的姿态、心安理得地过着世俗社会的精致生活，而这种"精致"实质上是以丰厚的财力为基础的，这种情结也便成了文人刻意的故作姿态。如首都博物馆藏"万历五彩人物纹洗"（图3.40）内壁及口沿处细密描绘了17组"王羲之爱鹅"的画面，其中高士看似在传达一种更为贴近自然的生活理念，但侍立在旁的童子或抱鹅相随、或捧书而立，加之五彩设色艳丽，整体给人奢华乃至刻意为之的感觉，而外壁所描绘的"佛教八吉祥"纹样指示着文人雅致已经与世俗追求的吉祥意象相互融合了。

于此我们知道，明代中后期士风的转变，使得所谓"高士情结"完全成了士人用以标榜清高与自性娱乐的手段，据《万历野获编》记载："去年至支硎山范长白学使斋中，悬联云：'松风高士供，兰梦美人圆。'其所书即其作也。"② 所谓的高士品性与兰陵美人在士人生活中可以并行无碍，士人要磨砺品性也不必再隐遁山林，虽身处繁华都市只要"用心"即可。这里的高士不再追求"箪食、瓢饮、陋巷"，而是要成为新的世俗生活中的"名士"，这种名士以现世生活的极致享乐为旨归（见袁宏道的"真乐有五"）。如故宫博物院藏"嘉靖青花五彩人物纹碗"外壁为两组高士携琴访友图，内壁暗印缠枝宝相花，高士人物与吉祥寓意的宝相花同施一器，表明"高士情结"的世俗化取向。故宫博物院藏"嘉靖青花携琴访友图高足碗"，外壁绘高士骑马出行，侍童携琴相随，

① 　肖丰：《器形、纹饰与晚明社会生活》，华中师范大学出版社2010年版，第174页。
② 　（明）沈德符：《万历野获编》卷23，中华书局1959年版，第586页。

内底心为东方朔偷桃纹样，同样是将文人雅致与世俗追求吉祥的意愿融于一器。

文人对世俗生活的这种极致追求在清代的瓷绘纹饰中仍有大量表现，如"康熙青花山水人物图长方花盆"四面皆绘山水人物纹，画面构图舒朗，青花呈色淡雅，但纹样主题却表达着一帆风顺、指日高升等世俗吉祥追求。"康熙青花指日高升图尊"描绘一官员直指当空太阳，并有侍从手捧官服相随在侧，则是以直白的画面表现对官运亨通的世俗祈愿。"康熙斗彩人物纹菱花式花盆"（图3.41）四面描绘山水人物并配以仙鹤、苍松，寓意松鹤遐龄、寿山福海。江西景德镇陶瓷馆藏"雍正粉彩仙人图笔筒"（图3.42），从器型来看本为文人文房用品，但纹饰寓意却并非山水烟云供养的文人情怀，而是充满了民间世俗意味的"福寿双全"，表明文人对世俗精致富贵生活的追求。

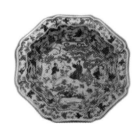  

图3.40　万历五彩人物　　图3.41　康熙斗彩人物纹菱　　图3.42　雍正粉彩仙人图
纹洗（首都博物馆藏）　花式花盆（故宫博物院藏）　笔筒（景德镇陶瓷馆藏）

以上是就题材内容方面看明清时期瓷绘纹饰所呈现的文人画意味，然而无论何种题材，就线条、笔意等所呈现出来的艺术格调而言，文人士夫追求的则是雅润精细，据《景德镇陶录》记载"洋磁等器，虽其绚采华丽，而欠雅润精细，可供闺阁之用，非士大夫文房清玩也"[1]。这使得明清瓷绘纹饰须不断向文人绘画吸取营养以提高艺术表现力来满足文人的审美需求。可知文人在生活与艺术实践上虽已融入世俗社会，但在理论与审美观念上仍然追求精神的超绝。

文人画注重线条的清雅、柔淡，追求画面的悠远意境，表现在瓷绘纹

---

[1]　（清）蓝浦撰，郑廷桂辑补：《景德镇陶录》卷7，参见熊廖《中国陶瓷古籍集成》，江西科学技术出版社1999年版，第398页。

饰当中，多以青花细线勾勒轮廓并加以浓淡色阶的细细晕染来呈现，故宫博物院藏"天启青花罗汉图兽钮钟"外壁绘神态各异生动传神的十八罗汉图，其纹饰画面则是以当时人物画家丁云鹏的作品为摹本①。但事实上瓷绘艺人大约很难保证所绘青花人物与原作的风貌格调一丝不忒，但这也正是瓷绘纹饰的特点与意义所在，是经过艺人二度创作之后呈现在人们面前的瓷器绘画。"康熙青花山水人物图棒槌瓶"所绘主题纹样为老翁垂钓、高士阔论，青花的淡雅呈色尽显避世隐逸的高雅生活情趣。"乾隆青花山水人物图胆瓶"，瓶身通景绘青花高士图，数位高士于林间抚琴对弈、吟诗赏画，各个神态自若，在淡雅青花所绘的美景当中更显出清远之意境以及怡情养性的格调趣味。

　　在实际操作层面，明清时期瓷绘纹饰之文人画风格的形成与当时社会上广泛流行的文人画谱有着密切联系。画谱是文人学习绘画用以临摹的基础范本，其刻本在市场上广为流通，为瓷绘艺人提供了丰富的纹样参考资料，常见有《十竹斋画谱》《芥子园画传》《程氏竹谱》《顾氏画谱》等，制瓷艺人所描绘的纹饰往往以文人画谱为摹本并进行适合消费者口味的二度创作，以开拓消费市场。其中以《十竹斋画谱》和《芥子园画传》最负盛名，前者是由明末清初绘、刻皆工的出版家胡正言（1580—1671）编辑刻印出版的彩色套印版画集，所辑内容包括书法名家与画坛巨匠如赵孟頫、文征明、沈周、唐寅等人的作品，就刻印效果而言，已能达到绘画作品的艺术效果，据杨文耿所言，"其中皴染之法，乃著色之轻重浅深远近离合，无不呈研曲致，穷巧极工，即当行作手观之，定以为写生妙品，不敢作刻画观②，是为古版画画谱艺术中的精品。《芥子园画传》是李渔（1611—1680）付梓刊行的"中国古版画史上第一部彩色套印的专题山水画谱"，四集当中只有初集四卷为李渔所梓行，是由山水画名家王概（字安节）摹绘而成的，有着极高的艺术价值，因行世后大受欢迎才有后集的刊印并借其名。其中每一作品都"是可以与绢素纸张上的手绘作品等量齐观的珍玩，它的艺术价值绝非用'刻本''画谱'这样的词汇所能涵

①　耿宝昌：《故宫博物院文物珍品大系·青花釉里红》（中），上海科学技术出版社、商务印书馆1999年版，第232页。

②　周心慧：《中国古版画通史》，学苑出版社2000年版，第224页。

括的"①。该画传的影响力甚至超过了《十竹斋画谱》。其中《二集》例言即以"从来绘事，非箕裘递传，即青蓝授受，自画传初集行世，寰区之内，尽知图写山水，人人可学而至"颇感自豪。其中"所附大量彩色套印的历代名家名作"对于普通的学画者而言，无疑具有非凡的意义与价值。② 如此精品画谱，自然为瓷绘艺人学习借鉴文人画风格提供了宝贵的艺术资源。

二　城市富有阶层的崇雅与奢靡

明清时期商品经济发展所促成的社会结构的变动主要表现为由绅商富民、外来工匠及商人组成的市民阶层的崛起。其中的富有阶层往往"贾而好儒"，更愿意向士人阶层靠近并模仿所谓的文人雅致生活方式，如徽商吴龙四即与袁宏道交好，而士商之间的交游与互动在当时人们的观念及行为上所产生影响也最大。就士人方面而言，既可获得丰厚报酬以解决生计问题，又可实时了解市民阶层的最新文化需求与市场信息等情况，从而有利于其通俗作品的创作与行销。正如余英时所指出，明清时期的商人与士人阶级之间是有着密切联系的，一方面表现为部分士人"弃儒就商"；一方面则是商人对"儒意"的追求，即对儒家学说和道德的向往③。在讨论中国传统的民间文化时，钟敬文先生曾指出："中国传统文化有三个干流。首先是上层社会文化，从阶级上讲，即封建地主阶级所创造和享有的文化；其次是中层社会文化，城市人的文化，主要是商业市民所拥有的文化；最后是底层（下层）社会文化，即广大农民所创造和传承的文化，这三种文化各有自己的性质、特点、范围、结构形态和社会功能。"④ 这

---

① 周心慧：《中国古版画通史》，学苑出版社 2000 年版，第 286 页。

② 同上书，第 286 页。"初集首卷为文字部分，分画学浅说和设色各法；卷二为树谱，卷三为山石谱，卷四为人物屋宇谱，都是围绕山水画这一主题展开的，是以'形'来传授山水画技法的集大成之作"。"第二集八卷，梅兰竹菊谱各两卷。第三集四卷，前两卷为草虫花卉谱；后两卷为翎毛花卉谱。前者草本花卉；后者木本花卉。第四集四卷，分别为丁皋撰《写真秘要》和《仙佛图》《贤俊图》《美人图》，后附有《图章会纂》。从笔意和创新性而言，不能与前三集同日语，只是在题材方面补充了前三集所缺之人物谱，后世翻刻、影印也便认可了它作为续刊本的地位。"这对于瓷绘纹饰的创作自然是有着极为重要的借鉴作用的。

③ 余英时：《中国近世宗教伦理与商人精神》，台湾联经出版事业公司 1987 年版。

④ 钟敬文：《话说民间文化》，人民日报出版社 1990 年版，第 3 页。

里的中层社会文化当指宋元明清逐渐发展成熟的市民通俗文化，它不同于传统社会的民间文化，尤其是在明清特定的时空背景下，因其文化主体本身崇雅与奢靡并存的生活审美观，使得这种文化逐渐发展成为了现代大众文化的前身，具备了某种程度的媒介性与商品性，也即以满足市民的生活与审美需求为旨归。

（一）崇雅与奢靡

自明代中后期开始的社会风尚的变革当中，士人阶层无疑扮演着先导人物的角色。"这些城市居民中的特权阶层风尚奢靡。他们的住所必有绣户雕栋，花石园林；宴饮一席之间，水陆珍馐数十品；服饰一掷千金，视若寻常；日用甚至不惜以金钱作溺器。缙绅士大夫的放纵声色，影响深广"①。文人士夫的这种以丰厚财力为支撑的生活方式成为新兴富有市民阶层的模仿对象，他们在明代中后期开始共同倡导一种所谓的"有品质"的生活价值观，实质上是以崇尚奢靡与炫耀身份为价值旨归。就瓷器消费而言，本初的实用功能倒在其次，反而要求多样化的造型与纹饰来满足他们所认定的生活品味。嘉靖时王宗沐针对明代晚期市场上瓷器造型与纹饰奇巧的情况曾有言，"利厚计工，市者不惮价，而作者为奇钓之，则至有数盂而直一金者；他诸花草、人物、禽兽、山川、屏、瓶、盆、盎之类不可胜计，而费亦辄数金；如碎器与金色瓷盘，又或十余金，当中家之产而相竞以逞。……而商贾往往以是牟大利。无所复禁，此岂非形号为俭，而实为侈"②。巨大的消费市场与商业利益，自然引得各方商贾大量投身其中，从而也刺激了民窑产业与瓷绘艺人的生产与创作热情，不断开发新的工艺与纹饰题材以形成多样化的装饰艺术风格，满足不断变化着的市民阶层的消费需求。

明清时期财力丰厚的城市富有阶层，一方面，主动介入士人的文化生活圈，通过与士人交流艺文之事而提高自身精神素养及文化品位，成为"士以下教育水平最高的一个社会阶层"③，这促使他们产生了一定的自主

---

① 冯天瑜、何小明、周积明：《中华文化史》，上海人民出版社 2010 年版，第 518 页。

② （明）王宗沐：《江西省大志·陶书》，熊寥：《中国陶瓷古籍集成》，江西科学技术出版社 1999 年版，第 184—185 页。

③ 余英时：《士与中国文化》，上海人民出版社 2003 年版，第 467 页。作者还认为"商人……打破了两千年来士大夫对于精神领域的独霸之局"，第 542 页。

意识从而对自身身份表现出某种程度的自信，如请文人撰写寿序、碑铭及传记等；聘请士人教授子弟书画诗文以期后辈能够以儒业立身。同时他们追逐文人的所谓"雅化"生活方式，以"高雅"的消费观念要求所使用器物的精细与奢华。另一方面，以自身财富为基础也可通过捐官①之途以获得政治身份从而与在朝士人交往互动，这或许为着打点好官商关系以保证商业利益的目的②，但他们有时候又会威胁到普通士人的地位。事实上，当时的正直士夫对于那些自身文化素养不高而仅凭捐纳财富得到官位的人是非常不屑且不满的。

不仅如此，大部分并非出身书香世家的富商大户们在追求与自身经济地位相匹配的社会文化地位的过程中，往往由于不得要领而呈现出媚雅的姿态，因而明清社会出现了不少类似于"新士族教育"一类的通俗作品③，如《格古要论》中便包含着"将经济地位转化为文化地位之路径"④，因为这些新兴的富有阶层需要有人指点古代的锦缎"虽是华丽和让人赏心悦目的东西，但仅可用于装饰大厅和内墙；一个学者不可能将之作为纯粹的鉴赏物"；景泰蓝花瓶和杯子"仅适合于在闺房里使用，若用在学者的书房里将会大煞风景"⑤。因为"关于古董物品的广博知识是对一个士绅的起码要求"，要想成为新一代的士家子弟就必须接受这样的教育：应该收藏哪些物品，如何获得这些物品"⑥。在将自身经济地位转换为社会文化地位的过程中，商人们乐此不疲地尝试着各种方式以达到由商人向真正士人阶层的转变，其中应用最广泛的方法之一即是模仿士人的生活方式甚至是行为举止，他们还认为"书籍、优雅的庭园、考究的家具、精美

---

① 明代自英宗"土木堡之变"之后，国子监生可以通过捐纳得之。

② 余英时：《士与中国文化》，上海人民出版社 2003 年版，第 494 页。认为明清商人浓厚的政治兴趣，如捐官、结交公卿权贵、附庸风雅等，皆是表面现象，他们的政治投资还是为保护自己的商业利益。

③ 余英时：《士与中国文化》，上海人民出版社 2003 年版，第 467 页。……商业书和社会小说中都包含了通俗化的儒家道德思想，它们又构成了商人吸收儒家伦理的另一来源。第 491页，明清商人的高度理性化使他们能够转化许多传统文化资源为经营企业的手段，如"伙计制"。这些作品包括《士商要览》《万用正宗》《格古要论》等。

④ ［加］卜正民著：《纵乐的困惑：明代的商业与文化》，方骏等译，生活·读书·新知三联书店 2004 年版，第 78 页。

⑤ 同上书，第 78 页。

⑥ 同上书，第 79 页。

的陶瓷茶具中盛着的茶都在传达着一种雅致"①，而这种种物品便理所当然地成为他们不惜重金追摩的对象。这种想要成为士人的渴望以及思想观念上的转变在富有商人中间几乎成为一种具有普遍性的社会冲动，进而促成一股巨大的商业动机，以瓷器的消费为例，明代中后期开始大量盛行高端仿古瓷、仿官窑瓷的现象便是由于文人与富商巨贾的追崇而出现的。财力丰厚的富有阶层往往将所谓的"文雅"与财富结合起来，寄情于搜罗古董瓷及其他珍稀古玩，以确立一种崇尚奢靡、夸耀财富的生活方式，而这种生活方式又在当时特定的社会环境下受到财力稍弱者的追崇与效仿。各阶层人们在这个由制瓷艺人与文人、富商共同建构起来的巨大瓷器产业链中各显其能，或为着追求自身经济利益而尽力迎合着市场需求，或为着实现自身所谓价值理想而不惜物力财力。除了造型上的仿古瓷及仿官窑瓷外，明清时期的城市富有阶层还着意于追求装饰有文人风格的山水花鸟及人物类纹样以及表现通俗小说、戏曲中插图版画内容的瓷器品类。如现藏江西省博物馆的"弘治青花人物盖罐"（图 3.43）② 即属此类，罐身描绘钟子期"携琴访友故事图"，青花呈色浓艳，笔意风格洒脱，当属于典型的由富有阶层专门订烧的民窑产品。

图 3.43　弘治青花人物纹盖罐（江西省博物馆藏）

---

① ［加］卜正民著：《纵乐的困惑：明代的商业与文化》，方骏等译，生活·读书·新知三联书店 2004 年版，第 245 页。
② 耿东升：《中国瓷器定级图典》，上海辞书出版社 2008 年版，第 268 页。此罐于 1981 年出土于江西南昌明弘治十七年（1504）宁献王朱权侍卫昭勇将军戴贤夫妇合葬墓。

（二）纹饰与市民文学

明清时期由于商品经济的大发展，以绅商富人为代表的市民阶层在社会中发挥着越来越重要的作用与影响，这使得他们的文化生活也得到了较多关注，突出表现为由文人创作以满足市民文化需求为主旨的通俗文学作品的大量出现。而其中尤以女性为题材的刻本小说和戏曲作品在价值取向上呈现出颇为有趣的文化现象，正如艾梅兰在《竞争的话语》中分析指出的那样，"女性成为创作者——士人自我价值实现或道德救赎的一个隐喻。男性作者轻易地把对于女子的情感转换成他的趣味和社会价值观的表述，作品中的女子只是体现创作者鉴赏能力的一个方面"①。以《西厢》《牡丹亭》及《红楼梦》等作品最为典型。市民文学中还有另一种极受欢迎的题材内容，即《三国》《水浒》等历史传记小说以及"三言""二拍"《金瓶梅》等反映市民生活的奇闻、典故类小说，它们的共同特征是以现实生活为依据，将虚构的人物故事假托到传说的历史情境中去，并进行符合市民审美喜好的加工与创作，一方面是作者自身价值观念的渗入；另一方面也使作品更加通俗易懂并表现出某种程度的警世作用②。这种市民文学普遍流行的内在原因或许可以概括为："市民主体对历史的浓厚兴趣，是市民企图用自己的声音来重新诠释历史，并进一步介入对历史的重构。"③ 也即是市民阶层主体意识逐渐加强的反映。商传则在对明代文化的研究中指出"随着明代社会各种不同文化层次之间相互影响，明代文化的发展趋势是下层文化向上层文化变动，也就是走向民俗化或称之为大众化"④。市民文化所代表的通俗文化在明清时期逐渐表现出了蓬勃的发展势头。

据《新列国志叙》记载："小说多琐事，故其节短。自罗贯中氏《三国志》一书以国史演为通俗，汪洋百余回，为世所尚，嗣是效颦日众，

① ［美］艾梅兰：《竞争的话语》，罗琳译，江苏人民出版社 2005 年版，第 69—72 页。
② 肖丰：《器形、纹饰与晚明社会生活》，华中师范大学出版社 2010 年版，第 210 页。
③ 李舜华：《"史"与"瞽"——初兴期章回小说确立的两极规范》，《社会科学辑刊》1999 年第 4 期。
④ 商传：《明代文化的层间互动》，《明史研究》第 5 辑。

因而有《夏书》、《商书》……诸刻，其浩瀚几与正史分签并架。"① "陈眉公曰：自《西楼记》出，海人、达官、文士、冶儿、游女，以至京城戚里，旗亭邮驿之间，往往抄写传诵，演唱殆遍"②。"《水浒传》其书，上自名士大夫，下至厮养隶卒，通都大郡，穷乡小邑，阁不目览耳听，口诵舌翻，与纸牌同行"③。钱大昕《潜研堂文集》中亦有记载"古有儒释道三教，自明以来，又多一教，曰小说。小说演义之书，士大夫农工商贾无不习闻之，以致儿童妇女不识字者皆闻而如见之，是其教较之儒释道而更广也"④。这表明市民阶层在知识水平提高之后开始注重自身休闲、娱乐等文化精神方面的消费需求，而他们对通俗文学作品的偏好则为景德镇瓷器装饰艺术的产业化发展提供了最好的市场导向。因为明清时期流行的市民文学作品如三国、西厢、琵琶、红楼等不但皆有丰富的插图，而且还随着作品的不断翻刻产生简繁本、新编、后续及评本等不同版本，其插图内容往往也会随之更新。"插图的小说，极大促进了市民文学的发展，同时也大大带动了版画的发展。人们看版画插图而知作品情节，是一种娱乐、一种享受。古彩满足这种娱乐和享受，是善于捕捉广大市场审美心理的举措，从而具有促进销售的潜在意义"⑤。可知，明清时期市民通俗小说的广为流行也为瓷绘纹饰的创新与发展提供了丰富的可资利用的有效资源。

明清时期景德镇艺人将市民追崇的文学作品内容以瓷绘纹样的形式表现出来，并适当融入文人绘画的意趣与风格，极大提高了瓷绘纹饰的艺术表现力，使其成为制瓷艺人与文人富商等各阶层消费者共同价值与利益的统一体。"这种儒与商、士人与市民两重性格交融的特点具有重要的社会文化意义"，因为就在士人醉心于声色、混迹于市井的同时，"商人市民们热衷于向士大夫阶层的趣味与生活方式靠拢"⑥。除了将版画题材内容

① 黄霖、韩同文编：《中国历代小说论著选》（上），江西人民出版社 1982 年版，第 245 页
② （明）陈继儒：《楚江情原叙》，海峡文艺出版社 1985 年版，第 54 页
③ （明）许自昌：《樗斋漫录》卷 6，上海古籍出版社 1995 年版。
④ （清）钱大昕：《潜研堂文集·正俗篇》，江苏古籍出版社 1997 年版。
⑤ 孔六庆：《中国陶瓷绘画艺术史》，东南大学出版社 2003 年版，第 270 页。
⑥ 高小康：《市民文学中的士人趣味——凌濛初"二拍"的艺术精神阐释》，《文艺研究》1997 年第 3 期。

搬上瓷面之外，瓷绘艺人为迎合市民阶层的消费品味，有时还刻意在瓷器上题写整篇文人诗词如《赤壁赋》等内容。如"天启青花赤壁赋图碗"便是以文字和东坡夜游赤壁的情境为装饰画面，从绘画和书法技法来看，显示出文人参与瓷器装饰的痕迹。又如"康熙五彩山水人物纹缸"外壁一面绘小桥、凉亭及士人观鱼，周围衬以山石、花草翠竹等，另面黑彩题诗"花港观鱼：丽日金波翟锦鳞，暖风吹浪乍浮沉。也知吾乐非鱼乐，不是濠梁傲世心。素庵。"下有"米石居"印章一方①。这类以直白的"雅意"纹样来装饰的瓷器，既迎合了商人市民热衷于向士人生活品位及生活方式靠拢的心理，也是制瓷艺人及瓷业生产扩大市场的一种行之有效的方式。

　　陈洪绶（1599—1652）是明末著名的版刻画家，其木刻画对后世有着深远影响，"清康熙时木刻画家刘源就是因为'偶览陈章侯所画水浒人物三十六人，见其古法谨严，姿神奇秀，辙深向往'，才有《凌烟阁功臣图》之作。清代中叶木刻画巨匠任熊，更是直接师法陈老莲，而创作出《剑侠像赞》等四种人物木刻画。清初张山来说：'陈章侯《水浒牌》，近年如画灯，如席上小屏风，皆取为稿本'。更可见他的影响已广泛涉及其他艺术领域"②。事实上，其木刻版画在瓷绘艺术领域也有着极大影响力。据《饮流斋说瓷》记载康熙时的瓷绘人物题材："人物故实标新领异，波澜推衍，穷极恢诡，大抵皆导源于小说稗官，然皆与历代丹青画法相合也。"③ 如"康熙五彩陈平分肉图盖罐"（图3.44），所绘纹样在题材、构图及笔意方面与陈洪绶《博古叶子》中的"陈平分肉"版画（图3.45）极为相似，并以青花书写原画中文字"陈平"，"何哉翁，识孺子，宰天下，有如此"，且瓷绘纹饰丰富的设色应用更加凸显了主题表现力。

①　孔六庆：《中国陶瓷绘画艺术史》，东南大学出版社2003年版，第276页。
②　周心慧：《中国古版画通史》，学苑出版社2000年版，第214页。
③　（民国）许之衡著，叶喆民译注：《饮流斋说瓷译注》，紫禁城出版社2005年版，第85页。

图 3.44　康熙五彩　　　图 3.45　博古叶子　　图 3.46　康熙青花三国故事空城
陈平分肉图盖罐　　　　《陈平称肉》①　　　计图盘（故宫博物院藏）
（故宫博物院藏）

　　康熙瓷绘纹饰描绘文学名著中征战习武场面的画面称"刀马人"②，在绘画技法上受陈洪绶影响，线条简洁有力，人物形象生动自然。如故宫博物院藏的署有"安素草堂"底款的"康熙青花三国故事空城计图盘"（图 3.46）应是当时工艺水平较高的"官古器"户所生产，其人物形象造型明显取法于陈洪绶所绘《水浒叶子》中的人物表现形式，骑马战将手持长矛探身向前，因不能确定城中虚实而犹疑不决，神情及整体形象极为生动，而其身后举旗的战将则犹如站在马背上而几乎与城墙同高，整个画面夸张的造型与构图比例正得陈洪绶变形人物画的意趣，而这样的故事情节是百姓所喜闻乐见的，以青花瓷绘的形式表现出来，既适应了大众化的娱乐审美心理需求，又平添一种平和优雅之美。又如故宫博物院藏"康熙青花西游记故事图炉"描绘师兄弟三人大战女妖的场面，由于受陈洪绶画风影响，其人物形象显得颇为生动有趣。

　　康熙五彩历史人物故事题材多取自文学作品中的插图版画，如上海博物馆藏"康熙五彩三国故事图盘"（图 3.47）所绘纹样主题为"曹

① 　图片采自陈傅席《陈洪绶版画》，河南大学出版社 2007 年版。

② 　（民国）许之衡著，叶喆民译注：《饮流斋说瓷译注》，紫禁城出版社 2005 年版，第 85 页。"绘战争故事者谓之'刀马人'，无论明清瓷器皆极为西人所嗜。至挂刀骑马而非战争者，亦准于刀马人之列也。康窑大盘有两阵战争过百人者，尤为奇伟可喜。又有青花加紫，其皿绝大，而仅一人一马者，笔端姿夏，亦非恒品"。

操刺董"画面，图中曹操手握宝刀小心趋近床榻，窗外是手握三叉戟的吕布，原情节中焦点所在的镜中曹操在这里也有生动表现，从而使得整个画面充满了紧张感。作为对文学作品情节的瓷绘艺术形式再现，与原本版画插图相比（描绘曹操在事败后急中生智"乃持刀跪下曰：操有宝刀一口，献上恩相"，而董卓准备接受的画面），（图 3.48）五彩画面以其构图的巧妙和色彩对比的丰富性更胜一筹，可见瓷绘艺人根据瓷绘艺术的固有特征对原内容进行了适当的二度创作，但在背景环境的布置上，如相府建筑、地板甚至院中树石等内容皆与原作十分相似，明显可见版画艺术元素对五彩瓷绘的影响痕迹。故宫博物院藏"雍正粉彩西厢人物图盘"（图 3.49）主题纹样描绘莺莺送张生赶考的场面，人物形象生动，设色雅丽，呈现出悦目感人的整体艺术效果。"雍正粉彩人物故事图瓶"腹部描绘西厢记中大战孙飞虎的画面，人物描绘精工画意洒脱，粉彩色调柔和淡雅，为艺术水平极高的民窑作品。乾隆瓷绘戏曲小说人物纹样也较多，据《饮流斋说瓷》所言："乾隆人物工致绝伦，故事则举汉晋以来暨唐人小说几乎应有尽有，下至西厢、三国、水浒之伦……亦入绘事。"① 人物描绘着实精致细腻，也以设色艳丽构图繁满为特点。

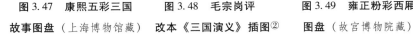

图 3.47　康熙五彩三国　　　图 3.48　毛宗岗评　　　图 3.49　雍正粉彩西厢人物
故事图盘（上海博物馆藏）　　改本《三国演义》插图②　　图盘（故宫博物院藏）

---

① （民国）许之衡著，叶喆民译注：《饮流斋说瓷译注》，紫禁城出版社 2005 年版，第 92 页。

② 孔六庆：《中国陶瓷绘画艺术史》，东南大学出版社 2003 年版，第 271 页。

三　庶民百姓的吉祥愿望

由于受到经济能力及消费水平的制约，庶民百姓在器物使用上更注重实用性，因而形成了极具"功利性"的民俗思维，其核心主题即为使生活充满希望的祥瑞意识或说吉祥观念。瓷器作为日常生活实用器，造型上的实用性自然是第一功能，而纹饰的精神功利意义也是先于其审美意义的。这种功利性的器用观念主要受到民间价值观念的影响，"民间价值观念注重现实人生，强调人的切身利益和功利需要，崇尚实用价值，追求主体的物质或精神性功利目的。这种功利性的价值观念，正是从心灵出发，以主体内在要求为主干，以人生切实需要为目的的民间文化观念实质的体现"①。这决定了其审美意识与民众现实社会生活需求的密切联系，进而呈现出民间价值观念的功利实用性特点，其审美旨趣表现在对各类吉祥寓意纹样的偏爱以及艺术形式上的简洁、圆满与热闹，也就是说民间百姓的审美判断与追求很难摆脱这种实用的功利意识。如此则瓷绘纹饰作为根植于民间习俗与民众审美情趣当中的民间美术形式，便与传统民间绘画之间有着天然的不可分割的联系。

民间绘画是由民间艺人创作的流传于普通百姓生活当中的一种通俗绘画形式，其内容主要关注百姓的世俗生活，是反映劳动人民生活情趣与审美理想的民间大众艺术。其艺术风格则受到民俗思维的影响，艺术形式特征表现为造型粗犷质朴、构图圆满对称、用色鲜艳大胆，体现的是百姓最淳朴的审美观与吉祥追求。因为"民间美术通常把现实生活中的需求和生命需要作为自己的审美理想，以自身的功利意愿和要求作为审美判断和审美选择的标准，将征服客观世界、改造世界和向往美好生活的愿望和理想诉诸审美形式"②。总体而言，这与民间美术作为一种母体艺术的本元性质有关，而这种本元性又直接承继自原始文化艺术的性质。而这种被张道一先生称作本元文化的文化特质确实在民间艺术中得到了最为全面的保存，表现为与人们日常生活密切相关的各种物品形式，既是对物质实用功能的满足，又具有信仰、情感、价值观以及审美的精神性文化内涵，其中

① 吕品田：《中国民间美术观念》，江苏美术出版社 1992 年版，第 141—143 页。
② 潘鲁生：《民艺学纲要》，北京工艺美术出版社 1998 年版，第 255 页。

功利性的精神实用功能更占据着重要位置。不同于上层文化艺术以装饰、审美等精神功能为主，民间文化艺术追求物质与精神的协调统一。民间绘画作为民间文化的艺术形象载体与物质传播媒介，其审美理念与创作思维呈现出独有的民间文化特质，不仅是民间艺人据以进行创作的基础之一，也为宫廷及文人画家提供了宝贵的营养资源库。

瓷器作为百姓日常用品，其装饰纹样的内容与整体艺术风格皆指向同一功利目的的追求，即求吉祥，包括祈子延寿、纳福招财和驱邪禳灾等主题①，使得明清瓷器装饰艺术成为民众文化观念与审美追求的形象表达符号。就题材内容而言，多为表现精神功利性的吉祥人物、花鸟、瑞兽纹。艺术风格上则受到版画、年画及剪纸等民间艺术形式的影响，多以单线平涂技法勾勒清晰简洁的画面轮廓，这既便于百姓直观地了解纹饰内容，又利于民窑产业提高效率以节约成本；在构图上追求完满，则源自百姓民俗思维中对于吉祥圆满的追求；在色彩应用上，更偏爱以高纯度色彩形成鲜艳热烈的对比，以表达百姓生活中乐观向上的精神。庶民百姓所消费的民间瓷绘纹饰同样也会借鉴上层社会精英文化艺术的内容题材及表现形式并进行有目的的改造与再创作。只是在这里，人们首先注重的是瓷绘纹样本身民间信仰方面的社会功能；其次才是对艺术审美价值的关注。明清瓷器因为独特的装饰艺术而成为实用与审美同体的工艺美术品，正如古谢夫在其著作中所言："民间创作同时既是艺术又不是艺术；其中，认识功能、审美功能和日常生活功能构成了一个不可分割的整体。而这种统一包含在形象——艺术的形式之中。"② 通过对特定纹样瓷器的使用与陈设来营造特定的文化空间，从而对人们的伦理及信仰观念、审美情趣与心理品格产生潜移默化的影响。

（一）吉祥愿望

民间文化中的吉祥观念发端于原始宗教信仰，表现在装饰艺术中，所选用纹饰皆以吉祥寓意为主题，以善和美为行为指向，表达吉祥的心理祈愿。在这种观念指导下，凡是被认为能够辟邪保吉的形象大都成为民族公

---

① 吕品田：《中国民间美术观念》，江苏美术出版社 1992 年版，第 4—5 页。
② （苏）B. E. 古谢夫：《民间创作的美学》，列宁格勒，1967 年版。转引自莫·卡冈著：《艺术形态学》，凌继尧、金亚娜译，生活·读书·新知三联书店 1986 年版，第 210 页。

认并被世代相传的特定吉祥符号，"任何宗教性质的符号，只要它具有艺术的潜能，都能随着时间而成为主要的或纯粹的母题。……古代民风简朴，大大促进了这一过程，各种符号最先见于衣服、器皿上，后来见诸日常物件上。古代埃及人几乎没有一件家庭用品是没有饰上莲花的"①。这种文化规律事实上具有某种程度的世界普适性，从一个侧面反映出人类装饰艺术的本质内涵，也即是人与自然、社会之间的相互关系，而对这些关系采取不同的态度便会产生各异的审美旨趣。"因为中国人由农业进入文化，对于大自然是'不隔'的，是父子亲和的关系，没有奴役自然的态度。中国人对他的用具（石器铜器），不只是用来控制自然，以图生存，他更希望能在每件用品里面，表现出对自然的敬爱，把大自然里启示着的和谐、秩序，它内部的音乐、诗，表现在具体而微的器皿中"②。可知，民族文化性格对艺术表现往往有着巨大影响力，中国古代的瓷器装饰艺术始终以和谐、圆满的美学观念作为自身创作的标准与审美追求，这主要表现在人们更乐于将自身的生命愿望寄予各种自然物象并使之充实于自身的生活当中，也就是对各种吉祥寓意纹样的追求。而这种吉祥纹样正是人们价值追求以及人与自然之间关系的一种艺术形象载体与物化表现形式。

中国传统文化中这种以纹饰表达吉祥愿望的民俗文化观念在各历史时期的庶民百姓当中不间断地传承发展着，在明清瓷绘纹饰当中得到了更为极致的表现，并逸出民间而扩展至社会各个阶层，皇室贵族及文人富商无不在其生活和器用观念上表现出强烈的世俗化吉祥意味，这显示出明清时期社会各阶层在生活与审美方式上的互动。瓷器本身既是日用品又是室内装饰陈设品，人们生活中"当在目光流连的地方有了祥瑞方面的图像后，能增添神佑、吉利、清净的氛围感觉。适应这种感觉，意味着陶瓷艺术发展的巨大潜力和无限商机"③。在瓷绘纹饰中表现寓意吉祥的祥瑞题材成为瓷业生产迎合大众审美口味、占领市场的先机。因此人物方面的佛像、菩萨、仙道及多子婴戏，动植物方面的鹤、鹿及牡丹、灵桃等纹样题材皆成为人们喜闻乐见的装饰内容。除此之外，明清时期民间用瓷纹饰中还常

---

① ［奥］阿洛瓦·里格尔：《风格问题——装饰艺术史的基础》，刘景联，李薇蔓译，湖南科学技术出版社 2000 年版，第 34 页。

② 宗白华：《艺境》，北京大学出版社 1986 年版，第 207 页。

③ 孔六庆：《中国陶瓷绘画艺术史》，东南大学出版社 2003 年版，第 12 页。

见龙凤纹及"状元夸街""一品当朝""加官进爵"等内容，表现出民间百姓对权力和财富的追崇心理。

这里值得指出的是，明清皇室对于龙凤纹的使用向来有着严格规定，禁止民间使用，但事实上自明代中后期开始民间百姓已经通过各种方式使用"龙凤纹样"作为生活装饰，这种被视为"越礼逾制"的现象的大量出现，主要是因为商品经济的大发展不断刺激着人们的欲望，改变着由来已久的民俗思维方式，正如学者吴琦所指出："在晚明至清商品经济繁荣的社会形势下，礼制松弛，物质生活更新，人们凭借手中财力、金钱追求物质享乐，风气顿开，民俗心理进一步松弛与转向，对所谓的越礼逾制的社会习气已可承受、接纳或追从。"① 自明代中后期开始，民间消费之瓷绘纹饰中的龙凤纹样基本都已消解了最初地位与尊严的象征，在百姓心中只是作为富贵吉祥的象征，就如牡丹寿桃一般。如故宫博物院藏明"嘉靖青花凤穿花纹大碗"外口沿书写铭文"江西饶州浮梁县景德镇信士何文献同男朝武喜拾净水碗壹付，祈保合家清洁，大明嘉靖三十八年三月吉日"；上海博物馆藏明"崇祯青花云龙三足炉（四爪龙纹）"题款为"河南怀庆府河内县客人冯运喜奉香炉一个，祁保买卖亨通，万事大吉。崇祯二年孟夏月吉旦造"。龙凤纹在这里与花鸟纹结合使用，只是作为一般意义上的吉祥纹样，用以表达民间百姓的普遍的社会祈福心理。

事实上，民间百姓更愿意在订烧的供奉器上描绘龙凤及瑞兽类纹样并直接书写铭文以明白告知神灵自己的现实生活祈愿，这种现象在明清时期的瓷绘纹饰当中实在不算少数。且百姓向寺庙供奉瓷器以祈祷福祐的行为并不能算作严格意义上的宗教行为，而更应该被认为是世俗中人同虚幻神灵之间的商业交易行为，正如明清社会发达的商品经济一样。也就是说，人们供奉神灵并非出于虔诚的宗教信仰，供器上直白的祈愿文字表明了人们的直接功利性目的，即得到现世生活的幸福，包括财富、平安以及健康，而非寄托于虚幻的来生。在民间百姓的观念中，供奉神灵的"虔诚度"就表现在供品的多少上，所供奉越多，祈愿得到

---

① 吴琦：《晚明至清的社会风尚与民俗心理机制》，《华中师范大学学报》（人文社科版）1990 年第 6 期。

实现的可能性也就越大。仍以故宫博物院所藏明"嘉靖青花凤穿花纹大碗"为例，现有相关研究据当时物价及折算比率得出该碗的价值"大约为一个熟练陶工一月的工值；而景德镇的米价约为每石 4 钱，每石合166.5 斤，那么该碗价值大约折合米为 375 斤"[①]。对于普通百姓而言，这只碗可算得价值不菲了，而其要与神灵交换的只是"祈保合家清吉"。

人们供奉瓷器不为虔诚的宗教信仰而是直白书写铭文以祈现世吉祥，如英巴特勒家族所藏的一件明"天启青花八仙寿星图香炉"上铭文为"清华信士潘达仁，同室胡氏，喜奉香炉一面，于福地高湖山白云庵中佛前供奉。祈保合家清吉，子嗣早招，福有攸归。皇明天启乙丑岁仲春月之吉。僧性幻谨题"。从铭文内容看，这件用于供奉佛前的订烧瓷却装饰着道教主题纹样，定烧者和瓷绘艺人可能并未发现存在于其功能和纹饰内容之间的冲突，或者他们实际上并不认为这种情况有何不妥，这一方面是明清时期儒道佛三教圆融合一的表现；另一方面也说明民间信仰所具有的功利性特点，即完全指向现世人生的吉祥追求，自身的虔诚供奉行为只为"换得"生命的功利实用价值，至于祈求对象则无论佛道神灵还是民间俗神皆可[②]。另一典型例子为中国历史博物馆藏"崇祯青花净水碗"，器身描绘山石芭蕉和寓意"指日东升"的人物太阳纹，并有隶书铭文题记："大明国江西南昌府南昌县信士商人萧炳喜助净水碗一副，供奉萧公顺天王御前，崇祯十二年（1639）中秋月即

① 肖丰：《器型、纹饰与晚明社会生活》，华中师范大学出版社 2010 年版，第 249 页。梁淼泰：《明清景德镇城市经济研究》，江西人民出版社 2004 年版，第 86 页。

② 肖丰：《器型、纹饰与晚明社会生活》，华中师范大学出版社 2010 年版，第 260 页。方李莉：《景德镇民窑》，人民美术出版社 2002 年版，第 127 页。"（中国）民间信仰的突出特征就在于，其着重的不是信仰对象的绝对选择，而是在于信仰所带来的生命功利实用价值。这就是民间信仰具有多元、世俗、实用的文化特征。因此，在后世民间的吉祥福寿观中带有很深的儒教道德伦理和功名利禄色彩，而佛教的因果报应、伦理训诫、轮回转生等信仰观念也深刻反映在民间习俗生活的各个层面。"可知中国民间百姓的宗教意识是充满功利实用性的，"他们毫不困难地、没有任何心理障碍地在信与不信之间摇摆不定，在没有理解的情况下礼遇宗教，并外化为一种狂妄的方式；可有些时候，又异常冷淡，甚至并无遗憾地加以遗弃、背离。"侯杰、范丽珠：《中国民众宗教意识》，天津人民出版社 1994年版，第 65 页。

立"①。商人萧炳是佛教徒，其所供奉的萧公实为道教神灵，更加明显地体现出民间信仰的直白功利性。同时也是晚明时期社会动荡现实的反映。

　　清初也有大量民间祭祀供器烧造，既是民间百姓在战乱中用以祈求神佑的社会需要，也是统治者在特殊时期借宗教力量以安抚民心的政治手段，如故宫博物院藏"顺治青花云龙纹带座净水碗"（图 3.50）腹部描绘一对腾飞的行龙，龙头中间楷书"皇帝万岁万万岁"牌位；另一面楷书题记"弟子蒋文煜供奉，甲午（顺治十一年，公元 1654 年）仲秋吉旦"。此造型为明末清初常见供器。②又如故宫博物院藏"顺治青花异兽纹炉"（图 3.51）器身纹饰空白处有题记"东皋社令"及"江西道南昌府丰县奉化乡晋飞里东皋上庄南弦保君住奉敬喜助，信士戴虎立，顺治十六年（1659）岁在乙亥孟春同，吉旦"。此炉亦为佛教徒用以敬奉祈愿的供器。"康熙青花山水人物图凤尾尊"肩部一侧青花楷书题记为"信士生员和德威，喜助清溪古洞神前花瓶一枝，乞保合家清泰。康熙乙未（1715）仲夏吉立"。所绘纹饰与祈愿内容之间并无直接关系，而是以直白的文字表达愿望。此外还有很多描绘麒麟等瑞兽纹的香炉、净水碗等民间供器。

　　中国的民间信仰向来有着明确的包容性与功利性特点，即对信仰对象并无绝对地选择，供奉神灵完全是为了达成自身物质的或精神的功利意愿。"民间信仰的实用、实惠特点，显然与信奉一神教那种崇高的伦理道德和精神完美的追求不同，也不会对各种善恶鬼神表现出像上帝那样的'爱'，而是用香火与供品换取可以得到的福和可以摸到的利"③。这在多数民间艺术中都有表现，如民间春节所张贴的中堂年画，多见有儒道佛三教神灵共同接受奉祀的场面，版画神像在这里便成了人们与神灵沟通以祈求福祐的媒介，从而也就成为一种独特的"信仰的艺术"，明清瓷器中的大量供器类造型以及神佛类纹样也承担着同样的功能，供奉者更以直白的文字告知神灵所祈求的具体内容。

---

① 耿宝昌：《明清瓷器鉴定》，紫禁城出版社、两木出版社 1993 年版，第 163 页。

② 冯小琦、陈润民编：《明清青花瓷器·故宫博物院藏瓷赏析》，文物出版社 2000 年版，第 145 页。

③ 乌丙安：《中国民间信仰》，上海人民出版社 1986 年版，第 9 页。

图 3.50　顺治青花云龙纹 　　　　图 3.51　顺治青花异兽
带座净水碗（故宫博物院藏）　　纹炉（故宫博物院藏）

（二）纹饰与民间绘画

明清瓷绘纹饰中的吉祥内容是以传统文化中的民俗思维观念为基础
的，这决定了其在题材选择上必须迎合民间大众的世俗吉祥心理追求。
瓷绘人物纹方面以仙人、菩萨、罗汉以及百子婴戏等内容为多见；瓷绘
花鸟纹则多以龙凤、牡丹、海棠、灵芝等来表达对"富贵吉祥""白头
到老""玉堂富贵"的美好追求。"生殖与生命成为一个永恒的'母
题'，始终贯穿于民间美术创造的全过程，说民间美术是具有生命活力
的艺术是毫不夸张的。在民间艺术家手中，一切造型都被赋予了生
命。"① 这种对于多子多福、富贵吉祥的追求在民间绘画及瓷绘艺术中
有着丰富的表现。

明清时期瓷绘吉祥纹样受到传统绘画的多方面影响，但既以大众审美
情趣为创作基础，除了题材内容之外，在艺术表现形式及其文化功能上往
往也呈现出极强的民间美术特有的"世俗性"特征，以适应、迎合世俗
民间大众的心理需求与审美追求。就瓷绘人物纹而言，抛开正统观念对人
物画之社会教化功能的强调，而直接采用百姓喜闻乐见的诸如历史人物故
事以及神道仙人等形象，在艺术表现上则对民间版画的造型手法多有借
鉴，同时为了迎合市场需求，其中又"夹杂了市民文艺性、故事情节性、

---

① 左汉中：《中国民间美术造型》，湖南美术出版社 2006 年版，第 11 页。

民间世俗性以及便于销售的市场性"，自然与政教功能相去甚远。其中也有对院体工笔画法的借鉴，则是为了增强艺术趣味以提高市场价值。山水纹虽主要是对山水烟云供养之文人心性的表现，但明清时期描绘山青水绿的世俗人间的瓷绘作品也很常见。瓷绘花鸟纹的世俗吉祥内涵决定了其多样化的艺术表现形式，如明代五彩花鸟纹常呈现为剪纸般的图案性效果，某些民窑青花、墨彩花鸟则属于写意类纹样，清代多见工整细腻的粉彩没骨花卉类纹样，"特别是市场性很强的恽南田式没骨花卉画，以恰当的粉彩工艺发展出种类很多的粉质颜色，并以适合的笔调像恽南田一样妩媚传神、惟妙惟肖地得到没骨花卉画的情致时"①，花鸟纹样的世俗性特质也便得到了淋漓尽致的表达。

　　明清时期瓷绘吉祥纹样受民间版画及剪纸艺术影响，在艺术形式上主要表现为对其线条、构图、设色方面的借鉴。明清版画主要是为着市民小说中的大量插图而出现的，其线条为便于版画刻制而采用传统的白描笔法，在视觉效果上又透出黑白对比的硬质感；而剪纸则较为注重构图上的繁密与圆满。"中国老百姓出于质朴的思想感情和审美需求，对民间美术造型要求其完美性，即在造型上既求全，也求美，完整与美好的有机结合，达到和谐完美的美学境界"②。这些特点往往能在五彩瓷绘纹饰当中得到较为传神的模仿与呈现。如故宫博物院藏"万历五彩人物图盘"，盘心描绘道教仙人张天师斩五毒画面，整体构图繁满，用色对比鲜艳，明显表现出民间美术的特征。又如故宫博物院藏"万历五彩五谷丰登图盘"（图3.52）与"万历五彩亭台人物图盘"（图3.53），二者纹饰皆寓意吉祥，且构图繁密几至极点，色彩应用上也是浓艳已极。如果说吉祥题材在官窑瓷绘纹样中增多是受帝王意志影响的话，其风格则明显受到民间美术剪纸及年画艺术的影响，某种程度上反映的是民间百姓的审美理念。自明代晚期开始的官搭民烧制使得制瓷艺人有机会将民间美术观念传入上层社会，这也是明清社会世俗化发展的一种表现。因为明清时期"中国文化在上层'礼乐'和下层'礼俗'间的互动，其表现在吉祥图案之中尤为

---

① 孔六庆：《中国陶瓷绘画艺术史》，东南大学出版社2003年版，第14页。
② 左汉中：《中国民间美术造型》，湖南美术出版社2006年版，第213页。

明显"①。也就是说，上下阶层之间文化的交流融合往往会在艺术上有着较为明显的表现。事实上，明清时期官窑御厂瓷器的烧制便多有以"福寿三多""群仙拜寿""海晏河清"等民俗吉祥内容为指定纹样的情况。可以认为在明清时期圆满和谐、吉祥富贵的民俗观念在某种程度上是超越阶级限制而为社会各阶层所共同享有的。大多依附于工艺美术而存在的吉祥纹样则可以在不同的工艺品类之间相互借鉴，共同发挥着装饰审美以及象征意义表达的功能，进而"成为中国文化体系中体现了一般民众观念的最为大众化的符号体系"②。

图3.52　万历五彩五谷丰登图盘　　　　图3.53　万历五彩亭台人物图盘
（故宫博物院藏）　　　　　　　　　（故宫博物院藏）

又如故宫博物院藏"康熙五彩花鸟纹棒槌瓶"（图3.54），纹饰用色的黑白对比、笔法的转折有力等方面与当时版画中的表现极为相似，且其优于版画之处在于五彩纹样在玻璃质感极强的釉面下更显"硬"感，突出了装饰性，而这也正是瓷器彩绘所追求的最终艺术效果。故宫博物院藏"康熙五彩加金花鸟纹盘"（图3.55）盘心以黑彩劲笔描绘一株枯树，双鸟对栖于上，画面用色丰富，娴熟的技法更凸显出某种程度上的版画意趣。故宫博物院藏"康熙五彩加金荷塘鹭莲纹凤尾尊"（图3.56）的纹饰线条均匀凝练，荷莲造型各具形态而生动有致，整体画面犹如彩色的铁线描版画般工丽有致。另外"康熙五彩莲池翠鸟纹盘"（图3.57）所绘纹饰从画意及用笔来看，也是这样一件作品。

---

① 周星：《作为民俗艺术遗产的中国传统吉祥图案》，《民族艺术》2005年第1期。
② 同上。

图 3.54　康熙五彩花鸟纹棒槌瓶

（故宫博物院藏）

图 3.55　康熙五彩加金花鸟纹盘

（故宫博物院藏）

图 3.56　康熙五彩加金荷塘鹭

莲纹凤尾尊（故宫博物院藏）

图 3.57　康熙五彩莲池翠鸟纹盘

（故宫博物院藏）

　　民间百姓用瓷也有颇富雅意格调的作品，不仅惯被文人用来自况精神品性的梅兰竹菊等高雅纹样出现在百姓用瓷纹饰当中，就连玄妙的山水意境也与百姓的日常生活有了交集，如故宫博物院藏"康熙青花山水人物图方瓶"（图 3.58），从其外壁所题诗句"得鱼换酒江边饮，醉卧芦花雪枕头"可以认为是对普通渔民生活的描绘，但事实上通景山水人物纹描绘的是渔人自在雅士泛舟，以单线勾描的水波纹表现出版画艺术影响的痕迹，但山石线条则以斧劈皴法绘就，加之青花分水效果明显，深浅浓淡间所营造的淡逸之境极富韵味，水面上渔人小舟似乎也要隐没在这诗情画意的山水之中。画面并有"木石居"篆书印章，另一面题有"庚午（1690）秋月写于青云居玩"。从其画面意境及规矩的落款印章等细节可知此器当属民窑高端精品。这与"康熙青花渔家乐图棒槌瓶"（图 3.59）所绘纹样所呈现的气氛与意境截然不同，该瓶一面描绘五位打渔归来的渔民在芦花草地间饮酒休息，另一面绘有两怀抱婴儿的渔家女，岸边尚有两位垂钓中的渔民，整个画面透出浓郁的民间生活气息，是以朴实的渔家乐画面表达海晏河清、百姓安居的美好祈愿。

可知反映社会升平、人民安居乐业的耕织图、渔家乐图等内容也是百姓所喜闻乐见的瓷绘题材，如"康熙五彩渔舟唱晚图盘"整体布局疏朗，透出浓浓的生活气息。"康熙青釉五彩山水人物图葵口盘"在通体片纹青釉地上以五彩描绘三渔夫江边打渔。河北省博物馆藏的两件"康熙青花山水人物纹笔筒"（图 3.60、图 3.61）造型基本相同，青花呈色及艺术格调也极相似，前者描绘江面的渔人小舟及江边岸上休息的老人，犹如淳朴自得的民间风俗画；后者描绘携琴访友和夕阳归舟两组主题纹样，人物形象以写意笔法绘就，虽受到文人画意的一定影响，但整体上充满民间生活情趣。

图 3.58　康熙青花山水人物图方瓶（故宫博物院藏）

图 3.59　康熙青花渔家乐图棒槌瓶（故宫博物院藏）

图 3.60　康熙青花山水人物
纹笔筒（河北省博物馆藏）　　图 3.61　康熙青花山水人物
　　　　　　　　　　　　　　　纹笔筒（河北省博物馆藏）

　　明清时期的瓷绘纹饰集中反映着民众处理人与自然、人与社会及人与自身之间关系的态度与观念，瓷绘纹饰因而在这里成为人与万物进行交流、沟通的媒介与桥梁，正如学者在研究原始艺术及其与人类关系时所指出的那样，"艺术中的自然不再是自然界的自然，而是被人的心灵所灵化、神化、诗化了的自然"①。事实上，民间艺术的母体性质使之保留着较多的原始艺术的特点，明清时期的民间瓷器装饰艺术亦不例外，其中的花草树木、山水高士以及生活类的渔樵耕读纹样较为全面地反映了人在面对自然与社会时所表现出的思维观念与处理方式，即希望通过艺术的形式来保持自身与自然及社会的和谐统一。明清时期景德镇的瓷绘纹饰艺术在这里同样成为人们艺术地把握世界的方式与手段。

第三节　外销瓷中的中西文化交流

　　明清时期景德镇瓷器因与海外市场的密切联系而极大地促进了自身发展，在这里，外销瓷作为中国文化艺术的载体在世界范围内产生了巨大影响，改变着人们的生活方式与审美观念，在欧洲更是催生了风靡一时的洛可可装饰艺术风。作为中外文化交流的媒介与载体，为迎合海外消费者的生活与审美习惯，明清时期景德镇外销瓷形成了中西合璧式的装饰艺术风格，如典型的欧洲风格瓷器大量出现，而中国的制瓷技术也在此时期最终

①　朱狄：《原始文化研究》，生活·读书·新知三联书店 1988 年版，第 77 页。

传入西方。于中国文化艺术的发展而言，西方的绘画技艺、珐琅工艺促成了新的瓷器装饰技法即珐琅彩、粉彩的产生，极大丰富了瓷器装饰艺术的表现能力及风格面貌。

一　艺术风格的交流互动

明清时期大量进入西方社会的景德镇外销瓷，对欧洲社会的各个层面皆产生了巨大影响，包括人们的生产生活方式、思维观念、艺术风格变迁以及制瓷技艺的发展等。

（一）洛可可装饰艺术风

"洛可可"一词源自法语，意为"贝壳饰品"，有着独具的风格特征，也即"具有纤细、轻盈、华丽和烦琐的装饰性，变化多端，但仍保留一种巧妙的统一平衡，喜用中国式的 S 形、C 形或漩涡形自由曲线，力求把所有直角都改为曲线；改为轻巧和跳跃的形式，用浓郁装饰起来的曲线运动突破直线，或用中国方格那样不规则的直线构图，避免呆板或夸张；重视表面效果的光泽，爱好轻淡柔和精美雅致的色彩，苍白的基调和没有明显的色界使其清新明亮但不强烈"[1]。这种风格在 18 世纪路易十四去世（1715）时已经发展成熟，可知其酝酿期至少应始自 17 世纪，而其整体格调与中国艺术所崇尚之典雅、超脱及淳朴、含蓄的审美情趣之间所具有的异曲同工之处，表明中国文化艺术在其形成过程中所具有的不可忽视的影响力。西方学者利奇温曾说过："洛可可时代爱好淡色和没有强烈显色的由浓而渐褪为淡。采用纤细轻淡色调的瓷器，成为洛可可艺术的典型材料。洛可可艺术风格和古代中国文化的契合，其秘密即在于这种纤细入微的情调。洛可可时代对于中国的概念，主要不是通过文字得来的"[2]，而是通过中国瓷器的绚丽色彩与丝绸的雾裾轻绡。英国迈克尔·苏立文曾说："东方工艺文化和哲学上的理性精神，的确使法国首先在思想文化方面抛弃了各种文化上的中世纪残余，以理性来统领一切，在现实生活、艺术享受上实现了全面的进步，逐步地形成了近代法国式的理性、享乐文

---

① 张国刚：《明清传教士与欧洲汉学》，中国社会科学出版社 2001 年版，第 32 页。

② ［德］利奇温：《十八世纪中国与欧洲文化的接触》，朱杰勤译，商务印书馆 1962 年版，第 20—21 页。

化。"① 这也是"洛可可"风格最先成熟于法国从而也被称作"法国式"风格的根本原因所在。这里的工艺美术文化具体则可落实到当时正风靡于欧洲社会的中国外销瓷。

中国瓷器自 16 世纪的明代中后期开始便已经拥有了广阔的海外市场，而当时的海外消费者是将其作为高端制造技术和奢侈生活用品的代名词来看待的。德国学者雷德侯在其著作《万物》中说："16 世纪，瓷器已经成为遍销全球的商品。欧洲人为其品质着迷：瓷器能按照人们的意志成型；装饰方法；用后极易清洗，同时又坚硬、耐用，能发出铿锵声，加之美如玉——光洁、白净、晶莹，而且半透明。"② "在西欧见识到中国瓷器以后，中国瓷器就受到热烈欢迎，因为这是一种不是本地陶器所能比拟的器皿。中国瓷器所特备的优点，它那种不渗透性洁白，具有实用的美以及较低廉的价格，都使它很快成为当地人民深深喜爱的物品。"③ 而事实上，瓷器初入欧洲时，是只有宫廷贵族消费得起的奢侈品，他们以收藏和使用比黄金还贵重的中国瓷器为骄傲。万历十二年（1584）荷兰皇室通过西、葡商人向中国订购了 96000 件瓷器，荷兰东印度公司于 1604 年截获葡萄牙商船上的大约 60 吨中国瓷器，法王亨利四世、英王詹姆斯一世分别在拍卖中得到了自己满意的瓷器④。集日用品与艺术品于一身的中国瓷器代替了欧洲人餐桌上的金银、木制以及陶质的餐具，引起一场餐桌革命，西方哲学家格芮姆记载道："有一个时期，每家的桌上，都陈列着中国物品，我们许多器具的样式、许多东西，都是以中国趣味为标准，没有了这些东西来装饰就感觉社会地位被降低了。"⑤ 精美细腻的中国瓷器对西方各国宫廷建筑的设计与审美亦产生影响，路易十四于 1670 年在凡尔赛宫内修建了"瓷宫"即托里阿诺宫，专门搜集与收藏中国的青花瓷。《鲁滨逊漂流记》的作者丹尼尔·笛福（1660—1731）曾在伦敦汉普顿宫的水

---

① ［英］迈克尔·苏立文：《中国与欧洲的美术》，浙江人民美术出版社 1982 年版。
② ［德］雷德侯：《万物：中国艺术中的模件化和规模化生产》，张总等译，生活·读书·新知三联书店 2005 年版，第 126 页。
③ T. volker, porcelain and the Dutch East India company 1954.《瓷器与荷兰东印度公司》第 225 页。参见陈万里《宋末—清初中国对外贸易中的瓷器》，《文物》1963 年第 1 期。
④ T. volker, porcelain and the Dutch East India company 1954.
⑤ 阎宗临：《中西交通史》，广西师范大学出版社 2007 年版，第 50 页。

族馆拜访过英国女王玛丽二世（1689—1694），他对当时汉普顿宫的陈设内容及整体风格有着极为深刻的印象："女王以中国瓷器为主，带动推导出英国室内装饰的新风尚。宫里陈设着大量瓷器，堆叠至橱柜顶、桌台、所有的壁炉架上，直至屋顶上方……"，"这里收藏着大量精美的瓷器，器型纹饰都是新颖罕见，水馆的长廊摆满各种各样瓷器，其他宫室也是如此，令人目不暇接，眼花缭乱。"① 除此之外，中国瓷器还对西方社会的绘画艺术、家具设计以及陶瓷生产等产生了巨大影响。

对中国瓷器的喜爱使得欧洲开始在造型、纹饰等方面不断进行模仿，正是这个模仿过程加深了他们对整个中国装饰工艺的热爱，进而影响了自身的艺术创作审美理念。中国瓷器柔和光洁的曲线、中国丝绸飘逸细腻的外在形式与质感皆成为西方艺术家们寻找艺术灵感的源泉，并进一步影响至审美理念层次，在装饰艺术领域逐渐开出新的风格，即洛可可装饰艺术风。正如赫德逊所言，洛可可"新风格的主要灵感来自中国的启发"，而这种充满异域情调的新装饰风格几乎主宰了18世纪中期整个欧洲包括家具设计、室内陈设等在内的装饰艺术领域，以至于各皇室几乎都设有"中国宫"，如18世纪的波兰国王奥古斯特斯搜集了几千件中国瓷器陈列在华丽的宫殿当中。普鲁士皇帝在1713—1740年选皇后时曾以600名骑兵向邻国君主换取了一批中国瓷器，被称作"骑兵瓷器"。而普通家庭则有自己的"中国房间"，并全部以中国物品进行装饰陈设。我们当然记得赫德逊也说过"中国装饰物品及器皿在欧洲的积累只是洛可可风格的一个条件"② 这样的话，并且"若从另一个角度着眼，我们会发现孕育自欧洲本土的洛可可风格事实上成为那个时代欧洲人认识中国的一副滤镜，通过这滤镜把他们所看到的中国物品转换为一幅从属于洛可可背景下的中国图像"③。但这并不影响中国瓷器的独有风格对西方社会所造成的深刻影响。

明清时期销往欧洲的中国瓷器以其独特的风格气质影响了欧洲新审美

① Daniel Defoe, A Tour Through the Whole Island of Great Britain（reprint；New Haven：Yale University Press），72. 转引自李知宴《中国陶瓷艺术》，外文出版社2010年版，第579页。

② ［英］赫德逊：《欧洲与中国》，王遵仲等译，中华书局1995年版，第250页。

③ 张国刚、吴莉苇等著：《明清传教士与欧洲汉学》，中国社会科学出版社2001年版，第34页。

风潮的形成，而瓷器中所潜藏的充满人文意识的美学精神则使这种洛可可艺术风"显示出对现世人生的积极追求，以及对日常生活的深切关注"①。我们因此可以认为"中国美学精神中所蕴含的人文精神，正契合了17—18世纪西欧社会思潮、哲学思潮的形而上要求，由此，使得中国文化以艺术的形式参与了当时欧洲社会的资产阶级思想运动"②。

（二）中西合璧的纹饰艺术风格

不同的地域文化会形成生活习俗及审美情趣上的差异，而中西文化的差异在瓷器使用方面有着清楚而具体的表现，一位欧洲旅行家即曾指出："他们（中国人）从来不用带缘的盘，但常用碟和盘来盛甜食等等。我发现没人知道什么是（筒形）大酒杯。"③ 因而中国风格的瓷器在欧洲往往有着不一样的功能用途，欧人会依据自己的生活需要和审美习惯对中国瓷器进行特定的改装，如将瓶子装上把手和流作为壶来使用，或者将盘子作为装饰品挂在墙上、壁炉上以美化室内环境。但这毕竟还是纯粹中国风格的瓷器，虽然精美至极却不符合欧洲人的生活习惯与审美情趣。基于这种文化差异，精明的商人最先敏锐地捕捉到了其中的巨大商机。他们开始以订烧的方式来得到适销对路的瓷器产品以扩大销量与提高利润回报率。而事实上，具有西方文化风格的瓷器至晚在15世纪就已出现，存世的欧洲定烧纹章瓷见有一件绘有葡萄牙国王曼奴埃尔（Manuel）一世（1495—1521）个人纹章的青花执壶，"可视为迄今已发现的中国为西欧特殊订货所制的最早外销瓷"④。葡萄牙里斯本的国家艺术博物馆现藏一件饰以印度总督马蒂亚斯·德河尔布克基个人纹章的瓷盘⑤并署有万历年号（1573—1598），该总督的任职时间正是菲利普一世（1580—1598）期间。但目前看来这类纹章瓷的定制似乎还只是极为个别的现象，大约自17世纪初期开始，关于大量的商业订烧瓷行为的相关资料才逐渐多了起来。

这种订烧方式主要是"来样订烧"，也即将具有欧洲艺术风格的产品

---

① 陈伟、周文姬：《西方人眼中的东方陶瓷艺术》，上海教育出版社2004年版，第205页。

② 同上书，第187页。

③ 中国硅酸盐学会主编：《中国陶瓷史》，文物出版社1987年版。

④ 同上书，第411页。

⑤ 《运销欧洲市场的中国瓷器》，第19页。参见陈万里《再谈明清两代我国瓷器的输出》，《文物》1964年第10期。

造型与纹饰的样稿或木模交由景德镇瓷窑照样生产。这类瓷器被称作"洋器",据《景德镇陶录》记载:"洋器,专售外洋者,有滑洋器、泥洋器之分。商多粤东人,贩去与鬼子互市,洋瓷通过九江关、粤海关而出口,式样奇妙,岁无定样。"① 就其造型而言,往往是以欧洲人喜欢的银器或陶器为标本,其制作难度要大于中国的传统器形且在国内没有销路,欧洲瓷商必须以较高的价格全部运回本国。"这些瓷器都是在中国内地很远的地方制造的,卖给我们各种成套的瓷器都是定制,预先付款。因为这类瓷器在中国是不用的,中国人只拿它来出口,而且不论损失多少,也是要卖掉的"②。荷兰商人于1635年(崇祯八年)将一批欧洲日常日用品的木模带到广州③,包括宽边午餐碟、芥末罐等,1639年这批样品被运回荷兰并受到欧洲市场的广泛欢迎,此后带有西方文化风格的中国瓷器被大量运往欧洲,有英国陶器造型也有对荷兰代尔夫特陶器的摹仿。④ 有时出于各种原因也有意外情况发生,据耶稣会传教士殷弘绪给中国和印度传教会巡阅使奥里神父的信中记载:"(1712年9月1日于饶州)向欧洲出口的瓷器往往是按奇特的新式样烧造出来的,新品种很难制作成功。这些产品即使稍带点毛病也为要求物质完美无缺的欧洲人所拒绝,终将成为陶工手里的存货。这类产品因中国人不感兴趣,故很难在国内脱售。也有欧洲人嫌贵而不予收购的出口货。"⑤ 就瓷绘纹饰而言,因在题材内容及构图布局上融入了西方文化元素而形成一些新的风格,如克拉克瓷器因仿照欧洲金银器的装饰方法而在整体上呈现为放射状的菱花或扇形开光形式,表现出独特的构图风格,在器物中间描绘主题纹样,外圈均匀分布的小开光边饰内填以花草或描绘与主纹相同的内容,这里的主题纹样有中国传统的花

---

① (清)蓝浦撰,郑廷桂辑补:《景德镇陶录》,参见熊廖《中国陶瓷古籍集成》,江西科学技术出版社1999年版,第364页。

② 这是荷兰东印度公司的彼得兹·科恩于万历四十四年(1616)给公司董事们的信中的内容。《瓷器与荷兰东印度公司》,第27页。转引自陈万里《再谈明清两代我国瓷器的外销》,《文物》1964年第10期。

③ "1635年,荷兰人定造一批瓷器,要求景德镇按照他们提供的木制式样制造,如西餐使用的大型的杯盘碗罐……食盐罐、茶叶瓶,都如式做了。"朱培初:《明清陶瓷与世界文化的交流》,轻工业出版社1984年版。

④ 如1678年荷兰东印度公司带来的木模中便有代尔夫特陶瓷样式的盘碟、烛台等。

⑤ 见联合陶瓷网,(法)昂特雷克莱:《景德镇陶瓷见闻录》,2003年8月17日。

鸟、人物，也有异国情调的郁金香、西方神话人物及社会生活画面等。这里值得一提的是，洛可可时代的欧洲艺术家极为欣赏中国的绘画风格，并对其中的人物题材进行了极富想象性的创造，这也可以解释何以许多欧洲"订瓷"纹样稿本中的中国人物形象充满了欧洲风格，因为那是欧人想象而非真实的中国人模样。欧洲人对中国物质与艺术文明风格内容的渴望及充满浪漫主义的幻想，在客观上"促进了中国外销瓷欧洲风格的形成并为之提供了一个广阔的市场"[①]。

此外，依据商业经验，西商往往会在充分了解市场及竞争对手的相关情况之后才会对所订购瓷器的式样、尺寸及数量作出详细具体的要求。据法国东印度公司经理于1739年（乾隆四年）所签署的给广州代理人的指示信："二千到三千对高脚杯，每种颜色釉要各有相同的数量，但是要避开荷兰在中国订购式样，今年的数量要稍多一些。三千个蓝釉的盘，但要八英寸高……盐瓶请不要超过十英寸高。"[②]

景德镇制瓷艺人为了严格按照要求完成订单，必须努力学习一定的西方绘画与工艺技巧，这是面对新文化挑战的一种主动适应，既适应了市场需求赢得了经济利益，也极大提升了自身的技艺竞争力。据《陶雅》记载："（洋瓷巨盘）盘心画海屋添筹之属，仙山楼阁，缥缈凌虚，盖参用泰西界法也。敷彩之精，用笔之奇，有匪夷所思者。"[③] 其纹饰虽为中国传统内容，但表现出极强的西画技巧，这表明明清时期的中国外销瓷也是一种文化承载和传播能力极强的艺术媒介。欧洲订烧瓷虽充满异域文化风格，但既经中国制瓷艺人之手完成，还是不免会带有中国文化的气息。正如美国学者科比勒在《中国贸易瓷器》一书中写道："更重要的是买主有目的地特别定制的瓷器，发展了东西方的联系，即使是完全由西方人提供的设计亦常常下意识地表现出中国风格的影响。"[④]

西商提供的纹饰样稿多以欧洲著名艺术家的版画、素描及其他绘画作品等为模板，但"在各种瓷具上出现瓦托、朗克雷、西普利亚里等人的

---

① 胡光华：《从西方的中国热到中国外销艺术的西化》，《美术观察》1999年第2期。

② 朱培初：《明清陶瓷与世界文化的交流》，轻工业出版社1984年版。

③ （清）陈浏：《陶雅》，金城出版社2011年版。

④ ［美］科比勒：《中国贸易瓷器》，参见孙锦泉《华瓷运销欧洲的途径、方式及其特征》，《四川大学学报》（哲社版）1997年第2期。

绘画绝非原作的翻版，而是经过艺术家们（瓷绘艺人）的修改、加工和再创作，注入了他们的情感和思想、中华民族的文化背景和精神"①。如瓷绘"采樱桃者"画面源自法国画家瓦托的作品《幽会的情人》，瓷绘纹样不仅按照中国传统风格配以花坛等饰物，还完全抹去了原作中的伤感情调。而法国艺术家朗克雷的作品出现在瓷面上时则人物形象、文化背景完全被改变，西方学者甚至认为瓷绘内容所表现的是"着路易十四时代装束的一对情侣似乎正在演出一幕中国剧"。有的外销瓷盘，中部主题纹样为西方人物生活场面，边框则衬以中国传统纹饰内容；有些瓷绘航海图纹样，表现的是大航海时代中国和欧洲两种不同式样大型船舶的远航场面。可见，欧洲风格的瓷器设计样稿经中国制瓷艺人之手，最终在外销瓷上形成了一幅幅东西文化交流互融的和谐图景，使欧洲人在艺术鉴赏中潜移默化地熟悉并接受中国传统文化的影响。在西方现存的中国明清外销瓷精品中尚见有以中国古代天文仪器——浑仪为纹饰的酒壶，则是借助外销瓷装饰艺术向世界传播中国传统科技精华的典型作品。

二　工艺技术的传播

中西文化交流是一个互相了解和借鉴学习的过程。在中国外销瓷大量输入欧洲的同时，欧洲的绘画、珐琅以及金属器等艺术品也不断地进入中国，对当时的宫廷生活、建筑艺术以及瓷业生产等各方面产生着重要影响。这是中国人在面对西方文化时所表现出的"主动性"，如康熙年间兴建的圆明园便借鉴了西方建筑的艺术风格，当时的宫廷画家对西画技法也多有借鉴，皆反映出西方文化对清代宫廷生活与艺术的影响。就瓷器制作工艺而言，为迎合欧人生活习惯与审美品位以开拓西方市场而对西方绘画及工艺技法进行吸收借鉴，在客观上提高了中国瓷绘纹饰的艺术表现力，创烧了珐琅彩和粉彩工艺，中国的制瓷技术也通过中西文化的广泛交流而最终传入西方。

（一）受西画技法影响，创烧珐琅彩

西方绘画艺术及珐琅工艺对中国瓷业生产的影响最大。西画注重对光

① 孙锦泉：《华瓷运销欧洲的途径、方式及其特征》，《四川大学学报》（哲社版）1997 年第 2 期。

影透视技法的运用，以突出物象的真实感，这与珐琅艺术轮廓线条所具有的立体感有着异曲同工之处。二者于明清时期传入中国并共同促成了瓷器珐琅彩工艺的研制成功。法国里摩日的珐琅工艺素有盛名，在明清之际由西商及传教士带到中国之后，受到康熙帝喜爱，遂将进口珐琅料同中国的制瓷工艺结合研制成功瓷胎画珐琅。而珐琅彩瓷的烧制成功，对之后粉彩的产生也有极大影响。

　　清初康雍乾时不少西洋画家供职于宫廷的造办处，包括郎世宁、马国贤、王志诚、蒋友仁等，他们的艺术才能为中国的瓷业生产注入了新的元素，其中郎世宁供职时间最长影响也最大，他在"康熙中入值，高宗尤赏异。凡名马、珍禽、奇花异草、辄命图之，无不奕奕如生，设色奇丽，非秉贞等所及"①。西方绘画利用焦点透视技法，注重光影明暗的立体效果，如人物面部以渲染描绘而成，通过颜色块面的堆叠能表现出人物质感。珐琅彩以及之后的粉彩在彩绘技法上便吸收了西画技法，利用彩料的浓淡色阶来显示画面的远近层次，从而使得人物形象生动有质感、山水景物则呈现出远近的视域感，建筑风景也有明显的空间透视感。由于中西绘画技法与艺术风格的不同，成长于不同文化背景下的景德镇绘瓷艺人要在短时间内掌握西画技法并在立体圆转的瓷面上熟练描绘西画内容是有相当难度的，因而在最初描绘西方风格的纹样时常会出现中西技法融汇不协调的现象，如构图比例不精确、色彩配比不和谐甚至文字舛错等。殷弘绪于1720年代在景德镇发出的信中便写到："中国画匠也吸收了从欧洲传来的有关风景和建筑的平面画画法，我们很难以我们的概念，去评论他们描绘事物的绘法风格。"② 如比利时皇家艺术博物馆藏"雍乾时青花粉彩纹章图碟"③（图3.62）的主题纹样为置于中式建筑内的荷兰费毅斯兰郡纹章，两侧有中国仕女，碟壁青花锦地上六组小开光内描绘花鸟纹，碟边六组椭圆开光内则为绘工精致的中国风格山水人物及花鸟纹样，但纹章下面飘带上所写的郡名称却是错误的。

---

① 《清史稿·唐岱传》。
② 中国硅酸盐学会主编：《中国陶瓷史》，文物出版社1987年版。
③ 香港艺术博物馆编制：《中国外销瓷：布鲁塞尔皇家艺术历史博物馆藏品展》，香港市政局出版1989年版，第281页，图116。

图 3.62　雍乾时青花粉彩纹章图碟　　　　图 3.63　康熙珐琅彩课子
（比利时皇家艺术博物馆藏）　　　　　　　　图双耳葫芦瓶

　　清代景德镇制瓷艺人在将西商提供的纹饰样稿复制到瓷器上的同时，也提高了自身的西画技术造诣。事实上，清代专门绘制御用珐琅瓷的艺人也有可能受雇于民窑制作外销珐琅瓷产品，如 1730 年代景德镇外销瓷中开始出现大量的墨彩珐琅制品，其纹样轮廓以纤细的灰黑线条勾勒而成，整体艺术效果正是对西方铜版画、蚀刻画的成功模仿，至此他们已经能够在瓷面上表现出西方绘画中的透视与光影明暗立体效果。据《饮流斋说瓷》记载："雍乾之间，洋瓷逐渐流入，且有泰西人士如郎世宁辈供奉内廷。故雍乾两代有以本国瓷皿摹仿洋瓷花彩者，是曰洋彩，画笔均以西洋界算法行之，尤以开光中绘泰西妇孺者为至精之品。至于花鸟，亦喜开光，又有不开光者，所用颜色纯似洋瓷。细辨之则显然有别，且底内往往有划字款也。"① 雍正时，宫廷造办处还研制成功了更为多样的珐琅彩料。乾隆年间，瓷器"绘人物面目，其精细者用写照法，以淡红笔描面部，凹凸恍若传神阿堵者"②。如"乾隆珐琅彩课子图双耳葫芦瓶"（图 3.63）的主题纹样为西方母子人物，以透视技法描绘的人物结构比例协调，形象准确极富立体感，从而显得细腻传神，加之色彩配比和谐，不露线条痕迹，完全以色塑形，表现出浓郁的西画艺术风格，显示当时西方文化对中国瓷器装饰艺术产生的影响。事实上，这种瓷胎画珐琅工艺除了主要用于精工细腻的御瓷制品外，也被应用在外销瓷的生产当中，《陶雅》记载

① （民国）许之衡著，叶喆民译注：《饮流斋说瓷译注》，紫禁城出版社 2005 年版，第 71 页。
② 同上书，第 85 页。

"贡品绘碧瞳卷发之人，精妙无匹，西商争购，值亦奇巨也"①。法国现藏有景德镇摹仿里摩日珐琅工艺生产的珐琅瓷碗，碗内心描绘西方写生手法的花篮图案②。借鉴西方工艺研制而成的珐琅瓷艺术在西方更受到极大欢迎。

粉彩对珐琅彩工艺有所借鉴，最先由康熙晚期的御厂制瓷艺人研制成功，先以含有"砷"元素的玻璃白打底，再描绘纹样轮廓线，并以色阶丰富的各种彩料细细晕染画面，既具有清新雅丽的精细质感，又如珐琅彩般富有立体感。粉彩工艺一经研制成功便在民间及外销瓷中得到了广泛应用，至今仍有大量清代的粉彩精品瓷传世。

（二）制瓷技术西传

中国传统制瓷工艺与西方文化艺术相结合形成的欧洲风格外销瓷，不仅是研究欧洲各国历史的重要文物，也是中西文化交流的重要见证。外销瓷的输出，在促进国内瓷业生产不断发展的同时，也很好地传播了中国的传统文化思想与审美理念。而外销瓷的输入则刺激了欧洲的市场需求，又对欧洲各国制瓷技术的发展产生了巨大的推动作用③，德、意、荷、英等国在中国瓷器的影响下逐渐开始生产真正的硬质瓷器，从而极大改变了欧洲各国人民物质的与精神的文化生活。

15—17世纪的欧洲虽有瓷器的烧造，但仍处于软质瓷生产阶段，真正硬质瓷在欧洲各国的烧制成功不同程度上受到中国瓷器的影响。隆庆三年（1569）葡萄牙传教士克罗兹在其有关中国情况的传记文学作品中认为"中国瓷器是由洁白而柔软的岩石或坚硬的黏土制成的"，虽然并未明确指出是高岭土，但确实对欧洲探索瓷器生产的秘密起到了重要作用。荷兰的陶器工匠于万历十二年（1584）得到了中国的白釉料和青花料，之后在邻近海牙的代尔夫特窑生产模仿青花瓷风格的白釉蓝彩陶器，其所绘凤凰牡丹、小桥柳树等纹样充满了中国艺术情调，因而备受欧洲市场青

---

① （清）陈浏：《陶雅》，金城出版社2011年版。
② 朱培初：《明清陶瓷与世界文化交流》，轻工业出版社1984年版，第72页，图21。
③ ［英］简·迪维斯：《欧洲瓷器史》，熊寥译，浙江美术出版社1991年版，第7页。"东方瓷器的输入，迅速地使欧洲金银库空竭，因为欧洲商人必须用金银币来偿付亚洲瓷器的输入。贵金属外流的情况在整个欧洲都存在。"经济上的贸易逆差刺激欧洲人努力寻找制造瓷器的秘密。

昧。其最大功绩在于将中国的青花同欧洲的陶器及珐琅有机结合，形成独特的艺术风格，给欧洲消费者带来新的艺术欣赏与享受。1627 年意大利制成软质青花瓷，之后开始模仿中国青花风格。1670 年左右，法国巴黎凡尔赛宫附近的圣科得建立陶器工场，生产模仿中国青花瓷的陶器，除了釉色、胎质之外，装饰纹样极具中国风格。据英国人李斯特博士（Martin Lister）在其 1699 年出版的《旅行日记》中说："我非常愉快而又惊奇地参观了（法国）圣科得工厂。我简直不能鉴别他们生产的陶器和完美的中国瓷器之间有什么差别，而这是我从来没有见过的。工厂还在城镇开设商店，销售咖啡杯、壶、茶具等瓷器，每套茶具约价值一百里佛耳。"他还指出虽然"画家们描绘出美丽的中国风格的图案，但是他们的瓷器的釉色究竟不如中国那样洁白"[1]。维西尼斯工场于 1738 年建立，之后迁往赛福雷斯，并于 1768 年生产出模仿德国的第一件硬质瓷器，同年在里摩日发现了大量优质高岭土，为法国瓷器的批量生产提供了条件。

"欧洲瓷器制造的真正突破，是在法国传教士昂特雷克莱（殷弘绪）于清朝康熙年间，在景德镇获得瓷器制造的配方及其工艺流程的资料之后"[2]。殷弘绪在寄回国内的信中不仅详细记述了景德镇瓷器产业流水线式的生产工序，还将制瓷原料的样本寄回国内让有关专家进行分析研究，可见西方人对中国瓷器的喜爱并不止于纯粹的艺术欣赏，而是着意于寻求生产瓷器的秘方。德国于 1709 年由伯特格最先在欧洲烧制成功硬质瓷器，其后（1710 年）迈森瓷厂（皇家撒克逊瓷器工厂）开业，其产品源源不断地供应欧洲市场。当时输往德国的康雍乾时期的瓷器皆成为迈森模仿的对象，包括青花、描金等各类彩瓷。迈森瓷厂有一批熟悉中国艺术的画家，他们设计生产的瓷器充满中国艺术情调，这与 17 世纪开始在欧洲流行的中国热有关。奥地利在 18 世纪初继德国之后烧制成功硬质瓷，维也纳皇家瓷器工场生产东方艺术风格的瓷器。英国 18 世纪的"弓"瓷厂、切尔西瓷厂、伍尔西斯特尔瓷厂皆生产模仿中国瓷器并具有中国艺术格调的产品（仍为软质瓷）。可见，欧洲各国对于硬质瓷生产方法的摸索皆是从模仿中国瓷的工艺和艺术风格开始的，如德、英、荷兰等国生产的

① 朱培初：《明清陶瓷和世界文化交流》，轻工业出版社 1984 年版，第 70 页。
② 熊寥：《陶瓷美学与中国陶瓷审美的民族特征》，浙江美术学院出版社 1989 年版，第 51 页。

"仿万历青花花鸟纹盘"；荷兰"仿顺治青花麒麟纹罐"；意大利仿制青花仙人图盘；荷兰、法国"仿乾隆八吉祥双耳扁瓶"；德国、英国"仿康熙五彩八方盘"；英国"仿康熙蓝釉开光葫芦瓶"等。这些仿烧器与中国瓷器的艺术风格极为接近，也是欧洲瓷厂在发展初期针对自身技术能力与市场状况采取的生产策略。在生产能力达到一定水平之后，才开始逐渐烧制不同艺术风格的产品，从而极大丰富了世界陶瓷艺术产业的内容。

　　事实上，除了技术与艺术上的模仿与借鉴之外，西方社会似乎更注重对于"劳动力的组织和管理、劳动分工的技巧"方面的学习，韦奇伍德（1730—1795）于1769年在英国的斯塔福德"建立了欧洲第一条贯彻工厂制度并全面实行劳动分工的瓷器生产线。在这家工厂里，每名工人都必须是专精某道生产工序的行家里手，这在当时是非常革命的观念"，而韦奇伍德的规模化组织生产的理念便来自于殷弘绪的关于瓷器生产工序与组织分工的两封书信。[①]

　　明清时期景德镇外销瓷作为一种艺术媒介，在将中国独特的制瓷工艺与文化艺术思想传播到世界各地的同时，更表现出中国文化兼收并蓄的博大精神，除了欧洲风格的外销瓷之外，当时国内用瓷也在多方面表现出对西方文化艺术元素的吸收、借鉴与融合，极大促进了中国瓷业生产及经济的发展。这种大规模的文化交流在世界文化发展史上有着重要的历史地位。

---

① ［德］雷德侯：《万物：中国艺术中的模件化和规模化生产》，张总等译，生活·读书·新知三联书店2012年版，第143页。

第四章　明清时期景德镇瓷器生产
管理模式及销售市场分析

　　明清时期商品经济的发达及国内外海陆交通的发展使得景德镇瓷器拥有了广阔的销售市场，在国内是"自燕云而北，南交趾，东际海，西被蜀，无所不至，皆取于景德镇"①；"利通数十省，四方商贾，贩瓷器者萃集于斯"②；海外市场则广及日本、朝鲜、印度、阿拉伯、波斯以及非洲、欧洲诸国。自1498年葡萄牙人首次同中国接触开始，西方其他国家遂接踵而至，中西之间海运航线打通，中外瓷器贸易交流在清代康雍乾时期再度进入繁盛阶段，世界各地的白银源源不断地进入中国。明清时的中国瓷器能够在国内乃至世界市场上受到青睐并获得极大成功，得益于多方面因素的共同作用；首先是景德镇瓷业生产内部拥有合理高效的组织分工模式，能够保证批量瓷器的大规模生产；其次是所生产瓷器表现出多样化的艺术风格而又不失中国瓷器固有的文化内涵，能够满足不同消费群体的生活与审美要求；再次，世界范围内不断变化着的市场需求刺激了景德镇瓷业的发展，中外商人不断带来的最新市场信息成为制定瓷业生产策略的风向标。

第一节　明清瓷器生产管理模式

　　明清时期的景德镇瓷业生产已经具备了现代工厂的性质，这在其生产

---

① （明）王宗沐：《江西省大志·陶书》，见熊廖《中国陶瓷古籍集成》，江西科学技术出版社1999年版，第185页。
② （清）蓝浦撰，郑廷桂辑补：《景德镇陶录》，见熊廖《中国陶瓷古籍集成》，江西科学技术出版社1999年版，第346页。

组织管理模式上表现得最为突出。李约瑟博士即曾说过，"景德镇是全世界最早的工业城市，在西方工业革命之前，景德镇瓷器已成为世界性的大产业"①。明清时期的"工场手工业有了很显著的扩展。工场手工业的特点在于生产过程的细密分工，并使用雇佣劳动。分工已达到那样大的规模，以致例如一个瓷瓶在其制造过程中要通过五十个工人的手。为市场生产的私人工场手工业都实行了各种技术上的改良"②。16世纪至17世纪，"工业生产已经成为制造物品的通行方式。在1577年（万历五年），景德镇的瓷窑接受一项皇家订货，就要交付174700件瓷器。……艺术的定义也超越了书法与绘画，拓展至包括如瓷器与漆盘这样的手工制成品"③。以标准化的流水线式的工业模式生产的瓷器在明清时期成为人们追摩、赏玩的艺术品。

德国学者雷德侯认为"今天我们称之为中国艺术品的古物，其中大多数原本都是在工厂中生产的。……假如一个工厂可以由其体系化的项目，譬如说劳动力的组织、分工、质量控制、系列化加工以及标准化加以定义"④，也即在其概念里，明清时期景德镇瓷器的生产管理模式具有"工厂生产"的性质，并且随着中西方贸易与文化交流的加强，中国手工业生产中的"模件体系"逐渐表现出来的优越性，使得"欧洲人热切地向中国学习并采纳了生产的标准化、分工和工厂式的经营管理"⑤。欧洲便在此基础上引入机器，进而较早实现了生产的机械化与标准化。因而，从这个层面来讲，我们可以认为明清官窑御器（窑）厂的性质是一种官办的工场手工业。"明代景德镇官窑瓷器的生产出现了近乎近代工业生产的组织形式，这种生产模式本身蕴含了'效率机制'及'利益最大化'的内在需求，这也暗合了商品生产的某些特征"⑥。而官窑的生产组织管理模式毫无疑问又对民窑产业的发展具有指导性的影响，整个景德镇的瓷

---

① 剑桥大学李约瑟研究所：《中国科学技术史·陶瓷科技》第5卷。
② ［苏］雷斯涅尔、布鲁佐夫主编：《东方各国近代史》，生活·读书·新知三联书店1957年版，第247—248页。
③ ［德］雷德侯：《万物：中国艺术中的模件化和规模化生产》，张总等译，生活·读书·新知三联书店2005年版，第7页。
④ 同上书，第8页。
⑤ 同上书，第7页。
⑥ 肖丰：《器型、纹饰与晚明社会生活》，华中师范大学出版社2010年版，第51页。

业生产便以此为基础走上了高度的产业化进程当中。

明清时期景德镇的瓷业生产组织有官窑和民窑之分。官窑御厂为满足皇室用瓷的需要而不惜代价向高端精美发展，不断提高制瓷工艺及产品质量并拓展了产品的种类。虽然明代前期官府严格禁止官窑技术与艺术资源流向民间，但事实上作为瓷业生产主体的官匠本身即来自民间，加之明代中后期开始实行的"官搭民烧"制度，官窑的技术、艺术及信息资源开始越来越多地进入民窑，从而促进了民窑在生产规模、工艺技术及产品质量等方面的大发展，产品行销海内外。清代在明末民窑大发展的基础上设立官窑御厂，但更注重其在管理方面的功能，窑厂组织规模远不及明朝那么大，除了成型与彩绘加工外，御瓷的烧造皆搭烧民窑完成。官、民窑的共同协作使得景德镇瓷器在国内外市场上所向披靡，并一直持续到18世纪末的乾隆晚期。对于明清瓷器窑厂按照官窑、民窑分别探讨研究，有助于我们从组织管理方面更清楚地认识明清瓷器装饰艺术生产的产业化特征。

一　官窑生产管理模式

明清时期景德镇官窑以御厂的组织管理模式最为典型，这里的"官窑"跟"御窑"自然是为两个不同的概念，"所谓官窑，就是由官府出资兴建，产品流向由官府控制的陶瓷器生产窑场；御窑是官窑中专供御用烧造的一种特殊类型。官窑的一大特点是其生产必需按官方颁布的尺寸、样式生产"①。也就是说，由于御厂负责帝王御用瓷的烧造、解运事务，比官窑受到更严密的帝王意志与审美的影响，其组织管理自然也更为严格。据文献记载"洪武二年，就镇之珠山设御窑厂，置官监督烧造解京"②，御厂内部严格的组织分工对民窑产业影响极大。除了基本的生产建筑设施外，还设有官署、仪门、鼓楼、狱房等政治性建筑，可知明代御器厂实际上具备了维持景德镇治安管理的民政权力，万历时"以饶州督抚通判改驻景德镇兼理窑厂"③，"明确规定了管厂官员治理

---

① 王光尧：《中国古代官窑制度》，紫禁城出版社2004年版，第10页。

② （清）蓝浦撰，郑廷桂辑补：《景德镇陶录》卷1，见熊寥《中国陶瓷古籍集成》，江西科学技术出版社1999年版，第349页。

③ （清）朱琰著，付振伦译注：《陶说译注》，轻工业出版社1984年版，第124页。

景德镇的职权。这样，御器厂虽然是一个官手工业的组织，但是它与其他地区的官手工业组织不同，实际上起了地方政权机构的作用"①，也即明代御厂不仅仅只是御用瓷器的生产厂区，它还是地方官衙所在地。清代御厂②的组织规模远不及明朝时那么大，内部组织分工也相对简单很多，除成型、彩绘部门外，烧窑以及匣作、泥水作等辅助部门都已分散至民间，明代御厂自宣德开始的五十八座窑口在清代也并未恢复，平时只有少量额定工作人员，其余人员则在烧造之日临时雇佣。可知清代御厂只负责成型和彩绘工艺，其余生产过程则全部由民窑完成，这使得优质的官民窑瓷器出自同一窑炉，有能力承烧优质瓷的民窑户一般为"官古器户"或"假官古器户"。其中御瓷当然只能进御供皇帝支配，而优质的民窑瓷则多数供应贵族官僚和文人富商。从这个层面上看，上至贵族下至平民，远至世界的各个角落近至临县的农村皆在民窑瓷的销售覆盖范围之内。

法国传教士殷弘绪于 1698 年来到中国，在他 1712 年于江西饶州发出的信件当中形象描述了当时景德镇瓷业生产的情况："景德镇拥有一万八千户人家，一部分是商人，他们有占地面积很大的住宅，雇工多得惊人……如处于闹市中心，可以听见从四面八方传来的担夫叫喊让路的声音……《浮梁县志》上说：昔日景德镇只有三百座窑，而现在窑数已达到三千座。……从隘口进港时，从各处袅袅上升的火焰和烟气，构成了景德镇幅员辽阔的轮廓。到了夜晚，它好像是被火焰包着的一座巨城，也像一座有许多烟囱的大火炉。"③ 乾隆时期的督陶官唐英所著《窑冶图编次》记载了当时景德镇瓷业的实况："景德一镇，僻处浮梁邑境，周袤十余里，山环水绕中央一洲，缘瓷产其地，商贩毕集。民窑二三百区，终岁烟火相望，工匠人夫不下数十余万，靡不借瓷资生。"④ 整个景德镇如此庞

---

① 梁淼泰：《明清景德镇城市经济研究》，江西人民出版社 1991 年版，第 44 页。
② 关于清代御厂的设置时间，（清）蓝浦撰，郑廷桂辑补：《景德镇陶录》卷 2，记载"国朝建厂造陶，始于顺治十一年，奉造龙缸，……康熙十年奉造祭器等项，陶成始分限解京。十九年九月始奉烧造御器"。见熊寥《中国陶瓷古籍集成》，江西科学技术出版社 1999 年版，第 361 页。
③ 景德镇陶瓷馆文物资料组《陶瓷资料》1978 年第 1 期。
④ （清）唐英：《陶冶图编次》，参见熊寥《中国陶瓷古籍集成》，江西科学技术出版社 1999 年版，第 138 页。

大复杂的生产规模能够有序运转主要得益于合理的组织生产模式与管理制度。

（一）御厂组织分工

明代御厂设在景德镇珠山南麓，《景德镇陶录》记载其"厂跨周围约三里许"，按一定规制布置兴建有生产性建筑和管理性建筑。其生产建筑分别以"作坊"和"各色窑"为单位进行兴建，并按照瓷器生产的工艺流程对其布局进行了合理的设计，以便节约时间提高生产效率。其中的"作"以产品种类和不同的工艺程序进行划分，据《浮梁县志》记载其中为作二十三，"曰大碗作、酒锺作、碟作、盘作、印作、锥龙作、画作、写字作、色作、匣作、泥水作、大木作、小木作、船木作、铁作、竹作、漆作、东碓作、西碓作"；各作房间数自一间至三四十间不等，其中前六作为圆器和琢器成坯作。六种窑分别为"风火窑、色窑、大小榄熿窑、大龙缸窑、匣窑、青窑，共二十座。宣德中，大龙缸窑半数改为青窑，并窑的总数增至五十八座"①。

自宣德之后，景德镇御厂的生产规模基本保持在三百人左右，工匠按照不同专业被分配在各作坊和窑场中，并实行类似于现代工厂中流水线的作业方式。每名工匠只负责一项技能，仅成坯制作就有做坯、利坯、印坯等工序，如制作一只杯子便需"过手七十二方克成器"②。而制作一件青花瓷，在成坯的基础上，还有更复杂的彩绘工序，"青花画坯，圆、琢器皆有之。一器动累什百，画者则画而不染，染者则染而不画，所以一其手而不分心"③。景德镇御厂正是以极为精细的专业分工来保证瓷器成品的高端质量的。而为了确保贡御瓷器在造型规格及纹饰上达到预期的艺术效果，御瓷生产主要通过拉坯和修模来确保同批次产品在规格造型上的一

---

① 道光《浮梁县志》卷8，《中国地方志集成7·江西府县志集》，江苏古籍出版社1996年版。

② （明）宋应星著，潘吉星译注：《天工开物译注》，上海古籍出版社2008年版，第204页。

③ （清）蓝浦撰，郑廷桂辑补：《景德镇陶录》卷1，参见熊寥《中国陶瓷古籍集成》，江西科学技术出版社1999年版，第356页。

致，即所谓"圆器之造，每一器必有一模，大小款式方能划一"①。对装饰纹样则以设计构图的方式进行统一处理，这其中所体现出来的标准化与程序化的生产模式被西方学者称作"模件化"生产，并认为这种生产模式"甚至直接启发和影响了西方近代工业的模式"②。而这种模式自然对民窑产生了最为直接的指导性影响。民窑仿效官窑的组织管理模式将各自的作坊发展成了标准化生产程序中的必要环节，若从整体来看，包括原燃料的制备、坯件成型、施釉、彩绘再到窑户烧制共同构成了一个相互依存的生产体系，其中的每一环节都发展成为一种独立产业，以标准化的生产模式及商品交易的形式为下一制瓷环节提供成品，以确保整个瓷业生产系统的稳定运转，这也是明清时期景德镇瓷器行销天下的秘密所在，文献记载"合并数郡，不敌江西饶郡产。……若夫中华四裔驰名猎取者，皆饶郡浮梁景德镇之产也"③。

清代御厂的组织管理模式已发生很大改变，其内部分工较明代简单很多，作坊只有成型、彩绘和烧炉部门，而烧窑以及为瓷业生产服务的辅助性作坊都已散至民间，厂内定额工匠只有二三十人，皆为雇自民间的技艺优善的能手，他们的主要任务是在督陶官的带领下研制仿烧前代名品和创制新品种，并烧造一些工艺难度较大的瓷品。由此可知，清代"官窑烧造制度的衰落，是就其制度本身而言的，不是意味着官窑瓷器质量的降低，相反地，康雍乾三朝官窑恰恰生产出了许多优质瓷器"④。这得益于官窑御厂主要致力于对管理层面各项工作的提升，其中最重要的便是成熟的督陶官制度的形成。

督陶官作为御厂的组织管理者，在御瓷生产、进贡的整个过程中承担着重要责任，但明清两代的督陶官制度却有着明显不同。明朝历任御厂督陶官既有中官也有品官，从《明实录》《明史》及《浮梁县志》等文献

①　（清）蓝浦撰，郑廷桂辑补：《景德镇陶录》卷1，参见熊寥《中国陶瓷古籍集成》，江西科学技术出版社1999年版，第353页。

②　肖丰：《器形、纹饰与晚明社会生活》，华中师范大学出版社2010年版，第52页。

③　（明）宋应星著，潘吉星译注：《天工开物译注》，上海古籍出版社2008年版，第190页。

④　刘毅：《明清陶瓷官窑制度比异》，《南方文物》1992年第4期。

记载①可知，以嘉靖罢免中官并添设饶州通判一员专责御厂烧造事务②为界，之前多用中官，以后则主要以品官（万历时曾有税监潘相督陶）驻镇督陶。整体而言，明代并未形成完备的督陶官制度，中官督陶还常给地方社会带来巨大困扰，如原料物价、办事人员所需银费、解运御器费用以及付给雇役匠的工钱，皆向地方政府和百姓分派，后期实行的"官搭民烧"制实质上也是一种强制性的派役行为，还多次激起了民变，给百姓造成沉重负担，自然也就影响了御厂的正常运转，"自有明以来，惟饶州之景德镇独以窑著。在明代以中官莅其事，往往例外苛索，赴役者多不见寸直，民以为病"③。"前明遣官督造陶及中涓擅威福，张声势，以鱼肉斯民，一逢巨作，工不易成"，"民苦于捶楚"④，自然不可能对瓷业生产作出什么贡献。清代帝王吸取前代教训，派往御厂的督陶官均为具有专业素养和极高艺术禀赋的品官，并逐渐形成了较为成熟的督陶官制度，对官窑御厂乃至整个景德镇的瓷业生产都形成了极为有利的正面影响。先是，清代康熙十九年差徐廷弼、李延禧驻厂督陶"悉罢向派饶属夫役征，凡工匠物料动支正项销算"⑤。康熙二十年臧应选督陶后延续前任旧制，"每制成之器，实估价值陆续进呈御览。凡工匠物料动支正项钱粮，按项给发，

① "洪武三十五年，改陶厂为御器厂。钦命中官一员，特董烧造"。见于明崇祯十年碑刻《关中王老公祖鼎建赉休堂记》。"宣宗始遣中官张善之饶州，烧造奉先殿几筵龙凤文白瓷器，磁州烧赵府祭器。愈年，善以罪诛，罢其役。"《明史》卷82，《食货志六》。"宣德中以营膳所承专督工匠，正统初，罢，天顺元年委中官烧造。"道光《浮梁县志》，卷8《食货·陶政》，《中国地方志集成7·江西府县志集》，南京：江苏古籍出版社1996年版。"正统六年，北京重建三殿，官殿告成，命九龙九凤膳案诸器，既又造青龙白地花缸，王振以为有罍（wen），遣锦衣指挥杖提督官，敕中官往督更造。"《明史》卷82，《食货志六》。宪宗成化年间"遣中官之浮梁景德镇，烧造御用瓷器，最多且久，费不赀"。《明史》卷82，《食货志六》。"孝宗初，撤回中官，寻复遣。弘治十五年复撤。"《明史》卷82，《食货志六》。正德十五年"命太监尹甫往饶州烧造瓷器"。《明武宗实录》正德十五年十二月乙酉条。
② 嘉靖九年"诏革中官，以饶州辅佐贰官一员专督钱粮"。道光《浮梁县志》卷8，《中国地方志集成7·江西府县志集》，江苏古籍出版社1996年版。
③ （清）朱琰著，付振伦译注：《陶说》，轻工业出版社1984年版，第1页。
④ （清）程廷济：《浮梁县志》，卷首，《唐英序》，参见李科友等《古瓷鉴定指南·二编》，北京燕山出版社1993年版。
⑤ （清）蓝浦撰，郑廷桂辑补：《景德镇陶录》卷2，参见熊廖《中国陶瓷古籍集成》，江西科学技术出版社1999年版，第361页。

至于运费等项并不贻累地方，经画多方，官民称便"①，"向有上工夫派饶州属邑者悉罢之，每开窑，鸠工庀材，动支内府，按时给值，与市贾适均。运器亦不预地方，一切不妨吏政事"②。御厂生产管理中这种与民为利的传统在之后历任督陶官兼管窑务时皆得到了很好的传承，这得益于督陶官本身的素养以及对帝王意志的谨慎奉行，文献记载康熙二十六年（1680）三月皇帝对即将赴任的地方官言道："为治之道，要以爱养百姓为本，不宜更张生事，尔到地方当务安静，与民休息。"③督理瓷业生产自然也要遵循帝王的这一为政标准。

清三代的历任督陶官为御厂的瓷业发展做出了极大贡献，包括康熙时的臧应选、郎廷极，雍正时的年希尧以及雍乾时的唐英，他们监管窑务不仅施行卓有成效的组织管理方式，还带领御厂为数不多却技艺精湛的制瓷艺人从事瓷业生产工艺的研究，力求技术与艺术上的持续创新与发展，使得御窑生产取得前所未有的辉煌成就，他们负责的御窑分别被称为"臧窑""郎窑""年窑"和"唐窑"。

臧窑为康熙二十年至康熙二十七年（1681—1688）工部虞衡司郎中臧应选负责督造时的御窑，其工艺水平代表了康熙早期景德镇瓷业的生产水平。据《景德镇陶录》记载：

> 臧窑，厂器也。为督理官臧应选所造。土埴腻，质莹薄，诸色兼备，有蛇皮绿、鳝鱼黄、吉翠、黄斑点四种尤佳。其浇黄、浇紫、浇绿、吹红、吹青者亦美。迨后有唐窑犹仿其色，唐公《风火神传》载：'臧公督陶，每见神指画呵护与窑火中'，则其器宜精矣！④

据此可知，臧窑的主要成就在于颜色釉工艺的发展，这从传世康熙御窑实物可以得到证实。《瓷器概说》记载臧窑已开始试烧珐琅彩："清代

---

① （清）吴允嘉：《浮梁陶政志》，载四库全书存目丛书编纂委员会《四库全书存目丛书·史部·政书类（278）》，齐鲁书社1996年版，第801页。

② （清）朱琰著，付振伦译注：《陶说》，轻工业出版社1984年版，第1页。

③ 《康熙起居注》第2册，中华书局1984年版，第1601页。

④ （清）蓝浦撰，郑廷桂辑补：《景德镇陶录》卷5，参见熊廖《中国陶瓷古籍集成》，江西科学技术出版社1999年版，第384页。

瓷器中有一种至精至美、驰誉全球之品……即世所称古月轩器也。考此类彩瓷，肇端于康熙二十年后，臧应选督造之时。"① 但其时珐琅彩瓷当处于试烧阶段，似乎未有取得成功。② 此外臧窑还仿烧宣成时的青花、五彩器，且大有胜于蓝之势，这与当时御厂的瓷样设计者刘源有密切关系。"康熙时期明艳的青花，瑰丽的五彩不乏臧窑产品，……它的艺术设计者就是才华横溢的艺术家刘源"③。刘廷玑《在园杂志》言其"在内廷供奉时，呈瓷样数百种，烧成俱佳，即民间所谓御窑者是也，"并说"至国朝御窑一出，超越前代，其款式规模，造作精巧，多出于秋官主政伴阮兄之监制焉"④。由此可知康熙时臧窑御瓷在造型、纹饰及整体艺术风格方面受到刘源艺术品味影响，因而具有极高的艺术价值。

郎窑为康熙四十一年至康熙五十一年（1702—1712）由江西巡抚郎廷极督理窑务时的御厂，代表康熙晚期景德镇的瓷业工艺水平，其突出成就在于"郎窑红釉"的烧制成功。郎窑红是在仿烧宣德鲜红釉时派生的新品种，以"脱口垂足郎不流"为显著特点，但其"脱口"不同于宣德红釉自然形成的白口边，而是由人为涂饰一层厚而含有粉质的白釉或浆白釉所形成。⑤ 刘廷玑《在园杂志》载："近复郎窑为贵，紫垣中丞公开府西江时所造。仿古暗合，与真无二，此摹成宣，釉水颜色，橘皮鬃眼，款字酷肖，极难辨认。予初得描金五爪双龙酒杯一只，欣以为旧。……（又）青花白地盘一面，以为真宣也。（又）脱胎极薄白碗……与真成毫发不爽，诚可谓巧夺天工矣。瓷器之在国朝，洵足凌驾成宣可与官、哥、汝、定媲美。"⑥ 郎廷极同时代人许谨斋在《郎窑行·戏呈紫垣中丞》诗中描述郎窑的成就："宣成陶器夸前朝，……迩来杰出推郎窑，……郎窑本以中丞名，……敏手居然称国器，比视成宣欲乱真，乾坤万象归陶甄；雨过天青红琢玉，供之廊庙光鸿钧。"⑦ 康熙晚期仿烧宣德红釉而成的霁

---

①　郭葆昌：《瓷器概说》，见桑行之《说陶》，上海科学技术出版社 1993 年版，第 246 页。

②　王建华：《清代宫廷珐琅彩综述》，《故宫博物院院刊》1993 年第 3 期。

③　曹金源：《"臧窑"瓷样设计者——刘源散论》，《景德镇陶瓷》第 2 卷第 2 期。

④　（清）刘廷玑撰，张守谦点校：《在园杂志》，中华书局 2005 年版，第 24、166 页。

⑤　余继明、杨寅宗：《中国古代陶瓷鉴赏辞典》，新华出版社 1992 年版，第 90 页。

⑥　（清）刘廷玑撰，张守谦点校：《在园杂志》，中华书局 2005 年版，第 166—167 页。

⑦　转引自中国硅酸盐学会：《中国陶瓷史》，文物出版社 1982 年版，第 431 页。

红釉亦属名品，其釉面平整不流釉无开片，但有桔皮纹，就其本身艺术效果而言，既无"郎窑红浓艳透亮的玻璃质感，也无豇豆红淡雅柔嫩的妩媚感，而是给人深沉稳定的美感"①。

除颜色釉外，郎窑在素三彩、粉彩等方面皆有创新。据《瓷鉴》记载"粉彩色始于康熙末年，因未见粉彩之物有题康熙款者，故皆以为始于雍正初年耳。我有康熙堆料款碗一对，其款题'康熙御制'四字。堆料之色系粉红，与雍正粉红丝毫不爽，是其证也"②。可见，在康熙末年郎窑时，制瓷艺人可能已经受珐琅彩启发而创烧了粉彩。粉彩以玻璃白打底，纹饰具有立体感，其装饰效果可媲美于珐琅彩但造价相对较低，创烧之后在宫廷、民间乃至海外市场皆大为流行。乾隆八年唐英《陶冶图说》记载"圆琢白器，五彩绘画，摹仿西洋，故曰洋彩。……所用颜料与珐琅色同"③ 此处运用类于珐琅色的彩料所绘制而成的"洋彩"即被认为是粉彩。

年窑为雍正四年至乾隆元年（1726—1736）督理淮安板闸关税务的年希尧监管瓷务时的御窑，但实际上自雍正六年（1728）始，唐英便以内务府员外郎身份驻厂协理窑务，因而年窑的成就是年希尧和唐英两人共同完成的。"年窑，厂器也。督理淮安板闸关年希尧管镇厂窑务，选料奉造，极其精雅。……琢器多卵色，圆类莹素如银，皆兼青、彩，或描锥暗花玲珑诸巧样。仿古创新，实基于此。"④ 年希尧督理窑务时"物力富裕，工事精良"，在仿古方面取得极高成就，文献记载其仿宣成之器质精釉润工艺精良，徐康在《前尘梦影录》中称其仿古青瓷为"雨过天青"，认为达到了青瓷烧造技艺的最高水平。在此期间，雍正宫廷试炼珐琅料成功，比进口珐琅料色阶更为丰富，大量"质地之白，白如雪也；薄如卵幕，口嘘之欲飞"的优质薄胎白瓷被烧制出来并解运进京，皇帝亲选后再交珐琅作彩绘纹饰烤烧而成精细的珐琅瓷器。珐琅料的炼制成功也为御厂的粉彩制作提供了充足的"玻璃白"，故而雍正粉彩瓷大量烧制并达到了极

---

① 吕成龙：《中国古代颜色釉瓷》，紫禁城出版社 1999 年版，第 87 页。

② 伍跃、赵令雯标点：《古瓷鉴定指南》，北京燕山出版社 1997 年版，第 333 页。

③ 转引自蔡毅：《论粉彩》，《文物》1997 年第 3 期。

④ （清）蓝浦撰，郑廷桂辑补：《景德镇陶录》卷 5，参见熊廖《中国陶瓷古籍集成》，江西科学技术出版社 1999 年版，第 384 页。

高的艺术水平。

唐窑为唐英督理窑务时的御厂，分乾隆元年至乾隆十四年（1736—1749）和乾隆十七年至乾隆二十年（1752—1756）两个阶段。唐英在乾隆元年至三年曾离开御厂并负责管理淮安，之后奏请专司窑务，于乾隆四年初得到批准，并于当年三月到厂亲自督理。① 但是不久他又被任命负责九江关税务。九江关距景德镇御厂三百余里，唐英每年可以赴厂两次，他又奏请九江关知府暂理关务，以便自己有更多时间在景德镇料理窑务②。在此期间，御厂瓷业的技术与艺术能力皆达到了历史最高水平。据《景德镇陶录》记载：

> 乾隆年唐窑，……公深谙土脉火性，慎选诸料，所造俱精莹纯全。又仿肖古名窑诸器，无不媲美；仿各种名釉，无不巧合；萃工呈能无不盛备。又新制洋紫、法青、抹银、彩水黑、洋乌金、珐琅画、法洋彩、乌金、黑地白花、黑地描金、天蓝、窑变等釉色器皿。土则白壤而埴，体则厚薄惟腻。厂窑至此集大成矣。③

唐英管窑时，在年窑成就的基础上于仿古创新方面皆有突出表现。就仿古名瓷而言，除历代名品所仿极肖外，更将长期以来被视为天赐之功的"窑变"发展成为有规律可循的制瓷技巧，据文献记载"若雍正末乾隆初之窑变，其釉与色均与郎窑迥异，且有带款者，盖纯乎人工故意制成者也"④。而创新方面的成就则更为突出，注重造型新奇与纹饰的华丽吉祥，镂孔转颈瓶、交泰瓶、灯罩香薰以及玲珑瓶等皆为此时新创形制。这些器型对雕琢和彩绘技法的要求极高，能够将技术与艺术完美合于一体，是精湛制瓷工艺的集中表现，具有极强的科学性。在装饰艺术方面，唐窑注重以丰富的釉彩呈现繁缛细腻的艺术格调，最典型者即为传

① （清）唐英：《奏到厂日期折》，载中国第一历史档案馆编《清代档案史料丛编第十二辑·乾隆朝史料》，中华书局1987年版，第3页。
② 同上书，第4页。
③ （清）蓝浦撰，郑廷桂辑补：《景德镇陶录》卷5，参见熊寥《中国陶瓷古籍集成》，江西科学技术出版社1999年版，第384—385页。
④ （民国）许之衡著，叶喆民译注：《饮流斋说瓷译注》，紫禁城出版社2005年版，第45页。

世的"乾隆多色彩釉大瓶"，其细密繁满的纹饰加之组合巧妙的技艺应用集中反映了唐窑制瓷工艺在施釉和绘彩技法上的创新与进步，该瓶因而被称为"瓷母"。此外，胭脂水彩与青花结合使用可得到青花釉里红的装饰效果，粉彩发展至此常被用来对象生瓷和仿其他材质工艺品进行装饰，出现"粉彩轧道"类极为精细、费工的装饰形式，虽皆为创新，却也形成了繁缛至极的纹饰风格。仿各种工艺品和象生瓷亦达到极高水平，同时西方人物画及异域风格的纹样内容也出现在此时的官窑御瓷上。

清三代较为成熟的督陶官制度使得御厂的组织管理始终处于优质高效的状态之下，不仅促成了工艺技术上的极大发展，也使整个景德镇瓷业生产进入了官民竞市、官民互利的良性循环模式。"镇有彩器，昔不大尚，自乾隆初，官民竞市，由是日渐著盛"①。

（二）御厂官匠制度改革

明清两代御厂的工匠来源经历了从明初匠籍制逐渐发展为清代彻底的雇佣制的变革过程，这与瓷艺匠人社会身份地位的提高有密切联系，同时对官民窑生产技术能力发展也有着重大影响。

明初匠籍制从元代工奴制②演变而来，匠人在理论上有一定自由时间，因而较元代有所进步。明代制瓷工匠以"轮班""住坐"两种形式履行徭役，即"若供役工匠则有轮班、住坐之分，轮班者隶工部，住坐者隶内府官监"③。所谓住坐制，服役匠人须连同家属一起迁居其所服役的工场所在地，并按分工编为固定排甲。④按规定，住坐匠分为民匠、军匠，每年服役一百二十天，闰年一百三十天，平均每月上班十天，其余时间则可自营生理。⑤但事实上多数住坐匠在服役之外无法在当地找到适合自己手艺专长的工作，只能另谋生计。

---

① （清）蓝浦撰，郑廷桂辑补：《景德镇陶录》卷4，参见熊寥《中国陶瓷古籍集成》，江西科学技术出版社1999年版，第374页。

② 元代全国最好的工匠皆被编为匠户，集中在官营手工业工场进行强制性劳动。匠人所得报酬仅够维持最低生活。且工匠没有人身自由，完全是一种官奴隶的身份，还必须世代相袭永充工役。参见姜守鹏《明清社会经济结构》，东北师范大学出版社1992年版，第112页。

③ （明）申时行等：《明会典》卷188，中华书局1989年版，第949页。

④ 同上。

⑤ 姜守鹏：《明清社会经济结构》，东北师范大学出版社1992年版，第112页。

　　所谓轮班，即制瓷工匠定期分班轮流赴京服役，洪武十九年明文规定了轮班的时间："定工匠轮班，初，工部籍诸工匠，验其丁力，定以三年为班，更番赴京，轮作三月，如期交代，名曰轮班匠，议而未行。至是，工部侍郎秦逵复议，举行量地远近以为班次，且置籍为堪合付之，至期，赍至工部，听拨免其家他役，著为令。于是，诸工匠便之。"① 之后根据工役繁简的实际需要，轮班匠又被编定为五种班次："轮班以各色人匠编成班次，轮次上工。以一季为限，工满放回，周而复始。有五年一班者，有四年一班者，有三年一班者，有二年一班者，亦有一年一班者。"② 按规定，轮班匠除三个月服役期外，可以自由支配其余的时间来谋生，据《明太祖实录》记载："更给天下州、府、县工匠轮班勘合，先是诸色工匠岁率轮至京受役，至有无工可役者，亦不敢失期不至。至是，工部以为言，上令先分各色匠所业，而验在京诸司役作之繁简，更定其班次，率三年或二年一轮，使赴工者各就其役而无费日，罢工者得安家居而无费业，于是给与勘合，凡 232089 人，人咸便之。"③ 可见，相对于元代的强制性服役，明初匠籍制下的服役匠人处于人身半自由状态，这在一定程度上提高了匠人的生产积极性和创造性。

　　明中后期开始，匠籍制的服役方式逐渐由徭役向税制转变。明初工匠虽有一定的人身自由，但劳役负担仍然很重，对于一年一班的轮班匠而言，大量时间被耗费在路上且往返路费盘缠皆须自己承担，沉重的压力导致班匠不断逃亡。"宣德元年（1426），逃亡工匠就有 5000 多人，景泰元年（1450）逃亡工匠总数已达 34800 人"④。为缓和矛盾，景泰五年（1454）轮班匠的班次统一固定为"四年一班"⑤以减轻匠人负担，但事实上这种压迫却在不断加强，嘉靖时甚至出现了"正班各匠服役，今二十余年，未得停止。告部缴查，又因烧造未

---

① 《明太祖实录》卷 177，洪武十九年夏四月丙戌朔条。
② （清）顾炎武：《天下郡国利病书》，《浙江》。
③ 《明太祖实录》卷 230，洪武二十六年冬十月已亥条。
④ 童书业：《中国手工业商业发展史》，齐鲁书社 1981 年版。
⑤ （明）申时行等：《明会典》卷 189，中华书局 1989 年版，第 950 页。

完，未造册缴部。身服庸役，又纳班银，亡所告诉，实不胜困"① 的局面，工匠的逃脱顶替则势成必然。且官匠即便应役，也多消极怠工，造成物料与工时的浪费，官窑产品质量自然会有所下降。这种情况下，明政府于嘉靖八年（1529）废除轮班制而改纳"班匠银"，由政府雇人充役，从而完成了徭役制向税制的转化，一定程度上削弱了工匠的人身依附关系。

但明晚期皇室巨大的瓷器需求，使得这种"官为代雇、公私交便"的制度很难落实到瓷业生产当中。研究显示，明中叶以后景德镇的瓷业生产情况为："明代的匠籍制度无法保障自身系统的发展，一些重要的技术工种无情的衰落了；官窑的生产积极性十分低落，工期拖延；优秀的工匠可以通过纳班银，逃逸差役，进入民窑生产行业，而技能低下无力纳班银代役者，成为官窑的庸作工匠，应付差役，产品质量难以保证；在民间，有大量优秀的非匠籍民户进入了瓷器生产行业。"② 在这种情况下，官、民窑的生产技术与能力优势发生了逆转，而宫廷限定工期的派烧任务却日益加剧，御厂固有的生产能力无法胜任，至少从嘉靖时作为权宜之计的"官搭民烧"制就已开始实施，据万历年间续编的《江西省大志》之《陶书续补》记载："旧规：本厂凡遇部限瓷器，照常烧造，不预散窑，惟钦限瓷器，数多，限逼，一时凑办不及，则分派散窑，择其堪用者凑解，固一时之权法也。"③

钦限御用瓷器以"官搭民烧"的方式完成，官府作为民窑烧窑户的"客户"之一，理论上是应该付给工值的，但事实表明这仍是一种强制性的剥削形式，以官窑在民窑搭烧大样瓷缸时所付工值最为典型，"大样瓷缸每口估价银五十八两八钱，二样瓷缸每口估价银五十两"，但官窑拨给民窑户只有所需银两的三分之一左右，经过民窑户的反复争取，最终"每大样缸一口给银二十三两，二样缸每口给银二十两，余器所估值俱溢

① （明）王宗沐：《江西大志·陶书》，参见熊寥《中国陶瓷古籍集成》，江西科学技术出版社 1999 年版，第 179 页。

② 肖丰：《器型、纹饰与晚明社会生活》，华中师范大学出版社 2010 年版，第 40 页。

③ （明）陆万垓续补《江西省大志》卷 7《陶书》，该书是在嘉靖年间王宗沐编修的《江西省大志》卷 7《陶书》的基础上，于万历二十五年左右修订而成。

于民间之质"①。事实上，有资格被官窑搭烧的民窑多为当地技术水平较高的窑户，加上付给工值的不等价，窑户往往多受赔累，也就是处于赔钱赔力却无收益的状态。嘉靖时这种"搭烧"还仅是一种权宜之计，到了万历朝，民窑由于受到官窑的苛刻要求，在技术和烧成质量上均达到了极高水平，官、民窑的技术优势发生逆转，即"官作趋办塞责，私家竭力作保佣，成毁之势异也"②。如此则钦限御用瓷器的烧造任务派给民窑逐渐成为定制，所谓"部限瓷器，不予散窑。钦限瓷器，官窑每分派散窑，其能成器者，受嘱而择之，民窑之所以困也"③。

"官搭民烧"制的实行源于官匠生产积极性不高所造成的御厂生产能力的下降，如此则官窑御厂要么将任务派烧给民窑，要么从民窑雇请所需要的优秀匠人，尤其是大碗、酒盅、锥龙、画作等皆仰赖于民窑的技术能手，官、民窑的技术能力对比已发生逆转性变化，进一步促成官匠雇佣制的推行。

清代御厂在较为彻底的"官搭民烧"制度下，以"按工给值"的形式从民窑雇请工匠④。清政府于顺治二年（1645）下令废除匠籍制，"免直省京班匠价，并除其匠籍"⑤，至康熙时班匠银已经摊入田赋，匠人获得人身自由，御厂所需工匠只能通过雇佣而来⑥。其中包括二十八名额定办事人员，即《景德镇陶录》卷二记载的"厂给工食人役附：九江关总管事一名（九江关幕），内档房书办二名，选瓷房总头目一名，副总头一名（在关办事），头目七名（一名常住，其余十日一轮上宿），玉作二名，帖写一名，画样一名，圆器头一名，雕削头一名，青花头一名，满窑一

① 道光《浮梁县志》卷 8，《食货·陶政》，《中国地方志集成 7·江西府县志集》，江苏古籍出版社 1996 年版，第 162 页。
② 道光《浮梁县志》卷 8，《食货·陶政》，"器数"，《中国地方志集成 7·江西府县志集》，江苏古籍出版社 1996 年版，第 161 页。
③ 道光《浮梁县志》卷 8，《中国地方志集成 7·江西府县志集》，江苏古籍出版社 1996 年版，第 162 页。
④ 王钰欣：《明清两代江西景德镇的官窑生产和陶政》，中国社会科学院历史研究所清史研究室《清史论丛（三）》，中华书局 1982 年版，第 83 页。
⑤ 《清史稿》卷 121，《食货志二》。
⑥ "瞀鼓之征，公旬之召，几乎直无其事，不独公家营造一瓦一木，不肯使用民用，甚至修城浚池，以及河工修筑诸务，凡所以为民卫者，莫不按日记人，予之直，殆实未尝役一民"。《皇朝文献通考》卷 21，《职役考》。

名，守坯房一名，挑夫一名，听差二名，买办一名，把门一名，以上二十八名计工给食。其余工作头目雇请（雇用），俱给工价，于九江关道款内开报"①。此外还有长雇和短雇工匠，"在厂工匠办事人役，支领工值食用者，岁有三百余名"②，他们是从事成坯和彩绘装饰工作的长雇工匠。而从民窑中雇请的短雇工匠人数则超过额定人数的近十倍，"仰给于窑者，日数千人"③，他们大多"工忙受雇，工讫罢雇"。御厂"凡工价、物价，俱以粗细高下定为等次，照本地窑民雇工买物之例画一办理"④。且当时受雇于官窑的工匠多为技术能手，所得报酬也多些，即"职工的工资，官窑比一般民窑多得多，官窑的工人都是比较熟练的良好工人，因此相应比一般工厂所要的多是理所当然的"⑤。从而极大提高了制瓷匠人的积极性，且在御瓷高端品质的要求下，所雇请匠人的技艺水平也不断提高，当他们受雇于民窑而又不必受到过多的条框束缚时，便可充分发挥各自的技术优势，从而不断提升民窑的生产能力和产品质量，为开拓广阔的销售市场打下基础。

　　除劳动力外，清代御厂生产所需的"一应工价饭食泥土釉料，俱照民间时价公平采买，毫无当官科派之累"⑥。由于御厂只负责成型和彩绘，烧成皆须搭烧民窑。唐窑时给民窑承烧户的酬劳往往"与市贾适均，且格外加厚"。清代御厂技艺水平已很高，据唐英奏折可知御厂成品率达到50%，则残次品总数也大概占到了一半⑦，而搭烧民窑的入窑瓷坯皆以上色器给价，并且"窑价公发之外，添增酒食"，使得"窑户率以致富，乐

①　（清）蓝浦撰，郑廷桂辑补：《景德镇陶录》卷2，参见熊寥《中国陶瓷古籍集成》，江西科学技术出版社1999年版，第362页。

②　乾隆《浮梁县志》卷5，《陶政》。

③　（清）朱琰著，傅振伦译注：《陶说·原序》，轻工业出版社1984年版，第1页。

④　（清）唐英：《遵旨赔补烧造瓷器损失等事折》，参见熊寥《中国陶瓷古籍集成》，江西科学技术出版社1999年版，第215页。

⑤　向焯：《景德镇陶业纪实》，汉熙印刷所景德镇开智印刷局经售处1920年版。

⑥　（清）凌汝锦：《重修浮梁县志》卷5《物产志·陶政》。

⑦　（清）唐英：《请定次色瓷变价之例以杜民窑冒滥折》。参见熊寥《中国陶瓷古籍集成》，江西科学技术出版社1999年版，第211页。"窃奴才于雍正六年奉差江西，监造瓷器，自十月内到厂，即查得有次色脚货一项，系选落之件。……虽所造之器出自窑火之中，不能保其件件全美，每岁每窑均有落选之件，计次色脚货及破损等数，几与全美之件数相等。此项瓷器必须落选，不敢上供御用"。

于趋事"①。此外，乾隆时官窑还将次色器变价售于民间，一方面是官方为了节约开支而利用市场规律收回部分生产成本；另一方面却在客观上将御厂研发的新工艺及艺术风格等资源扩布于民间，极大提高了民窑瓷的品质与格调，进而形成官民竞市、官民互利的局面，也即"我国家则慎简朝官，给缗与市肆等，且加厚焉，民乐趋之。仰给于窑者，日数千人，窑户率以此致富。以故不勒本，不惜费，所烧造每变而日上，较前代所艳称，与金玉同珍者，有过之，无不及也"。②

明清时期景德镇御厂官匠制度的变革，顺应了社会发展的整体趋势，使得景德镇瓷业生产在官民互动中相互借鉴吸收，形成了良性循环的产业发展模式。

二　民窑产业发展模式③

明代前期官窑御厂的生产工艺对外严格保密，成品除进御外，次色器全部打碎掩埋以防民窑仿制，但却屡禁不绝，从正统年间多次颁发且愈加严厉的禁烧令来看，民窑仿烧官窑器并于各处货卖必定已造成不小影响。至明中后期，随着"纳银代役"以及"官搭民烧"制的施行，官、民窑的技术工匠可以互相交流，不少优秀工匠以班银代役，自身则受雇于民窑以获取更可观的利益，从而提高了民窑的技艺生产能力。清代开始实行彻底的"官搭民烧"及工匠"雇佣制"，民窑中的艺匠高手受雇于官窑御厂既获得了较高的经济回报又使自身技术水平得到进一步提高，"工讫罢雇"仍回民窑工作，官窑御厂研制的新工艺自然不可能绝对保密，况且"官搭民烧"已使得官窑瓷与民窑高品质瓷器同出于一窑，加之御厂"次色器变价"处理政策的实施，皆为官窑工艺向民间传播提供了可能，从而为民窑发展奠定了先进的技术基础。

自明代后期开始的"官搭民烧"至清代发展为"尽搭民烧"，不仅意味着景德镇民窑的制瓷技艺和生产规模达到了极高水平，同时也为其在组

---

① （清）唐秉钧：《文房肆考·古窑器考》，参见熊寥《中国陶瓷古籍集成》，江西科学技术出版社1999年版，第63页。

② （清）朱琰著：《陶说》，傅振伦译注，轻工业出版社1984年版，第1页。

③ 此小节内容对方李莉先生《景德镇民窑》及肖丰先生《器形、纹饰与晚明社会生活》中的相关内容有所参考借鉴，谨致谢忱。

织管理模式上效仿官窑以提高生产效率提供了条件。民窑各部门仿照官窑
成熟的组织管理形式，将原燃料制备供应、成坯、施釉、彩绘及烧窑等环
节统一为连续的生产链条，并在每一环节按照标准化、流水线式的工序进
行生产分工，这大大提升了民窑业的生产效率与规模，满足了广大的海内
外消费市场需求，以至于晚明时期"自燕云而北，南交趾、东际海、西
被蜀，无所不至，皆取于景德镇"①。"遍国中以致海外彝方，凡舟车所
到，无非饶器"②。至清初则"昌南镇陶器行于九域，施及外洋，事陶之
人，动以数万计。海樽山俎，咸萃于斯，概以山国之险兼都会之雄也"③。
为满足如此巨大的海内外市场需求，景德镇几乎是在倾一镇之力进行民窑
瓷业生产，据《二酉委谭》王世懋记载景德镇"天下窑器所聚，其民繁
富，甲与一省。余尝分守督运至其地，万杵之声殷地，火光烛天，夜令人
不能寝，戏呼之曰：四时雷电镇"④。清康熙时饶州通判、署浮知县陈淯
在康熙二十一年（1682）曾言："景德镇一镇，则又县南大都会也，业陶
者在焉，贸陶者在焉，海内受陶之用，殖陶之利，舟车之利，舟车云屯，
商贾电鹜，五方杂处，百货俱陈，熙熙尔称盛观矣！"⑤ 督陶官唐英在雍
正六年（1728）回顾景德镇盛况时曾说："其人居之稠密，商贾之喧阗，
市井之错综，物类之荟萃，几与通都大邑。"⑥ 由此可见其生产规模之
一斑。

　　然而瓷器生产的工序极为复杂，《天工开物》记载要制成一只最普通
的杯子即需要"过手七十二方克成器，其中微细节目尚不能尽"⑦。景德

---

① （明）王宗沐：《江西省大志·陶书》，参见熊廖《中国陶瓷古籍集成》，江西科学技术出版
　　社1999年版，第185页。
② （明）王士性：《广志绎》卷4，参见熊寥《中国陶瓷古籍集成》，江西科学技术出版社1999
　　年版，第76页。
③ （清）蓝浦撰，郑廷桂辑补：《景德镇陶录》卷8，参见熊廖《中国陶瓷古籍集成》，江西科
　　学技术出版社1999年版，第398页。
④ （明）王世懋：《二酉委谭》，见熊寥《中国陶瓷古籍集成》，江西科学技术出版社1999年
　　版，第63页。
⑤ （清）程廷济：《浮梁县志》卷1，参见李科友等《古瓷鉴定指南·二编》，北京燕山出版社
　　1993年版。
⑥ 同上。
⑦ （明）宋应星著，潘吉星译注：《天工开物译注》，上海古籍出版社2008年版，第204—205
　　页。

镇瓷业在长期实践中形成了细密的流水线式的生产作业模式，使得每位匠人长期从事固定的工种并在该项手艺上达到精益求精，进而保证景德镇制瓷技术和产品质量的不断提高。但要完成大规模、高质量的瓷器烧造任务，必须形成生产、销售一体化的产销链条，这就需要各产业部门之间的协调合作，包括原燃料的制备及供应、瓷坯的成型修模、纹饰的彩绘施釉、坯件的满窑烧制及成品的运输销售等主业，匣钵业、包装搬运业及瓷器工具业等各种辅助副业。正是基于这种合理高效的分工合作与组织生产模式，明清时的景德镇民窑产业才能赢得广阔的海内外市场。其组织生产模式大致可归结在两方面来讨论。①

（一）商业化运行模式

关于这点，可从瓷器产品的生产工序及瓷业系统内的行业分工两个方面来进行分析。

首先，瓷器产品的各工序以标准化、流水线式的作业方式进行组织分工与生产，并且为提高生产效率与产品质量，每一生产工序又被细分为若干步骤，必须由专业工人专门完成。《景德镇陶业纪实》记为："夫瓷业一门，为吾人日常品，自寻常心理观之，初以为一甄陶之功，一火炙之力而已，孰之其中积力之深，分工之细，更非所能尽书。总其全体言之，陶有土，质必研洗；首作坯，土必致密，次入窑，火必纯熟；次施彩，术必专精。合而成为器，分而为职工，各执一事，各显其能。不能越俎，亦不能互谋，交相嬗者，无虑百十处焉，各致勤劳者，无虑百十人焉，一致而百虑，殊徒而同归，及其成功，则一也，可谓达分工之极则矣。"②。法国传教士殷弘绪于 1712 年从饶州寄出的信件当中详细描绘了他所看到的瓷器"彩绘纹饰"这一工序的具体过程："一人专画器皿的边缘，此外别无所事；另一人只勾勒花卉的轮廓线，然后由第三个人填色；还有其他人专门画飞禽、走兽和山水风景等。"③ 一件瓷器上的彩绘纹饰被分解成勾边、填色等具体步骤，正如文献记载："青花绘于圆器，一号动累百千，……

① 借鉴肖丰先生《器形、纹饰与晚明社会生活》一书中相关内容，谨致谢忱。
② 向焞：《景德镇陶业纪实》，汉熙印刷所景德镇开智印刷局经售处 1920 年版。
③ 转引自［德］雷德侯：《万物：中国艺术中的模件化和规模化生产》，张总等译，生活·读书·新知三联书店 2005 年版，第 142 页。

故画者止学画而不学染，染者止学染而不学画，所以一其手而不分其心。"① 这些承担不同生产工序的陶工之间必须紧密配合以保证生产链条的顺利进行。殷弘绪还提到那些在瓷厂工作的基督徒必须找人代工才可以去教堂做弥撒，也才能保证整个生产程序不被中断。② 由此可见其流水线作业方式的工厂化程度已经很高。

其次，整个瓷器产业领域的行业分工极为精细，并且每个行业都以标准化的生产程序、商品化的出售模式来构成瓷器产业系统中的一环。每个行业将其成品以商品的形式提供给客户，以确保各生产环节都能有效地按计划进行生产，从而形成一个从原料开采制备到瓷器成品销售多环节紧密联系的产销链带系统。（表十四）

表十四　　　　　　　　景德镇民窑业产销链带表③

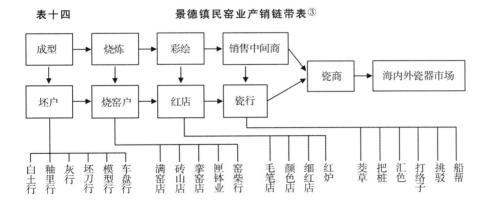

事实上，乾隆八年督陶官唐英奉旨编制的《陶冶图说》将景德镇窑业完整的生产过程分成 20 张图来进行详细说明，包括"采石制泥、淘练泥土、炼灰配釉、制造匣钵、圆器修模、圆器拉坯、琢器做坯、采取青料、拣选青料、印坯乳料、圆器青花、制画琢器、蘸釉吹釉、旋坯挖足、成坯入窑、烧坯开窑、圆琢洋彩、明炉暗炉、束草装桶、祀神酬愿"④。

---

① （清）唐英：《陶冶图编次》，参见熊廖《中国陶瓷古籍集成》，江西科学技术出版社 1999 年版，第 136 页。

② ［德］雷德侯著：《万物：中国艺术中的模件化和规模化生产》，张总等译，生活·读书·新知三联书店 2005 年版，第 142 页。

③ 方李莉：《景德镇民窑》，人民美术出版社 2002 年版，第 186 页。

④ （清）唐英：《陶冶图编次》，参见熊廖《中国陶瓷古籍集成》，江西科学技术出版社 1999 年版，第 134—136 页。

而我们从上表则可以清楚地看到，景德镇民窑产业大体可分为制坯成型、彩绘纹饰、烧窑成器和经营销售四个主要部门，而制泥、炼釉、选青料、制匣钵、束草装桶等则是围绕四大主要部门形成的周边行业门类。其中的每个行业都将自己的成品以商品形式提供给瓷器生产系统中的下一个产业部门，以保证整个系统的平稳运行。就瓷器制坯原料"白不"的生产制备来看，新开采的瓷石先碎成较小的石块再出售给捣碎行业，碎石行业则通过各种工序将瓷石制成不子，然后印上自家商号出售给白不行①。而白不行则以商品形式将不子转卖给各坯户，从而成为"碓户"（不子生产户）和坯户之间的中间商。多数情况下，白不行还可以利用每年白不产量的不同以及运输成本的波动来控制白不的价格变化。而这中间的每一环节都是以商品交换的形式完成的。除了白不的制备销售之外，不同颜色釉釉果从矿石的开采制备到釉料成品不子销售与瓷石到白不的整个程序基本一致，而成型瓷坯的烧制需要支付一定的烧窑费用，烧窑所需燃料也因柴、槎之分而价格不同，整个产业系统内的其他主业和副业之间也都是通过这种方式相互联系、互利共存的。也就是说，"从生产实态来看，景德镇瓷器生产的各行业进入高度商品化的经营中，从而使资源进行了合理的配置，确保了瓷器的社会化的大生产得以有效开展，确保各行业利益的最大化"②。

（二）相关行业分类

商业化运行模式的逐渐成熟，促使瓷业生产系统中出现了明确的、专门化的行业分类。并且，随着生产分工的专业化，景德镇瓷器生产的各行业部门开始以自身生产技术特点为基础，进行明确的行业定位。前文提到的制坯原料"白不"及颜色釉呈色原料釉果的生产制备都是较为典型的例子，文献还详细记载了由于季节因素所造成的不子成品质量的不同："大约上春水大，每棚碓可全舂。下年水小力微，必减几支碓舂。水急力匀，舂土稠细；水缓力轻，舂土稍粗。故所出不釉，上春者佳，作坯亦比

---

① "白不行是专门经营瓷土原料的商行，是景德镇众多的中间商之一。……一些有实力的白不行，常年运货来镇，当市场价格平稳时，便直达景德镇各码头；如遇价贱，便存放在古贤渡、皇岗等地，一俟船少货稀，价格好转，才用小船运来销售。"见方李莉《景德镇民窑》，人民美术出版社 2002 年版，第 179 页。

② 肖丰：《器型、纹饰与晚明社会生活》，华中师范大学出版社 2010 年版，第 54 页。

下年者胜。同一不也，而有红、黄、白之分。红、白不皆器之细者用。黄不则惟粗器用之。"① 不子成品最终依其质量精粗不同售给不同的制坯户，而坯户则根据自身技艺水平生产规格及质量层次不同的瓷坯，以满足多样化的消费需求。

文献记载景德镇的坯户各有自己经营的主要器型种类，从而被归入生产某一门类产品的作坊②，大体说来，这些作坊可以分为圆器作、琢器作、雕镶作三大类，圆器作主要进行盘、碗、碟、盏类日用品的拉坯成型，以辘轳车进行操作。琢器作则多为瓶、罐、尊类陈设品的成型。雕镶器则多雕削汤匙、瓷板以及四方形、多边形不能通过拉坯成型的品种。一般来说，坯户生产的成型瓷坯必须送到窑户进行烧制成器才能最终进入市场，烧制过程中，坯户需按照自家瓷坯的质量层次来租用不同窑户的不同窑身部位，并付给烧窑户相应的瓷器烧制费用。而不同的烧窑户因技术水平不同也有很大差别，即"风火窑、烧柴窑、烧槎窑、包青窑、大器窑、小器窑"。其中的包青窑"惟烧柴窑厂器，尽搭此等窑烧，民户亦有搭烧者，亦或有自烧造者"③。作为御器搭烧的窑户，其烧窑的技术水平很高，一般情况下可以向搭烧的坯户承诺成品质量，而其他窑户则不必。此外，窑内位置不同所造成火力、气氛以及温度的差异会对瓷器的烧成产生影响，故而窑户在"装窑"时会将不同质量层次的瓷坯放置在窑身的不同部位，即"瓷坯既成，装匣入窑，分行排列，中间疏、散，以通火路。其窑火有前中后之分，安放坯匣，皆量釉之软硬，以定窑位"④。从而形成满窑行业的固定行规，即满窑时"当窑门前一、二行，皆以粗器障搪怒火，三行后始有细器。其左右火眼处，则用甜白器拥燎搪焰。正中几

---

① （清）蓝浦撰，郑廷桂辑补：《景德镇陶录》卷4，参见熊廖《中国陶瓷古籍集成》，江西科学技术出版社 1999 年版，第 373 页。

② 主要有"官古器作、上古器作、中古器作、釉古器作、小古器作、常古器作、粗器作、冒器作、子发器作、脱胎器作、大琢器作、洋器作、雕镶作、定单器作、仿古作、填白器作、碎器作、紫金器作"等等。（清）蓝浦撰，郑廷桂辑补：《景德镇陶录》卷3，参见熊廖《中国陶瓷古籍集成》，江西科学技术出版社 1999 年版，第 366 页。

③ （清）蓝浦撰，郑廷桂辑补：《景德镇陶录》卷3，参见熊廖《中国陶瓷古籍集成》，江西科学技术出版社 1999 年版，第 365 页。

④ （清）蓝浦撰，郑廷桂辑补：《景德镇陶录》卷1，参见熊廖《中国陶瓷古籍集成》，江西科学技术出版社 1999 年版，第 358 页。

行，则满官古、东青等器。尾后三四行又用粗器拥焰，若窑冲，惟排砖靠砌而已"①。窑户一般通过向坯户租借窑位并提供烧窑技术来获取经济收益，有时也自己制坯自己烧制成品以供给市场。

在景德镇被称作红店的瓷器彩绘作坊也有明确的行业分类，称作某某"家"，有"青花家、淡描家、各彩家"② 等。其中釉下彩如青花、釉里红等纹饰是在素坯上描绘纹样后入窑一次高温烧成；釉上彩的纹饰则在烧窑之后绘制纹样，再入彩炉二次低温烧成，至清代以后釉上彩绘的种类更加丰富，包括斗彩、粉彩、五彩、珐琅彩、金彩、浅绛彩等。彩绘分工也更加细密，画工、填工各有己业互不干涉，花卉翎毛、山水人物也各有专人描绘，行业分工精细绝无越轨。这一方面能保证专业向精尖发展；另一方面却使得各匠人专于一门容易僵化而不知变通，这样制成的装饰纹样便逐渐走向了刻板与程式化，从而消解了民间写意画般的自由与生趣。瓷器烧成之后便进入销售环节，在景德镇还形成了类似于现代商业领域"专卖"性质的瓷行业，根据瓷器成品的品种、类型、纹饰以及质量层次，不同的瓷行各自经营着针对不同消费群体及消费需求的产品种类。瓷行再通过与国内各大商帮的瓷商协作，将瓷器成品运至国内外各大市场并最终进入不同的消费者手中，从而完成景德镇瓷器产业的整个产销过程。

综上可知，流水线式的生产作业方式与标准化的行业分工，再加上精细合理的行业定位，使得景德镇瓷器产业能够承担批量化的生产任务，并根据顾客喜好进行产品的设计生产以满足不同层次的消费需求。在获取经济收益的同时，其内蕴丰富的装饰艺术不仅使得优秀的中国传统文化得到了传承，更将这种文化传播到了世界各地。这也正是景德镇瓷器产业在明清时期获得极大成功的秘密所在。

第二节　明清瓷器的销售市场

明清时的景德镇作为中国乃至世界的瓷业中心，已经具备了巨大的生

---

① （清）蓝浦撰，郑廷桂辑补：《景德镇陶录》卷4，参见熊寥《中国陶瓷古籍集成》，江西科学技术出版社1999年版，第376页。

② （清）蓝浦撰，郑廷桂辑补：《景德镇陶录》卷3，参见熊寥《中国陶瓷古籍集成》，江西科学技术出版社1999年版，第366页。

产潜力，产品不仅贡御，并有大量质地精美的商品瓷进入国内外各大市场，形成"工匠来八方，器成天下走"的局面。马克思说："商品流通是资本的起点。商品生产和发达的商品流通，即贸易，是资本产生的历史前提。"① 贡德·弗兰克在其著作《白银资本》② 中认为，14 世纪到 18 世纪的中国一直作为世界经贸体系的中心之一大量吸纳着日本和拉丁美洲的白银，而在中国众多的外贸商品中，景德镇的瓷器占有重要位置。明清时期国内交通的发达以及新航路开辟后海上商道的畅通，为景德镇拓展广阔的国内外市场提供了便利。就瓷器的海外销售市场及运销方式而言，"中国瓷器的外销起于唐代中晚期。……明清时期瓷器的出口逐渐达到高峰，行销范围几乎遍及五大洲，明代瓷器输出主要是通过政府对外国的赠予，'入贡'国家使节的回程贸易，永乐、宣德间郑和大规模远航贸易，以及民间的海外贸易等四种途径。此外，还有阿拉伯人、日本人、缅甸人、马来西亚人、印度人等直接来华作瓷器贸易。到 16 世纪以后，欧洲殖民主义者葡萄牙人、荷兰人、西班牙人和英国人相继东来，将我国瓷器贩运到欧洲及世界各地"③。可知无论是在经济领域还是文化领域，明清时期中国景德镇的外销瓷都在广阔的世界市场上占据着举足轻重的地位，因而也就开发出了多样化的运销方式。

一 销售方式与路线

优质高效的运输过程对于景德镇瓷器顺利进入各大市场并最终到达消费者手中无疑是整个瓷器销售链条上的重要一环。瓷器作为精美却易碎的商品，陆路运输的成本极高，幸而景德镇优越的地理位置提供了水路运输的便利条件。明清时景德镇的瓷器无论供御还是作为商品外运销售主要通过水路输送，并辅以短途的陆路运输（图 4.1、图 4.2）。

明清景德镇瓷器在国内的销售主要是以各大商帮通过短途及国内长途贩运的方式销往全国各地的市场。而外销瓷的输出则与中外海上交通的发

---

① 《资本论》第 1 卷，人民出版社 1975 年版，第 167 页。

② ［德］贡德·弗兰克：《白银资本：重视经济全球化中的东方》，刘北成译，中央编译出版社 2005 年版。

③ 马文宽、孟凡人：《中国古瓷在非洲的发现》，紫禁城出版社 1987 年版，第 67—70 页。

展有着密切联系，"从汉代起我国和东南亚、印度次大陆以及西亚的交通

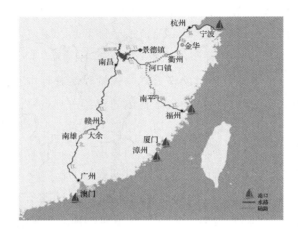

图 4.1　明清时期景德镇瓷器至国内沿海港口路线示意图①

图 4.2　明清时期景德镇瓷器外销海运路线示意图②

要道，历来就有陆路和海路两条路线"③。唐代时从外贸港口广州出发，
经印度半岛南端、阿拉伯湾以至西亚和非洲的海上航线成为东西文化交流

---

① 图片采自彭明翰《郑和下西洋·新航路开辟·明清景德镇瓷器外销欧美》，《南方文物》2011 年第 3 期。

② 同上。

③ 冯先铭：《中国古陶瓷对外传播与外来影响》，《陶瓷之路——中国、日本、中东、欧洲之间的陶瓷交流》，出光美术馆、故宫博物院编著 1989 年。

的桥梁，以输出中国瓷器和丝绸为主。陈万里认为"我国瓷器早在八世纪就由我国船舶或经阿拉伯商人之手传到印度、波斯，并由波斯到达埃及，以致阿非利加的东部与北部，甚至有些记载说，通过地中海，还远到西班牙"[①]。日本学者三上次男也认为中国陶瓷输出的骤然兴旺确是在唐末以后，在八、九世纪之后东西贸易的中心路线已由陆上丝绸之路转移到了海上，他将其称为"陶瓷之路"。如今埃及的福斯塔特、日本的京都、奈良等地皆出土有八、九世纪中国的青瓷和白瓷。陶瓷之路的最初形成与我国的船业及航海技术关系密切，我国宋代的航船设计工艺已很先进[②]，并最早将指南针运用于航海实践，据朱彧《萍洲可谈》记载："舟师识地理，夜则观星，昼则观日，阴晦观指南针……海船大者可载五六百人。"[③]这为明清瓷器大量运销海外提供了技术条件。

　　明代自永乐开始的郑和船队七下西洋将朝贡贸易[④]推向了鼎盛，至永乐末年"受朝命而入贡者殆三十国"。郑和船队规模庞大，七下西洋成为世界航海史和文化交流史上的壮举，不仅促进了中国与亚非各国之间的友好往来，也是明初中国造船工艺与航海技术高度发展的表现。郑和所用宝船中最大者也是当时世界上最庞大的船只，其"体势巍然，巨无与敌"；航海技术方面，熟练运用指南针导航之外，并能准确把握海洋季风以利于航行。郑和船队在二十八年的航行过程中，先后经过印度支那半岛、南洋群岛、波斯、阿拉伯以及非洲东海岸，以中国瓷器、丝绸等物品与当地人民进行商品交换，归来时"所取无名宝物，不可胜计"，包括香料、犀角、象牙以及青花钴料等。

　　由于朝贡贸易的频繁，加之商业利益的驱使，地方海外贸易也发展起

① 陈万里：《宋末—清初中国对外贸易中的瓷器》，《文物》1963 年第 1 期。
② 耿东升：《十六至十八世纪景德镇外销瓷的欧洲艺术风格》，2005 年第 10 期。1974 年福建泉州湾发掘出水一艘宋代海船，"残长 24.40、残宽 9.15 米，复原后船长 34.55 米、款 9.9 米，排水量 300 余吨，船体有 13 个水密隔舱，提高了抗沉性，而欧洲 18 世纪才出现水密隔舱的船舶"。
③ （宋）朱彧：《萍洲可谈》卷 2。
④ "明代前期，海外贸易以外国使节的'贡舶'贸易和明朝'使舶'在国外的贸易为主，故可统称为使舶贸易时期。这个阶段明代的海外交通，正是伴随着使舶贸易而迅速发展起来的，郑和下西洋则是明代使舶贸易和海外交通发展的顶峰。"马文宽、孟凡人：《中国古瓷在非洲的发现》，紫禁城出版社 1987 年版，第 117 页。

来，沿海商人"往往私造海舟，假朝廷干办为名，擅自下番"①。正是基于这一情况，宣宗于宣德八年重申"海禁"政令，而此时郑和刚刚完成第七次下西洋的航程。然而据万历时《东西洋考·饷税考》记载："成弘之间，豪门巨富，间有乘巨舰贸易海外者。奸人阴开启利窦，而官人不得显收其利权。……二十六年（1547），在佛郎机船，载货泊浯屿，漳、泉贾人，往贸易焉。巡海使者柯桥，发兵攻夷船，而贩者不止。"② 可知在利益的驱使下，私人海外贸易屡禁不止。正德时海禁有所松弛，而嘉靖朝则更为严厉，直到隆庆元年（1567）穆宗宣布"准贩东西二洋"，才部分开放海禁，中国海商以此获得了出海贸易的合法资格，海外贸易迅速发展起来并带动大量白银内流，国内商品经济也因此明显活跃起来。《东西洋考》记载海商李锦、郭震等人往返于今泰国南部和中国之间，专与荷兰人进行贸易，其商品主要为瓷器。入清直到康熙二十三年（1684）才开放海禁，"许江南、浙江、福建、广东沿海民人用五百石以上船只出洋贸易"。次年开放广州，随着中外贸易的发展，至乾隆二十二年（1757）广州成为唯一的外贸港口。由官府特许的外贸商行称"十三行"或洋行，为适应对外贸易发展，洋行的商人们联合起来将广州变成了瓷器、丝绸、漆器、茶叶等中国精美货物的集散地，西方各国商队多数直接从广州运销中国商品至世界各地的市场。

15世纪海上交通线的开辟无疑是中国瓷器运销世界的重要契机。"美洲的发现、绕过非洲的航行，给新兴的资产阶级开辟了新的活动场所。东印度和中国的市场、美洲的殖民化、对殖民地的贸易、交换手段和一般商品的增加，使商业、航海业和工商业空前高涨，因而使正在崩溃的封建社会内部的革命因素迅速发展"③。1498年前后，葡萄牙最先完成国内统一，开始着意于海外市场的开拓，逐渐打通了大西洋、印度洋与南海之间的欧亚海上航线并第一个来到中国，西、荷、英等国紧随其后，中欧之间随之进入直接的贸易文化交流时期。就明清外销瓷而言，在贸易方式上仍有直接贩运与间接贩运之分。16世纪以间接贩运为主，即以马尼拉、万丹、

---

① 《明宣宗实录》卷103。

② 《天下郡国利病书》第26册，《福建》。

③ 恩格斯《1974·致尼·弗·丹尼尔逊（1983年2月24日）》，《马克思恩格斯全集》第39卷，人民出版社1974年版，第130页。

巴达维亚等南亚贸易港口为中转站，由西班牙从马尼拉将中国瓷器运至西属美洲，再由那里转运到欧洲；葡萄牙、荷兰等国则从巴达维亚转运中国瓷器至印度，再经由印度西行绕过好望角到达欧洲。荷兰等欧洲各国于17世纪先后成立了东印度公司以专门经营海上贸易，并逐渐取得了同中国直接进行贸易的权力，即以广州、厦门、台湾、澳门等地为外贸港口，"各东印度公司的绝大部分瓷器都直接从中国贩运"。随着中西贸易的发展，自18世纪初开始，荷、英、法等国分别在广州设立办事处并修建洋行建筑用以储存货物，这些商馆为中国瓷器的大量外销起到了桥梁作用。西方各国在商业利益上的激烈竞争，直接刺激了景德镇瓷业生产的发展，中国外销瓷也在17、18世纪达到了历史高峰。

以景德镇瓷业生产为基础，以满足不同消费者对中国瓷器的实用、审美需求为目的，以国内商路及海上陶瓷之路的畅通为桥梁，明清时期景德镇瓷器开辟了广阔的国内外销售市场。

二　销售市场①

明清时的景德镇作为名副其实的世界瓷业中心，表现出巨大的生产潜力，清初沈怀清记述当时"昌南镇陶器行于九域，施及外洋，事陶之人动以数万计"②。乾隆时"景德镇襄延仅十余里……以陶来四方商贩，民窑二三百区，工匠人夫不下数十万，藉此食者甚众"③。瓷业生产能力的提高为满足广大市场的消费需求奠定了坚实的基础。

明中期以后，商品经济的快速发展使得社会分工不断扩大，商业性农业和民营手工业皆有一定发展，"社会分工是商品经济的基础"④，而商品经济的繁荣则促使商品的加速流通，落实到景德镇瓷器则表现为"遍国中以至海外夷方，凡舟车所到，无非饶器也"⑤。随着民窑业在技术水平

① 此小节在对瓷器销售的区域市场划分方面借鉴淘智先生《景德镇陶瓷销售市场的历史和现状》一文，见《景德镇陶瓷》第10卷第2期（总第88期）。谨致谢陈。

② （清）蓝浦撰，郑廷桂辑补：《景德镇陶录》卷8，参见熊廖《中国陶瓷古籍集成》，江西科学技术出版社1999年版，第398页。

③ （清）朱琰著，付振伦译注：《陶说》，轻工业出版社1984年版，第14页。

④ ［俄］列宁：《俄国资本主义的发展》，曹葆华译，人民出版社1957年版，第9页。

⑤ （明）王士性：《广志绎》卷4，见熊寥《中国陶瓷古籍集成》，江西科学技术出版社1999年版，第76页。

和产品质量上的不断提高，景德镇瓷业生产规模不断扩大，法国传教士殷弘绪于 1712 年的信中提到，"景德镇拥有一万八千户人家，一部分是商人，他们有占地面积很大的住宅，雇佣的职工多得惊人。按一般的说法，此镇有一百万人口，每日消耗一万多担米和一千多头猪。……《浮梁县志》上说：昔日景德镇只有三百座窑，而现在窑数已达到三千座。"① 越来越多的瓷商汇集景德镇，将产品运销广阔的海内外消费市场。于万历年间来到中国的传教士利玛窦在其札记中记载"最细的瓷器是用江西所产的黏土制成，人们把它们用船不仅运到中国的各地而且还运到欧洲最遥远的角落，在那里它们受到了那些欣赏宴席上的风雅有甚于夸耀豪华的人们的珍爱"② 可见明清景德镇瓷器的内销市场已遍及全国，而外销市场则从传统的亚洲市场发展到了非洲、欧洲和美洲，几乎达至世界的各个角落。

（一）国内市场

明代时"统一的国内市场虽尚未完全形成，但各地区之间的商品经济的往来，是非常频繁的"③。清代商品经济的繁荣进一步促进了国内市场的发展与完善，而景德镇瓷器贸易在其中无疑起到了颇为重要的作用。据文献记载明清景德镇瓷器的国内市场为"自燕云而北，南交趾，东际海，西被蜀，无所不至"④。"合并数郡，不及江西饶郡产……中华四裔驰名猎取者，皆饶郡浮梁景德镇之产也。"⑤ 也就是说，得益于国内水陆交通的发达，明清时期景德镇瓷器的内销市场已经遍及全国，并以当时经济较为发达的华东、华北地区为主。

1. 华东地区

主要指长江下游的江苏、福建、浙江、安徽、上海、台湾等几大省市。明清时期，这些环瓷都省市的经济发展水平较高，加上便利的交通而

---

① 景德镇陶瓷馆文物资料组：《陶瓷资料》1978 年第 1 期。

② ［意］利玛窦：《利玛窦中国札记》，中华书局 1983 年版，第 15 页。

③ 傅衣凌：《明末清初江南及东南沿海地区"富农经营"的初步考察》，《明清社会经济史论文集》，中华书局 2008 年版，第 130 页。

④ （明）王宗沐：《江西大志·陶书》，参见熊廖《中国陶瓷古籍集成》，江西科学技术出版社1999 年版，第 185 页。

⑤ （明）宋应星著，潘吉星译注：《天工开物译注》，上海古籍出版社 2008 年版，第 199 页。

成为景瓷向周边扩散的主要市场。据考古发现，苏州、南京等地皆有较丰富的明代景瓷出土，表明当时华东地区对景瓷的消费状况。至清代早中期，景瓷在该地区的消费需求情况更为活跃，直到清晚期洋瓷的大量涌入侵占了其市场份额，但其陈设瓷和仿古瓷仍在上海、南京等市场上占优势地位。

2. 华北地区

包括北京、天津、河北、山西、陕西、内蒙古地区，出土资料表明，有明一代，以上地区均有青花、影青等瓷品的消费现象，证之于文献记载的"自燕云而北，……皆取于景德镇"，可知当时景瓷在华北地区有着广阔的销售市场。清代该市场继续存在，直到晚清洋瓷的输入造成一定冲击，但在美术瓷、仿古瓷方面仍以景瓷为主。

3. 中南地区

包括华中和华南地区部分省级行政单位在内的地理区域，河南、湖北、湖南、广东、广西、海南等省隶属中南地区。景德镇瓷器自唐宋便开始在这些省份销售，考古资料显示，至少在宋代，这些省份已经大量消费景德镇的青白瓷日用器，至元代则两湖、江西等省皆有景德镇的青花、影青瓷出土。明清时期，景瓷在该地区的市场更为广阔，除文献记载外，分布于该地区的墓葬、遗址中也有大量景瓷出土。清代云集于景德镇的瓷商集团可分为八帮，其中荆、广两帮的采购数量可从一个侧面反映当时景瓷在中南地区的市场情况。

4. 东北地区

文献记载，自明代开始"中华四裔，驰名猎取者，皆饶郡浮梁之产也"。到了清代，聚集景德镇的各地瓷商按其所运销的地区分成八帮，之后又发展至二十六帮，其中辽宁帮与关东帮的运销市场即主要在东北地区。

5. 西部地区

包括西北地区的新疆、宁夏、青海以及西南地区的四川、贵州、云南等地。历史上这些地区的交通始终不甚发达，瓷器既属易碎品，在这些地方开辟市场确实不易，但考古资料显示，新疆地区的墓葬中有元青花、枢府等瓷品出土，证明至少在元代内地瓷器便已运销至最西北的新疆等地，则途经之地的甘肃、宁夏等地或者应该有景瓷的消费，只是目前尚无考古资料可以证明。明代《江西通志》记载"景德镇瓷器西被蜀……无所不至"，可知当时已经运销四川，也可能再经四川进入云贵各地。

明清销往全国各地的景德镇瓷器在造型、纹饰及艺术风格方面均有不同，适应着不同地区人们的生活与审美习惯，因而能够在国内开辟广阔的销售市场。

（二）国际市场

从经济学基本原理的角度来看，市场是由消费造成的，消费为生产提供动力并促进生产发展，而消费则源于需求。元代时《马可·波罗行记》在西方的广泛流传使中国成为令人向往的生产瓷器、丝绸和黄金的神秘富饶的东方国度。明初郑和船队出使西洋则使得海外消费者见到了真正的中国瓷器。"华瓷冠绝全球，而华人初不知其可宝，殆真所谓圣不自圣，民无能名者也。列强交通，东西角胜，而吾华独占最优之名誉，于是欧美斐澳，恐后争先，一金之值，腾涌千百。茗瓯酒盏，叹为不世之珍，尺瓶寸盂，视为无上之品。且又为之辨别妍媸，区分色目，探赜索隐，造精诣微，豇红苹绿，则析及豪芒，御窑客货，则严其等第"①。世界各国人民对中国瓷器的喜爱形成了巨大的需求空间，从而加速了中国外销瓷世界市场的形成。

1. 亚洲地区

亚洲地区作为景德镇瓷器外销的传统市场主要集中在东亚的日本、东南亚各国以及中亚和西亚的一些地区。日本是中国外销瓷在亚洲的最大销售市场，自唐代传入日本的饮茶风气在明清时发展成为上流社会所追崇的独具特色的茶道艺术，所用茶具仍以中国瓷器为多，因而运销日本的茶具数量极大，其特点为造型各异而又朴拙厚实，多以日本的陶器及金属器为造型摹本。明后期的万历至崇祯时，中国瓷器在日本有着广阔的市场，"在那时候，中国瓷是一种重要的外来货，根据当时记载，在日本所需要的各种外来货里，中国瓷列入第三位"②。崇祯八年（1635）有四条从台湾前往日本的货船载运了135005件中国瓷器，其中包括38865件青花碗，

---

① （清）陈浏：《陶雅》（上卷），见伍跃等点校《古瓷鉴定指南·初编》，北京燕山出版社1991年版。

② 《瓷器与荷兰东印度公司》，第117页。参见陈万里《宋末—清初我国对外贸易中的瓷器》，《文物》1963年第1期。

540 件红绿彩盘，2050 件青花盘和 94350 件饭盅、茶盅。崇祯十年（1637）运往日本的中国粗、细瓷器达 75 万件。之后在明末清初的战乱当中，运往日本的中国瓷数量开始下降，崇祯十四年（1641）只有 24500余件[1]，清顺治三年（1646）仍有 70000 件，此后直到康熙年间景德镇窑业完全恢复之前，日本利用学自中国的制瓷技术加上从中国购买绘瓷彩料，自行烧制瓷器并出口荷兰，但在质量上还不能与中国瓷相匹敌。[2]

至迟从宋代开始，菲律宾等东南亚国家便成了以景瓷为主的中国瓷器的贸易及转销据点，作为明代郑和下西洋的途经之地，东南亚各国的瓷器贸易更加频繁。据《星槎胜览》及《西洋番国志》等史料记载，明代时的菲律宾、印度、马六甲及马来西亚半岛等三十多个国家和地区对于景德镇瓷器有着巨大的消费需求并大量转销往世界其他市场。在印度果阿"有一条街都是这些信仰异教的印度人，他们出售从中国运来很名贵的瓷器"[3]。清康熙二十三年（1684）开放海禁之后，浙江、广东等沿海地区形成了景瓷出口的中转站，促进了瓷器海外市场的扩展。而中亚和西亚地区原本就是景德镇瓷器的传统销售市场，如今土耳其托普卡比博物馆藏有一万多件中国瓷器，其中大部分是 15—18 世纪期间作为商品运抵伊斯坦布尔的。当时输往中亚的瓷器只能通过陆路运输，瓷商为保证产品完好采用了特殊的包装方法：在重叠放置的瓷器之间填土并撒上豆麦种子，浇水使豆麦长出根系，从而使瓷器捆扎更为牢固，"方载以往"[4]。

2. 非洲地区

非洲因在广大的区域内发现了数量庞大、种类丰富的中国古代瓷器而被誉为"中国古瓷宝库"。其中景德镇瓷器至晚在宋代便已销往非洲，元代时已形成一定规模，而明清是中国外销瓷最为兴盛的时期，非洲这一传统市场继续保持着较高的消费能力，据考古资料显示，埃及福斯塔特、索

---

① 据《出岛兰馆日记》载："日本宽永十八年（明崇祯十四年）6 月 21 日，一艘由郑芝龙派去的中国海船，内装瓷器 1447 件；同年 7 月 10 日，从福州出发的一艘小船，装着瓷器 2700件；10 月 17 日大小船 97 艘驶入长崎码头，共载瓷器 2 万余件。"参见淘智《景德镇陶瓷销售市场的历史和现状》，《景德镇陶瓷》第 10 卷第 2 期，2000 年。

② 陈万里：《宋末—清初我国对外贸易中的瓷器》，《文物》1963 年第 1 期。

③ 该记录见于 1596 年出版的航海日志里，《瓷器与荷兰东印度公司》，第 21 页。参见陈万里：《再论明清两代我国瓷器的输出》，《文物》1964 年第 10 期。

④ （明）沈德符：《万历野获编》卷 30，中华书局 1959 年版，第 780 页。

马里、肯尼亚、坦桑尼亚、津巴布韦以及南非等地都发现有明清两代的景德镇青花瓷及各类彩瓷，从而直观地反映了明清时期非洲地区对景德镇瓷器的需求情况。这其中，"北非的埃及地处要冲，并是伊斯兰世界权力和财富的中心而导致中国瓷器大量进口，……东非……盛产香料、象牙等宝货乃是其大量进口中国瓷器的物质基础，同时也是中国主动将东非作为瓷器市场的主要原因之一"①，因为中国在唐代之前就已开始输入香料、象牙等珍贵货品并对之极为重视，非洲在明清时期更是成为中国外销瓷的主要海外市场之一。

3. 欧洲地区

简·迪维斯在《欧洲瓷器史》中写道："中世纪期间，中国瓷器很少进入欧洲，中国丝绸是传统的输入品，它由商人从中东携入。但是，这并不是说欧洲人完全不知道中国瓷器，因为当时除零星出现的商业瓷制品外，中国瓷器还常常夹杂在官方使节带回的礼品中。十字军在他们的战场圣地见到了这种瓷器，而且它肯定是迷人的战利品。"② 明清景德镇外销瓷欧洲市场的开拓与西方各国东印度公司的成立有着密切关系。

景德镇瓷器在元代便通过东南亚的贸易据点转销进入欧洲市场，并受到各国上层人士的喜爱。明代开始，以葡、西为首的西方国家陆续来到中国，开始了直接的中欧瓷器贸易。葡萄牙人于明正德九年（1514年）购得10万件景德镇五彩瓷③回国，并很快被抢购一空。嘉靖三十三年（1557）葡萄牙占领澳门并以其为据点将大量景德镇瓷器运销欧洲。万历二十年（1602）荷兰东印度公司成立并很快独占了中西瓷器贸易的首位。据《瓷器与荷兰东印度公司》④ 一书记载，自1602年开始至1657年郑成功禁止大陆商船去台湾同荷兰人交易止，大约有超过300万件的中国瓷器经该公司运往荷兰。该公司还插手亚洲瓷器贸

---

① 马文宽、孟凡人：《中国古瓷在非洲的发现》，紫禁城出版社1987年版，第73页。

② ［英］简·迪维斯：《欧洲瓷器史》，熊寥译，浙江美术出版社1991年版，第7页。

③ 彭明翰：《郑和下西洋·新航路开辟·明清景德镇瓷器外销欧美》，《南方文物》2011年第3期。

④ T. 佛尔克《瓷器与荷兰东印度公司》，出版于1954年，该书依据荷兰东印度公司（1602年成立）在巴达维亚的日记簿、在日本平户和出岛的记录以及一些同时代一手资料撰写而成，详细记载了荷兰东印度公司在17世纪（1602—1682）将中国、日本陶瓷运销南洋及欧洲各国的情况。

易，自 1605—1661 年荷兰人被赶出台湾，该公司运载了大约 500 万件中国瓷器至印度、波斯及阿拉伯等地。保守估计，明末清初的 80 年（1602—1682）间仅荷兰东印度公司便运销了 1600 万件瓷器到世界各地，其中 2/3 以上为中国瓷器，并有部分日本瓷器。此外，英国东印度公司在 17 世纪将 2500 万—3000 万件中国瓷器运往欧洲并在 1730 年代跃居海外贸易的首位；1685 年至 1757 年，欧美各国有 312 艘商船来到中国进行贸易[①]；1758 年至 1838 年通过粤海关贸易的外国商船有 5107 艘，其中绝大部分为西方商船[②]。明清时期西方各国东印度公司所经营的大批中国瓷器主要是运往欧洲，可知景德镇外销瓷的欧洲市场是极为广阔的。

4. 美洲地区

哥伦布发现美洲后，拉美各国先后沦为西、葡两国的殖民地。1521 年西班牙建立第一个美洲殖民地，并开始将中国瓷器辗转运往美洲大陆。据美国考古发现，独立战争前的美国便有大量中国青花、五彩等瓷器输入。殖民地时期的新英格兰也进口了大量中国瓷器，至 18 世纪初，"由于英国东印度公司往美洲殖民地贩运东方货物的增多，中国瓷器开始大量输入"[③]。美国 1776 年独立后迅速展开了同中国的直接贸易，文献记载乾隆四十九年（1784）第一艘美国商船"中国皇后"号运回纽约 962 担中国瓷器。乾隆五十一年（1786）又运走大量青花瓷包括部分瓷塑观音等。中美贸易虽起步较晚，但中国瓷器的输入却很快超过大部分欧洲国家并产生了重要影响。费城瓷器商人沃尔恩在 1820 年对美国社会大量使用中国瓷器的情况有着生动描述："中国瓷器迄今已取代了英国的器皿，高、中阶层人士无不使用，甚至最贫困的家庭也能夸耀他们经过一番劳作而买到的几件中国瓷器。当今的姑娘出嫁，几乎很少有不陪送中国茶具的。"[④]美洲市场还包括墨西哥、巴西等国家，墨西哥曾出土过明代晚期景德镇的五彩碎瓷片[⑤]。

①　陈万里：《宋末—清初我国对外贸易中的瓷器》，《文物》1963 年第 1 期。

②　同上。

③　吴建雍：《清代外销瓷与早期中美贸易》，《北京社会科学》1987 年第 1 期。

④　吴建雍：《清代外销瓷与早期中美贸易》，《北京社会科学》1987 年第 1 期。

⑤　冯先铭：《中国陶瓷》，上海古籍出版社 2001 年版。

可以说明清时期国际市场上的中国外销瓷数量，在西方各国东印度公司的参与下达到了历史最高峰，据雷德侯认为，"根据各种各样的、有时还很详细的历史记录，可以大致推算出中国在 17、18 世纪期间外销瓷的生产总量，一定会达到好几亿件的数额"①。

---

① ［德］雷德侯：《万物：中国艺术中的模件化和规模化生产》，张总等译，生活·读书·新知
　三联书店 2012 年版，第 127 页。

第五章　明清时期景德镇瓷器装饰艺术产业化研究的意义

从文化学的角度来看，"装饰是文化的产物，亦是文化的一种艺术存在形式。装饰作为文化，首先因为装饰作为人类行为方式和造物方式所具备的文化性和文化意义；二是装饰作为装饰品类而存在所具有的文化意义"①。就明清时期的瓷器而言，装饰艺术使其本身得到了美化与增益，对基本形式法则的运用，比如造型的比例与韵律感、纹饰的构图布局以及色彩的协调配比共同呈现出视觉以及心理上的审美感受；又由于装饰艺术总是与社会、风俗乃至市场等共同存在，因而在技术与实用功能的基础上，明清瓷器又以其装饰艺术获得了满足人们更高层次的精神追求的能力。有研究者指出，"世界上众多民族的艺术品，从表面上看仅仅是单纯的形式装饰，而实际上却同某些含义相关联，并且能够被人所理解"②。从这个角度上来说，明清时期景德镇的瓷器装饰艺术自然不仅仅是为了纯粹的审美愉悦或作为奢侈品而存在，而是有着丰富内蕴的文化符号，从而承载着某种独特的精神力量。

明清时期景德镇的瓷器装饰艺术以其独特的创作过程与丰富的产品形式蕴蓄含纳着中国传统文化的精髓与底蕴。基于对各类文化资源的整合，通过产业化的发展模式，向社会传达着特有的文化气质与艺术美感，从而能够成为满足人们物质与精神需求的工艺美术品。作为一种艺术而存在的明清瓷器装饰，就其造型与纹饰的内蕴文化机理来看，主要有以下几个方

---

① 李砚祖：《造物之美——产品设计的艺术与文化》，中国人民大学出版社 2000 年版，第 74—75 页。

② ［美］博厄斯：《原始艺术》，金辉译，贵州人民出版社 2004 年版，第 59 页。

面的来源：一是源自代表着正统的儒家思想，在内容选择上要求其服务于政治教化的目的，表现出中庸平和乃至"文质彬彬"的艺术格调；二则来自以老庄为代表的道家隐逸思想，追求个体率真性情的自由表达，因而清丽、淡雅也就成为其审美旨归；三是传统民间的民俗思想及其内容，主要服务于百姓的精神功利目的，以热闹红火为视觉审美喜好；再就是对于外来文化的吸收融合，发展出浓郁的异域风情格调。就其外在的审美形式而言，遵循均衡、多样统一的基本造型法则以及程式化、意象化的艺术表现方法，通过对造型与纹饰的比例、构图及节奏感的有效把握，在整体艺术形式上产生动静相宜的审美效果。此外，由于艺术形式基于不同的消费需求而承载着各异的思想内蕴，也就决定了其艺术风格的多样性，而这正是对消费与生产之间辩证关系的最好解读。马克思指出："消费生产出生产者的素质，因为它在生产者身上引起追求一定目的的需要"，"生产为消费提供外在的对象，消费为生产提供想象的对象。"① 明清时期景德镇瓷器产业便处在一个生产与消费不断变化着的动态市场系统当中，其装饰艺术的产品定位也与不同消费阶层各异的审美心理需求相关，从而形成了多样性的艺术表现风格。

　　所谓的产业化，也就是在遵循市场规律的前提下，产品的工艺与设计创新必须能够应用到规模化的批量生产中去，否则不能成其为产业；所谓的文化艺术产业，其产品必须具有确定的文化内蕴或艺术价值，否则也不能成其为文化产业，其本质特点是超越以物质实用功能交换为主的传统经济模式，强调创造力（创意）对于思想文化及知识技能的合理整合，从而形成以精神实用与审美追求为主的文化经济模式。在这里，明清瓷器装饰艺术乃是作为一种特殊的文化产品形态而存在的，其产业化的生产与营销模式、不断提高的文化艺术内涵以及瓷业系统本身敏锐的市场反应能力，皆是其在明清时期获得极大发展的保证。"手工业和商业的发达带动了陶瓷用品的生产与流通，而文化艺术的发达则提升了陶瓷制品的艺术品位。"② 至于清中叶之后逐渐走向衰落的原因，也是因为基本丧失了这些创新能力，又在特殊的社会条件下不能适应新的文化生态环境，从而只能愈加衰落下

---

① 王钦韶等编著：《马列文论选读》，河南人民出版社1993年版，第112—113页。

② 方李莉：《中国陶瓷史》，齐鲁书社2013年版，第27页。

去。就明清时期景德镇瓷器装饰艺术的整体发展而言，其成功与失败皆对我们今天文化产业的发展有着经验借鉴与启示警醒的价值。这可以从传统与时代、民族与世界以及经济全球化与文化多元化三个方面进行分析。

第一节　对明清瓷器装饰艺术产业化发展的思考

瓷器装饰艺术作为一种独特形态的文化产品在明清时期获得了极大的发展并对世界文化产生了巨大影响，日本学者将中国明清彩瓷视为中华民族对世界工艺文化宝库的三大贡献之一①，而清代则为中国瓷业发展的鼎盛时期②。这其中除了工艺技术方面的原因之外，其装饰艺术所蕴含的文化与艺术的丰富内容必定也是极重要的元素。因为"陶瓷是一种最为普遍而又极为重要的文化承传的载体，……是人类的另一种生命符号"③。精湛的工艺与丰富的文化艺术内蕴正是明清时期瓷器装饰艺术的强劲生命力所在。

明清时期景德镇瓷业生产以标准化的分工合作、流水线式的生产工序，不断将各类文化资源融汇进入瓷器装饰艺术当中，以装饰艺术本身丰厚的文化艺术内蕴来换取更为可观的经济效益，并在其经济价值得以实现的过程中，促进自身文化艺术价值的传播与实现。④ 因为"艺术的产生与美的基本法则，都是从自然物质世界，从现实的实用性能上产生与提炼出来的；艺术的价值是在于它和社会的需要、生活利益结合的程度而呈现出其高低的"⑤。也就是说，明清时期景德镇的瓷器装饰艺术以商品的形式进入广大消费者手中只是其自身经济价值的完成，而其文化艺术价值的实现过程则需要在人们的日常生活及进一步的审美活动中逐步达成。

---

① ［日］久志卓真：《支那陶磁》，宝云社刊行，昭和十七年发行，第 1 页。作者认为：中国先秦时代的铜器、宋代的青瓷、明清的彩瓷代表了世界工艺品的最高精华。

② ［日］上田恭辅：《支那陶磁的时代研究》，东京大阪屋号发行，昭和四年。

③ 程金城：《中国陶瓷艺术论》，山西教育出版社 2000 年版，第 18 页。

④ "艺术产业是由具有一定规模、技术市场以及经营方式各有特点的企业组成的价值链条，通过投入、产出关系、分工合作关系等，使艺术价值转换成经济价值，又以经济价值的实现过程，促进文化艺术价值的传播和实现"。黄永林：《从资源到产业的文化创意：中国文化产业发展现状评述》，华中师范大学出版社 2012 年版，第 290 页。

⑤ 李浴：《中国美术史纲·上卷》，辽宁美术出版社 1984 年版，第 48 页。

一　兴盛的原因和经验

明清时期景德镇瓷器装饰艺术的产业化发展模式已如前所述，其取得巨大成就的原因自然是极为复杂且多元的，但就产业发展本身而言，最核心的原因即在于不断发展的创新能力，这包括以下几项内容：自身技艺能力的不断提高、注重对各类文化资源的整合利用以提高产品的文化艺术内涵、在快速获取市场相关信息的基础上及时调整生产策略从而使得产品具有极强的市场针对性，这也是景德镇瓷业生产核心竞争力不断提高的表现。

（一）自身技艺能力的提高

明清时期景德镇瓷器装饰艺术的产业化发展得益于工艺技术水平的不断提高，而工艺水平的提高则有几个方面的原因，一是明清时期的景德镇汇聚了全国各地的能工巧匠，集前代各大名窑技艺之大成，形成了"工匠来八方，器成天下走"① 的局面。来自全国各地的制瓷艺人不仅传入大量优质的制瓷技术信息，还使景德镇瓷业了解到不同地区人们的生活及审美习惯，并据此调整技术及生产策略，进行有针对性的产品生产和市场定位，不断提高满足消费市场的能力。二是明清时期景德镇官窑御厂的设置培养了一批技艺高超的制瓷艺人。明清御厂主要依据皇室贵族的生活需求与审美喜好进行生产，以最优秀的艺人、优质的原材料及不断研制开发的制瓷新工艺来追求瓷器产品的高端品质，虽非商品生产，却在客观上为民窑产业培养了优秀的制瓷能手并提供了最先进的制瓷技术，从而将景德镇瓷业带上了技术与艺术高度发展的道路。

以在景德镇瓷业生产中占有重要地位的青花瓷为例，其生产技艺在元代是由官窑研制开发并垄断的，只是元末的社会大变动使之随着官窑艺人流散到了民间，并成为明清两代景德镇瓷业生产的主流。明早期御厂对于生产工艺的控制极为严格，民窑想获得其先进的制瓷技术并不容易，但也

---

① 清初沈怀清有《窑民行》诗云"景德产佳瓷，产器不产手。工匠来八方，器成天下走。陶业多活人，产不与时偶。"另有记载"景德江右一巨镇也，隶于浮。业制陶器，利济天下，四方远近挟其技能以食力者，莫不趋之若鹜"。（清）蓝浦著，郑廷桂辑补：《景德镇陶录》卷8，参见熊寥《中国陶瓷古籍集成》，江西科学技术出版社1999年版，第405、398页。

并非绝无可能，从正统年间多次重申的"禁烧令"便可推知，当时的民窑已具备仿烧官窑器的技术能力。明中后期官窑御厂的管理逐渐衰败，其制瓷技术与造型、纹饰等艺术信息开始向民间扩散，尤其是嘉靖朝开始实行的"官搭民烧"制，一方面使得民窑有机会学习借鉴官窑先进的制瓷技术；另一方面也表明当时民窑本身的技术能力已经有了极大提高，所产高端瓷品可与官窑器媲美，因而才会被官窑"搭烧"以生产御用瓷。明代后期的"官搭民烧"制实质上是对民窑产业的强制性经济剥削，但确实在客观上促进了民窑对先进制瓷技术的学习与获得，从而促进民窑产业自身的发展。清三代的瓷业生产在产品种类、质量以及装饰艺术方面皆达到了历史高峰，其制瓷技术与艺术在三代帝王及历任督陶官的关注下获得了极大发展，西画技法、传统绘画艺术以及宫廷旧藏的历代名窑实物皆为御厂研发制瓷新工艺提供了可借鉴的技术与艺术资源。而清代更为彻底的"官搭民烧"制在乾隆后期至嘉庆朝（1796—1820）已经发展为"尽搭民烧制"①，也就是说清前期的御厂主要负责设计样稿、研发工艺及成型彩绘工作，瓷器的烧成皆以"搭烧"民窑并付给工值的方式完成，事实上这也是一种委托雇佣的生产方式，而御厂则在此过程中逐渐演变为具有现代科研院所性质的"创意和设计部门"，研究者称这种现象为"去生产烧制化"趋势②。这一方面说明，清代御厂作为"设计"部门，其主要工作是为瓷器生产提供稿本并研制新的制瓷工艺。另一方面则说明民窑生产技艺和产品质量皆取得了极大进步，并逐渐向官窑全方位渗透。而"这种渗透也说明了景德镇窑业在不同领域的资源整合化趋势，……有利于景德镇窑业的整体技术资源的相互利用和相互促进"③。这就使得技艺优善的制瓷能手④可以在官民窑之间流动，他们在督陶官带领下所潜心研发的制瓷新工艺同样可以施展于民窑产业，而乾隆时开始实行的御瓷"次色变

① ［日］佐间久重男：《清朝陶瓷文化的特质及展开》，参见佐藤雅彦等编《世界陶瓷全集·15·清》，日本株式会社小学馆 1983 年版，第 129 页。
② 周思中：《"影子窑厂"与"财出内附，不扰地方"——清代御窑的六大特点之五之六》，《紫禁城》2007 年第 10 期。
③ 同上。
④ 他们是最优秀的创作人才，因为无论是官窑设计纹样、文人绘画还是西方商人提供的样稿，由于瓷器材质及造型的特殊性，制瓷艺人都必须以自身民间美术素养为根基进行二度创作，才能呈现出绝妙的装饰艺术效果。因而他们是景德镇窑业生产中重要的人才资源。

价"制度也使得大量官窑产品流入市场，民窑对于官窑御厂工艺技术的模仿借鉴更为方便，整个景德镇的瓷业生产资源得到更为有效的整合利用，乃至出现官民竞市、官民互利的局面，更为民窑产业开拓广阔的国内外市场提供了物质技术基础。

明清时期景德镇瓷业生产以其不断创新的生产技术持续提高着自身的生产效率，加之对各类资源的合理有效整合与提升，赋予了瓷器装饰艺术以丰厚的文化艺术内蕴，从而赢得了广大消费群体的喜爱。优秀的文化资源与创意要形成相应的文化产品，必须以相应的技术手段来完成，而技术的革新又不断刺激着生产者的创新性思维，也就形成了资源、技术与创意之间的良性互动，共同促进产品的研发与产业系统的创新型发展。因而工艺技术的不断提高也就构成了明清时期景德镇瓷器装饰艺术产业核心竞争力提升的重要手段。

（二）注重提升产品的艺术文化内蕴

对于文化产品来说，商品属性决定了其必须以消费者的生活与审美价值观为生产标准才有可能被市场接受，从而实现自身的经济价值与文化价值。也就是说，不断变化着的消费市场需求成为瓷业生产持续创新的动力源泉，因为人们价值观念的变化要求更加多样化的产品以符合自身的个体精神需求。而在所有的创新当中自然以内容的创新最为本质也最为关键，是确保文化产业持续发展的核心。就明清时期景德镇的瓷器装饰艺术而言，内容及艺术形式上的创新是其实现持续的产业化发展的关键环节，而这种创新主要表现在造型的新颖多变以及纹饰的内容题材、结构布局乃至艺术风格的多样化等方面。明清时期景德镇瓷器装饰艺术力求以深厚的传统文化为底蕴、广泛吸收融摄相关姐妹艺术的有益因素并积极回应时代风尚，不断设计开发出具有高文化附加值的产品，以迎合满足不同消费群体的精神文化需求。而这种创新型的产品研发与生产模式不仅有利于对传统文化资源的保护与传承，同时也极大促进了其中所蕴藉的思想文化观念与艺术审美价值的广泛传播。

就明清时期景德镇瓷绘纹饰的题材内容及审美艺术形式而言，积极借鉴吸收姐妹艺术的相关资源是促进自身发展进步的重要手段，"陶器彩画盛于明，其大半取样于锦缎，写生、仿古，十之三四。今瓷画样十分之，则洋彩得四，写生得三，仿古二，锦缎一也"①。技术的革新使得对于院体画、文人画、民间版画、传统锦缎、民俗吉祥纹样以及西商所带来瓷器纹样的模仿借鉴成为可能，进而促成瓷绘艺术的多样化艺术风格。就瓷绘纹饰的文化内蕴而言，民间流传久远的民俗思维与吉祥观念、文人阶层所追崇的山水意境以及反映市民生活与心性的通俗文化等内容皆在明清瓷绘纹饰中有所反映，而这其中又夹杂着民间制瓷艺人自身的艺术情感因素，在本质上是以市场消费需求为旨归的。而向文人精致高雅文化的靠近则明显提升了整个瓷器装饰艺术的文化艺术品位。

正是基于对这些文化艺术资源的借鉴、整合与吸收，明清时期景德镇瓷器装饰艺术不断提升着自身的文化内蕴，迎合着各阶层人们的生活与审美消费习惯，进而从普通日用品嬗变为生活化的大众艺术形式并进入人们的精神生活领域。瓷绘纹饰因而成为明清时期各领域思想文化的较为直观的图像表现形式，并在对传统的继承、对同时代相关艺术的借鉴吸收中塑造、发展着自己，进而获得了强劲的、永恒的艺术生命力②。但事实上"任何装饰都不会是唯美的，不会是仅仅提供欣赏和娱乐的。他是和人们的宗教文化、政治经济、生产技术、生活方式紧密相连的"③。也就是说，任何装饰形式在艺术审美价值之外，更有着具体而丰繁的文化意义。

明清时期景德镇的瓷绘纹饰以其丰富的文化内蕴构成了中国古代文化的独特的符号表达与传播系统，有着极强的文化功能与价值，在这里，审美意义与文化意义是相互交融为一体的，因而能够在无形之中不断提升瓷器装饰艺术产业的核心竞争力。

（三）获取信息，提升产品市场针对性

明清时期景德镇瓷器畅销海内外而受到世界人民的普遍喜爱，除自身过硬的生产实力外，怎样获取最新的国内外陶瓷市场信息，了解供需状况并及时掌握其他产瓷区的生产情况，然后依据这些可靠信息及时调整包括产品种类、数量以及质量层次在内的生产策略，无疑在瓷业获得成功的过

---

① （清）朱琰著，傅振伦译注：《陶说》卷1，轻工业出版社1984年版，第36页。

② 郭廉夫、丁涛、诸葛铠主编：《中国纹样辞典》，天津教育出版社1998年版。

③ 方李莉：《艺术人类学研究的沿革与本土价值》，《广西民族大学学报》（哲社版）2009年第1期。

程中起着重要作用。其时景德镇获取重要市场信息的途径有：官窑获取的社会上层信息通过一定途径传播到民窑，统治阶层作为时代审美潮流的引领者，其对瓷器纹饰及艺术格调的欣赏为民窑高端瓷的生产提供了样稿信息。国内外商业贸易交流带来的市场信息，包括国内商帮集团以及外国客商与传教士带来的海外瓷业市场信息。国内市场上所流行的市民通俗小说及画谱等也成为瓷业生产的信号之一，而西方新近发生的新闻事件也有可能被制成瓷绘样稿运来景德镇。

最典型者，康熙后期在官窑御厂中研制成功的粉彩工艺原是适应着贵族阶层艺术审美喜好而兴起的，雍正时期粉彩瓷不仅盛行于宫廷贵族当中，民间乃至海外市场上也大力推崇有着细润质感的粉彩瓷，乾隆时还发展出更为细致繁密的粉彩轧道新工艺并在市场上广为流行。此为官窑制瓷信息传于民窑而促进瓷业发展的例证之一。明清时期景德镇的商业水平已经很高，"以陶来四方商贾，民窑二三百区，工匠人夫不下数十万，藉此食者甚众"①。众多商帮中对景德镇瓷业生产影响最大的当属徽商集团，其势力几乎垄断了景德镇瓷业生产原料和产品的销售流通领域。据《徽州简志》记载，徽州人从事商业活动始于东晋，在明代中后期发展迅速并以雄厚的经济实力与晋商抗衡，至明末清初发展到势力顶峰，商业活动范围遍及海内外，他们不断带来各地的最新市场消费供求信息，直接影响着景德镇瓷业生产策略的调整。除徽商外，闽、粤、浙等地商人也在景德镇瓷业贸易和信息传递方面起着重要作用，其中粤商几乎垄断景德镇瓷器的对外销售，与外商交流最多，尤其自乾隆二十二年始广州成为唯一对外通商港口，"十三行"商人垄断了对外贸易，粤商利用这一有利条件，代替欧洲商人从景德镇大量订烧符合欧洲人审美习好的瓷器，有时他们会带上西商提供的木模和画样，有时则直接从景德镇购买素白瓷在广州进行彩绘烧制供给西商，景德镇通过商人提供的信息及时了解国外市场的审美需求，并提供适销对路的瓷器产品。西方各国17世纪初逐渐成立各自专门的贸易公司进行商贸活动，其中荷兰东印度公司几乎垄断了整个17世纪景德镇的外销瓷贸易，而英、法等国则在18世纪代替荷兰成为运销景德镇瓷器的主要承担者，他们将景瓷运销世界各地并将不同消费者的订购信息带到景德镇。

---

① （清）朱琰著，傅振伦译注：《陶说》，轻工业出版社1984年版，第14页。

　　明清时期大量来华的传教士也带来了海外消费者在审美及生活习惯方面的市场信息。比如康熙时景德镇民窑生产一种仿日本风格的外销彩瓷，多大型花觚、樽、罐类造型，饰以五彩、粉彩等纹样，其中的军持、折沿盘类器的整体风格与日本江户时代（相当于清康熙时）的"伊万里瓷"极为相似，出现这种情况的原因，据藤冈了一《明の染付》记载"称之为芙蓉手的青花瓷……大约在万历时创烧，这类产品主要由东印度公司输出，不仅输往欧洲，也输往南洋各地，江户时代也大量输往日本，不久它在日本的有田被仿制，并大量出口"①。日本有田窑在模仿这种中国青花瓷的基础上，逐渐开始使用红绿彩并模仿五彩瓷，从而形成了具有日本风格的彩瓷。这类瓷器一般要通过伊万里港出口外销，也就是后来所称的"伊万里瓷"。荷兰东印度公司原本一直从景德镇运销瓷器到世界各地的市场，明末清初的战乱使其被迫转向日本窑口生产的"伊万里瓷"。清康熙时景德镇窑业恢复生产，为了夺回原本的海外市场而开始仿烧这类瓷器，且由于景德镇有着丰厚的工艺及文化积淀，所产瓷器在品质上要超过日本同类器，很快便重新夺取了海外欧洲市场，而这种瓷业生产信息的提供者大约正是跟随东印度公司商船来到中国的客商或传教士。

　　此外，西方各国有不少专售中国瓷器的商店，他们除了出售商船运过去的瓷器外，往往也承担消费者的"委托定制"，即"有理由可以这样假设，这些店主接受特殊加彩成套瓷器的订货，尽管还没有事实直接来证实这样一个假设，或说明这种交易是怎样进行的。然而我们可以假定，在这样一个店里，就像在东印度公司的办事处一样，一位顾客可以决定他所需要的成套类型。在订货时，提供一个准确的图样，注上所要使用的颜色。为了帮助选择和制定瓷器的边框式样，大约在18世纪后期想出了一个巧妙的方法，把中国制造的样盘装在所谓'样箱'里运往欧洲。样盘很少见，它是很容易识别出来的，因为边框的彩饰是四等分的，每四分之一都绘出不同的式样。现存维多利亚和阿尔伯特博物馆的一个样盘上，每个式样都用加釉阿拉伯数字标明。这种号码据说是标明在另外所附的目录中标明价

---

① 方李莉：《景德镇民窑》，人民美术出版社2002年版，第82页。

格的地方"①。西方消费者依据自身习惯与审美提供所需瓷器的图样、颜色等内容，这些信息则由西商带到中国，而景德镇瓷业则在发展过程中逐渐摸索出了制作"样盘"这样的促销方式，以供海外消费者选择喜欢的边饰。而"广彩"的出现正是为了适应外销的需要，也即从景德镇将高质量的素白瓷运到广州，然后依照西商带来的订货信息进行彩绘、烤烧成器，在纹饰表现技法上借鉴西画透视法以呈现油画般的光影立体效果。据刘子芬所著《竹园陶说》记载："海通之初，西商之来中国，先至澳门，后则径赴广州。清代中叶，海舶云集，商务繁盛，欧土重华瓷，我国商人投其所好，乃于景德镇烧制白瓷，运至粤垣，另雇工匠，仿照西洋画法，加以彩绘，于珠江南岸之河南，开炉烘染，制成彩瓷，然后售之西商。"②

　　明清时期景德镇瓷器装饰艺术产业凭借其雄厚的技术生产能力、不断提升的文化艺术内涵以及对市场信息的快速反应能力在当时国内外市场上取得了辉煌的成就，对中国乃至世界的瓷器艺术发展产生了重要影响。

二　衰落的原因和表现

　　明清两代的瓷器装饰艺术之间存在着一定的延续性与相通性，"这一整体过程中，陶瓷艺术特点不是表现为大开大阖的转变，而是更加趋向局部或细部的精益求精、锦上添花。从艺术发展史的角度说，陶瓷艺术在极度成熟后，这一历史过程中不再有重大转折的意义，当它由于各种原因不具备发展条件时，由极盛而衰微就是必然"③。明清时期景德镇瓷器装饰艺术在康雍乾时期达到了历史巅峰，也在乾隆晚期开始走向衰落。

　　据《饮流斋说瓷》记载："至乾隆则华缛极矣！精巧之至，几于鬼斧神工，而古朴浑厚之致荡然无存。故乾隆一朝，为有清极盛时代，亦为一代盛衰之枢纽也。政治文化如是，瓷业亦然。嘉庆虽犹存典型，然虎贲中郎之似。道光画笔出以轻倩，而物料美盛远逊前朝。咸、同一蹶不振，虽美术退化，亦时势使然也。光绪稍稍复兴，但有形式而乏精神矣。故关于

① 约翰·哥尔德史密斯·菲利普斯著《中国外销瓷》，1956 年版，第 34 页。参见陈万里《再谈明清两代我国瓷器的输出》，《文物》1964 年第 10 期。

② （清）刘子芬：《竹园陶说》，孙彦点校《古瓷鉴定指南·三编》，北京燕山出版社 1993 年版，第 93—94 页。

③ 程金城：《中国陶瓷艺术论》，山西教育出版社 2000 年版，第 93 页。

瓷业之盛衰与历史世代变迁之局成正比例，然由朴以趋华，由简以趋赜，乃必循之轨也。"① 至于日渐走衰的原因，则又如《陶雅》所言："世界之瓷以吾华为最，吾华之瓷以康雍为最。旧世界之瓷以质朴为贵，新世界之瓷以彩画为贵。学术不同，文章因之而变。今吾华瓷业盖甚凋瘵矣。工既弗良，质亦粗劣，此丧其本有者也。守常蹈故，销路阻滞，此懵于今情者也。"② 可见清中后期景德镇瓷器装饰艺术产业的衰落有内外两重因素，内则在于自身工艺技术及产品质量无所发展，自是不能满足人们新的消费需求；外则因为外部的文化生态环境已然改变，众多新兴瓷业产区加入了激烈的国际市场竞争，而景德镇瓷器装饰艺术产业却因循守旧、不能适应新环境进而导致产品毫无销路，这内外双重因素导致明清景德镇瓷器装饰艺术在走向近代的过程中无情衰落了。

（一）技艺保守，缺乏创新

瓷器装饰艺术发展到乾隆朝，集前代名窑大成，继承康雍以来的优秀传统，烧制了不少精品，如粉彩百鹿尊、斗彩婴戏纹双连罐等皆繁缛工巧，几近于鬼斧神工的程度。正如《陶雅》所说："乾隆初年，去雍未远，倡修冶业，不乏奇丽之观"。然而，乾隆朝也是我国封建社会由盛而衰的转折点，制瓷工艺也随之下降。不但"深厚固不如康熙，魅力亦不如雍正"。虽然不惜人力物力以制造各种"奇巧"之器，但确实已是华缛到了极致而完全丢弃了古朴浑厚的格调。而统治者往往从猎奇出发，研发制造转心、转颈大瓶，并仿烧木、铜、漆等其他材质器形的瓷器产品，"虽精妙绝肖，却失去陶瓷本身的特色，把陶瓷工艺引入歧途。到了乾隆晚年，更每况愈下，风格烦琐庸俗，无甚可观。道光以后，景德镇瓷业已日趋衰落了"③。事实上，就瓷器而言，装饰艺术的功能在于以基本的形式法则来构建造型、纹饰方面协调统一的装饰效果，进而使瓷器本身得到

---

① （民国）许之衡著，叶喆民译注：《饮流斋说瓷译注》，紫禁城出版社 2005 年版，第 20 页。译者注"虎贲中郎，官名，汉代有虎贲中郎将、虎贲郎，历代沿用。至唐代废去。即宫廷卫队的将领。著者在此将嘉庆时的瓷器比作卫士，认为只能保存乾隆瓷业的成就，所谓'守业'而不能创业。实际上也是如此，未见有何突出成就"。第 21 页。

② （清）陈浏：《陶雅·上卷》，参见伍跃等《古瓷鉴定指南·初编》，北京燕山出版社 1991 年版，第 17 页。

③ 邓白：《中国历代陶瓷纹饰》，上海科学技术文献出版社 1989 年版。

增益与美化，以满足人们对基本功能需求之外的精神审美追求。但这一切都是以瓷器的材质特性与基本实用功能为基础的，如果孤立地追求毫无实际价值与意义的细枝末节上的精细雕琢，不仅不能产生适宜的装饰效果，瓷器本身的完整性也有可能被破坏，"不该装饰时用了装饰，壮丽反而成了浮华和炫耀"①，所谓的装饰艺术在这里也就只会发挥负面功能。乾隆时期走向极致繁缛的瓷器装饰艺术就是这种情况的典型，因而由之开启瓷业发展的衰落命运也属必然。

此外，明清时期景德镇瓷器装饰艺术产业生命力的逐渐丧失自然也跟工艺技术上的缺乏创新有着极大关系，自乾隆晚期开始，瓷业生产技术便鲜有发展，就连官窑御厂偶然的佳作也多是对前朝作品的模仿，极少致力于创新工艺的研发，保守的技术加之思维观念上的不知变通，最终导致了明清瓷器装饰艺术被动发展与最终衰败的命运。

（二）因循守旧，脱离市场

明清瓷器装饰艺术曾取得的辉煌成就，得益于其持续的创新能力以及对市场信息的及时掌握与应用。但自嘉庆朝开始，景德镇瓷业生产便发展缓慢，即便是官窑御厂也一味模仿前朝而不事创新，加之社会环境的变化，景德镇瓷业因无法适应瞬息即变的市场情况而逐渐走向衰败。"嘉庆初年御窑厂的烧制不过是乾隆制瓷的延续；其造型式样、图案等，均因袭前朝旧制，不敢僭越，因而有"乾、嘉窑"之说，而品种和数量却已远远不及乾隆盛世"②。民窑产业亦是如此，产品样式陈旧而不求改进，无论技术还是艺术方面的发展皆跟不上市场需求的发展变化，之后历朝的瓷业生产更是每况愈下，国内外市场逐步缩小乃至丢失，至清晚期外来的洋瓷甚至销售到了曾经的瓷都景德镇，不事变革所导致的瓷业衰落竟然一败至此。

考察明清时期景德镇瓷器装饰艺术产业由盛而衰的发展演变过程，可知要在变动不居的国内外市场上立于不败之地，必须时刻关注自身所处文化生态环境的变化与发展，并着力提高包括生产技艺和产品质量在内的核心竞争力才是根本。而今，不唯瓷器装饰艺术产业的复兴，任何文化遗产

---

① ［英］贡布里希：《秩序感：装饰艺术的心理学研究》，杨思梁、徐一维译，浙江摄影出版社1987年版，第36页。

② 耿宝昌：《明清瓷器鉴定》，紫禁城出版社、两木出版社1993年版，第293页。

及传统文化资源的产业化传承与发展，在保持传统文化精髓的同时，也必须以精湛的生产技艺为基础、以市场消费需求为旨归，以创新创意为动力，辅以良好的营销策略，方能实现文化艺术遗产的保护、传承与发展。

第二节　明清瓷器装饰艺术产业化研究的现代意义

明清时期景德镇瓷器装饰艺术的产业化发展并取得巨大成就对今天我们的文化产业实践有着重要的借鉴启发意义，首先是对持续不断的创新的重视，其次是对多样化市场需求的关注，整体而言，就是要在变动不居的文化生态环境当中时刻保有创新的理念与能力。创新是任何时代任何一种文化艺术永续发展的生命力所在，包括工艺技术创新、经营理念创新以及产品内涵创新等多方面内容，明清时期景德镇瓷器装饰艺术在世界上的成功正是最好诠释。在产品内涵也即造型、纹饰方面，积极回应时代潮流风尚，研究并掌握不同文化背下消费者的审美习惯和心理需求，不断设计研发具有丰富文化内涵的新产品以适应和引领世界消费市场；在工艺技法方面，积极借鉴姐妹艺术乃至外来艺术的技法元素，持续提升自身的工艺创新能力，创作出珐琅彩、粉彩等新的装饰工艺，满足不同消费者的多元化需求；在人才培养方面，以官窑御厂为创新实践基地（尽管其初衷并不在此，且明清两代有着非常不同的情况），以文化素养与专业能力较强的督陶官为领导，培养了大批优秀的瓷业设计与生产技术人才①，为整个瓷业生产的创新发展提供了人力资源保证（设计人才：宫廷艺术家、文人

---

① 有学者研究认为"（明清）御器（窑）厂对御用瓷器生产的承造，主要偏重于管理一面，而真正烧造御用瓷器的窑炉自明代嘉靖以后直至清亡均为民窑。"王光尧：《官御并存的明清官府窑业制度》，《中原文物》2004 年第 3 期。也就是说，景德镇制瓷艺人是在按照不同雇主的委托要求进行瓷业生产，其中的"御窑只是特殊身份的皇帝制品委托给景德镇生产主体长期生产而形成的一种特殊结构，而这种结构并没有影响到景德镇窑业的生产主体性质"，反而在客观上促成了制瓷艺人们技艺能力的提高。周思中：《"影子窑厂"与"财出内府，不扰地方"——清代御窑的六大特点之五之六》，《紫禁城》2007 年第 10 期。正是官窑御厂对于高品质瓷品的需求，给制瓷艺人造成了巨大压力，但同时也是极大的动力，从而带动整个瓷业生产的发展。"如果没有宫廷需求的刺激，景德镇民窑是否会有如此广阔的市场，景德镇的制瓷手工业是否会有如此的发达，是值得怀疑的"。［英］迈克尔·狄龙：《景德镇市明代的一个工业中心》，《景德镇陶瓷》1987 年第 4 期。

学者、制瓷艺人）；在经营理念方面，由于官窑生产为非商品性质的，因此不存在经营销售的问题，且它为民窑产业提供的各种技术与艺术资源都是"被动式"的，即官窑在实现自身生产目的过程中，客观上为民窑发展提供了一种助推力，使民窑能够有效培育自身内部的核心竞争力，并以市场需求为旨归不断提升产品文化内涵，同时与国内各大商帮及外商建立起统一的产品代理与分类销售网络。明清时期景德镇瓷器装饰艺术产业正因为着力于这几个方面的创新，才能占据广阔的国内外消费市场并发展到鼎盛阶段。

明清时期景德镇瓷器装饰艺术要针对多样化的市场需求并做到产品内涵上的不断创新，必须以传统文化为基础，结合时代元素，广泛整合利用国内外各种文化资源，专注于以文化艺术力取胜，这就要求必须处理好传统与时代以及民族与世界的关系，以一种开阔的心态在变动不居的文化生态环境中持续发展。而其在世界范围内所取得的成功又涉及了经济全球化与文化多元化之间的互动关系。从纵向的传承的角度看，在新艺术样式产生的过程中，传统的、优质的文化基因成为新文化创造的资源和动力之一，通过瓷器装饰艺术的形式和内容得以积淀、传承。而从横向的现实传播的角度看，社会关系的运动变化带来文化艺术的交流传播，瓷器装饰艺术在这里作为重要的传播媒介，有力促进了自身艺术精神与审美理念的弘扬。

明清时期景德镇瓷器装饰艺术产业化发展的意义表现在将传统民族文化中的精神风貌、人文底蕴等内容广泛传播到了世界各地，确实提升了中国在当时世界上的影响力与感召力。对其进行研究则又表现出对现代文化产业实践的多种启示，即任何一种文化产业的可持续性发展，必须重视文化艺术内涵的投入，也就是现在所谓的"内容为王"理念，这是致胜的关键，而这种对于文化艺术元素的融入又是以多元的消费市场需求为导向的。

一　传统与时代

传统文化对任何一个民族、国家而言都是最可宝贵的财富，它是现代民族国家文化发展以及保持旺盛生命力的母体与源泉。所谓传统，正如美国社会学家希尔斯所言："传统意味着很多东西。……决定性的标准是，它是人类行为、思想和想象的产物，并且被世代相传。……包括物质实体，包括人们对各种事物的信仰，关于人和事件的形象，也包括惯例和制度。它可以是建筑物、纪念碑、景物、雕塑、绘画、书籍、工具和机器。它涵括一个特定时期内外部世界物理过程的产物，也不仅仅是生态和生理需要的结果。"① 就中华民族而言，传统文化以物质的和非物质的文化遗产形式存在于全新的文化生态环境之下，成为民族赖以生存与发展的文化根基，是民族复兴的精神动力源泉，同时也是各种文化艺术持续发展、创新的基础。英国历史学家汤因比在 20 世纪末曾指出 "中国在传统文化上，其影响是无法估量的"，并认为 "21 世纪将是中国人的世纪"②。而事实上，前推两百年的 16—18 世纪从某种程度上来说可谓真正的 "中国的世纪"，当时正处于明清鼎盛期的中国凭借其无与伦比的瓷器艺术不仅融入了世界经济与文化贸易体系，还在其中扮演着主要角色。

　　明清时期社会的快速发展同时加速了文化的更新频率，尤其是市民文化的兴起，促成人们生活方式、审美理念以及价值追求上的多元化与多变性特点，此时的瓷器装饰艺术要适应这种变动不拘的新的文化生态环境，就必须做出相应调整，既要融入深厚的传统文化底蕴，也要吸收融摄新环境中与人们生活关联密切的新文化艺术观念以实现产品设计中对时代审美精神的把握与体现。这要求必须处理好传统与时代的关系，也即对传统文化的继承、发展与创新必须深刻把握其精髓与内核，才可能做到将其与时代文化元素进行巧妙的糅合，并以创新性思维形成适应多元市场需求的装饰艺术产品。瓷器装饰艺术通过市场交换行为使自身经济价值得以实现，而其文化艺术价值则在人们的消费、欣赏过程中逐渐得到传承与传播。"任何工艺品、艺术品只有投入人民群众的生活领域，与社会生活需求联系起来，它的生命力才能愈强，反之则没有前途，必将被生活所淘汰"③。在这里，传统文化因其独特的精神气韵而成为明清瓷器装饰艺术实现自身创新性发展的重要创作题材与文化元素，制瓷艺人的有意识的吸收借鉴，使得传统文化的核心价值理念以瓷器装饰艺术的形式呈现在人们面前，从

① ［美］E. 希尔斯：《论传统》，付铿，吕乐译，上海人民出版社 1991 年版，第 16 页。
② ［英］汤因比、（日）池田大作：《展望 21 世纪：汤因比与池田大作对话录》，荀春生等译，国际文化出版公司 1997 年版，第 279 页。
③ 孙瀛洲：《孙瀛洲陶瓷研究与鉴定·谈古月轩瓷器》，紫禁城出版社 2008 年版。

而赋予传统文化以新的内涵意蕴及存在价值，并为其提供了全新的传播渠道进而增强了其生命力与影响力。与此同时，瓷器装饰艺术则借助传统文化的价值影响提升了自身的文化艺术内涵，进而极大拓展了自身的发展空间与潜在市场。

传统的文人绘画、版画等内容皆为优质的传统文化艺术资源，它们在明清时期全新的文化生态环境下通过与瓷器装饰艺术结合而找到了新的表达方式与传播媒介，而将时代文化艺术元素的合理有效融入，则使之更加符合各阶层人们的价值理念追求与审美习惯，从而实现了其当下的存在意义与价值。就明清瓷器而言，其本身既是生活日用品，同时也是一种文化艺术的传播媒介与载体，其装饰艺术对于传统文化资源的创新性借鉴与融入有效提升了自身的内涵价值与意义。明清瓷器装饰艺术始终以各阶层消费者情感、心理等各方面的深层需求为自身发展的创作标准与动力支撑，表现出极强的市场化的产品意识，从而创新了其对传统文化的表达方式与传播手段，进一步实现了文人画、版画等传统内容与时代文艺元素在瓷器装饰艺术上的良性互动与共融发展，并使其不断萌生出全新的表现形态与生命力。明清时期景德镇瓷器装饰艺术有着极强的市场性特点，而其丰富的文化内蕴与外在形式美在提升其自身文化附加值的同时，自然也就极大开拓了自身的市场生存空间。

传统文化与时代审美元素借助明清瓷器装饰艺术的媒介载体作用得以交汇融通，在扩大自身传播渠道与影响范围的同时，也为瓷器从生活日用品向大众艺术品的转化提供了内在的文化艺术底蕴。在这里，对传统的借鉴、模仿与延续当然不是单纯的回归传统，而是因为融入了时代的文化审美元素而表现为变迁或重构，实质上也就成为新传统的再造，这也正是对传统文化继承与创新的真正含义与意义所在。其中的时代元素可以归结为多元化的市场需求、制瓷技术的革新、制瓷艺人自身身份认同及知识结构的变化。明清时期景德镇瓷器消费市场的广阔性同样指示着不同消费者多样化的生活与审美需求，而瓷业生产工艺的革新则是时代发展的必要元素，至于瓷业生产主体自身的变化也表现出重要意义，其时工艺不再被视为末业，制瓷艺人也愈发看重自身价值，他们往往因为技艺精湛而受到社会各阶层的普遍尊重，正如马林诺夫斯基在谈到"艺术及其在文化中的位置"时所指出："艺术在技术、手艺和经济的发展中常是重要的动力之一。人类必须不断变动物质，这就是文化在物质方面的基础。手工业者喜爱他的材料，骄傲他的技巧，每遇一种新花样为他所手创的时候，常感到一种创造的兴奋，在稀有的难制的材料之上创造复杂的、完美的形式，是审美的满足的另一种根源。因为，这种造成的新形式，是贡献给社会中所有的人士，可以借此以提高艺术家的地位，增高物品的经济价值。"① 明清时期景德镇瓷器装饰艺术以所有这些新的时代元素为基础来借鉴、提升乃至创新传统文化资源的内容与形式，以形成符合时代审美需求的新的文化传统，也就实现了传统文化在新文化生态环境下的重构。可以认为，明清时期景德镇瓷器装饰艺术的产业化发展是以文化艺术的形式指向了古代中国社会的现代化转向②。

二　民族与世界

"基础根深的中华民族艺术，就像一座大熔炉，有吸收熔铸外来艺术的能力，并能使之汇入自己传统艺术的大潮中，成为民族化的艺术。罗马的金银制作艺术，波斯的装饰纹样和印度的佛教艺术等传入中国后无一例外。更饶有兴味的是，佛教造像和建筑艺术本是印度的特产，但当它传入中国之后，经过这座熔炉的煅铸，中国化的佛教造像和建筑艺术竟成了东方佛教美术的代表。这座大熔炉还具有磁石般的吸引力和聚合能力。"③也就是说，文化包容性与感召力是中华民族文化传统的基本素质和品格，也是中国文化理念融入相应符号体系的表现，它在明清瓷器装饰艺术中有

---

① ［英］马林诺夫斯基：《文化论》，费孝通译，中国民间文艺出版社 1987 年版，第 86 页。博厄斯提出："无论哪一种工艺，其技术和艺术的发展均存在着紧密的联系，技术达到一定程度后，装饰艺术就随之发展。艺术品的生产与技术的发展分不开，人们精通了某种技术以后即可成为艺术家。"［美］博厄斯：《原始艺术》，金辉译，贵州人民出版社 2004 年版，第 9—12 页。

② 李泽厚：《美的历程》，生活·读书·新知三联书店 2009 年版。关于"现代性"，人类学家萨林斯曾写道："非西方民族为了创造自己的现代性文化而展开的斗争，摧毁了在西方人当中业已被广泛接受的传统与变迁的对立、习俗与理性对立的观念，尤其明显的是，摧毁了 20 世纪著名的传统与发展的对立观念。"［美］马歇尔·萨林斯著：《甜蜜的悲哀》，王铭铭、胡宗泽译，生活·读书·新知三联书店 2000 年版，第 125 页。引进现代先进的技术以方便生活，又着力于恢复传统的文化与仪式庆典内容，于民间百姓而言，这是对于传统民俗内容的继承与发展。

③ 刘凤君：《美术考古学导论》，山东大学出版社 2002 年版，第 152 页。

着充分的体现，不仅展示出中国文化自身的自信与活力，更宽广地包容异域文化并对其有益元素进行合理有效的转化吸收又极大提升了自身的文化质素与影响力。民族文化与世界元素的交互融通，是促进明清瓷器装饰艺术发展的重要原因。而这又涉及文化传播的问题，据文化社会学家的观点，"任何文化传播都是社会传播，都是人的社会活动过程，离开了社会关系，离开了人与人之间的交往，文化传播既不存在，也不能实现，即使是最简单的文化传播，也必须在人们结成类关系并产生互动的情况下才能够实现"①。事实上文化的传播与接受是一个互动交流的过程，接受主体在价值取向、审美观念以及文化归属感上的差异性都对文化的传播与接受有重要影响，其中本民族文化性格在个体身上所呈现出的传承性与主体性是极大的阻碍因素。就中国文化而言，传承久远是一大特点，但文化包容性则是更为基本的优秀品质，因为中华民族文化本身便是多民族文化相互交融提升而成，有着丰富的民族性内涵，这也决定了这一文化本身的包容性特点。明清时期中国所处的整体的文化生态环境决定了其瓷器装饰艺术对本民族文化的传承发展与对外来文化的吸收濡化同样重要。

在变动不居的新文化生态环境下，明清瓷器装饰艺术要持续发展，就必须以包容性的外向发展理念积极参与到世界范围内的商贸、文化等互动交流中。事实上，明清时期的中国与世界各大市场之间的文化经济交流也促成了其与白银市场之间的密切关系。"中国，自罗马时代以来便是欧洲货币的归宿。17 世纪通过与西属菲律宾的贸易，又成了美洲白银的主要吸收者。西属美洲的白银有 20% 被西班牙大帆船直接运到太平洋的马尼拉，然后向中国购买丝绸和瓷器。还有一部分美洲白银通过中亚贸易到达俄国的布哈拉，然后间接转入中国。美洲新大陆出产的贵金属，有一半之多经各种渠道转入中国，加上每年来自日本的 15 万—18.7 万公斤白银，在 17 世纪的前 30 多年中，每年流入中国的白银总量达 25 万—26.5 万公斤"②。如此大规模的白银流入与明清时期发达的外销瓷贸易关系密切。贡德·弗兰克在其著作《白银资本》中认为，14—18 世纪的中国由于大

---

① 司马云杰：《文化社会学》，中国社会科学出版社 2001 年版，第 271 页。
② ［美］魏斐德：《洪业—清朝开国史》，陈苏镇、薄小莹等译，江苏人民出版社 2003 年版，第 1 页。

量吸纳世界各地的白银而成为世界经贸体系的一个中心，而景德镇瓷器在所有出口的中国商品中无疑占有重要位置。明清时期通往世界各地的海上商道的畅通，为景德镇拓展广阔的海外市场提供了便利。而发达的商业贸易并不仅仅是经济上的互动往来，更促进了多元文化的交流融合，因为大规模的文化交流往往正是由商业活动来承担的。世界性的、多元化的瓷器消费市场对产品种类及装饰内容的需求差异极大，这些丰富的市场信息必得通过各国客商带到中国并传达给景德镇瓷业生产系统，制瓷艺人则依据新的生产经营策略对瓷器装饰艺术进行融合多种文化元素的设计创作与生产，以提供符合不同消费审美需求的产品。在这里，中外文化的交流融合是瓷器装饰艺术增强自身活力、持续创新发展的动力与源泉，而整个瓷器产业系统包括制瓷艺人在内则需要处理好民族与世界之间的关系。

任何一个民族的文化在本质上都有着根深蒂固的民族性，这种由思维方式①及价值追求理念所决定的民族性充溢于各门类文化艺术当中并呈现出极强的稳定性、包容性与凝聚力，明清瓷器装饰艺术亦不例外，从而成为民族传统文化与独特审美诉求的艺术表现形式。因而景德镇的制瓷艺人是以传统民族文化底蕴为根基、在自身民族民间美术功底的基础上对外来文化进行选择性的借鉴、吸收与再创作，在产品设计、艺术格调等方面碰撞出新的创作理念，但这种吸收借鉴并不会妨碍瓷器装饰艺术固有的文化民族性，却能在艺术形式上迎合并满足海外消费者的不同审美习惯与需求，这有两个方面的意义，一方面极大开拓了海外市场；另一方面不仅提高了制瓷艺人自身的技术与艺术创作能力，更在潜移默化中向世界传播了中华民族文化的精神与理念。实质上这也是一种文化自觉的表现，对于民族传统文化的熟练认知加强了人们在新的文化生态环境下进行新的文化形态选择的自主能力，更是传承、创新传统文化的基础。中国明清瓷器之所以能够给人以高度的审美享受，正在于其内在蕴蓄着的中国传统文化的精华及其所表现出来的独特的美学精神与艺术魅力。这种民族性在明清瓷器装饰艺术的生产中同样也表现为一种文化的自觉。当然不可否认的是，民族与世界的关系还表现为经济全球化与文化多样性之间的对立与统一。

----

① "每一民族的民族性秘密，不在于那个民族的服装和烹调，而在于它理解事物的方式"。《别林斯基论文学·亚历山大普希金作品》。

三　经济全球化与文化多元化

经济全球化是建立在市场经济与科技发展基础上的世界生产力发展到一定阶段的必然产物，但事实上"全球化并不是今天才存在的，而是一直都存在，只是在远古时期不同文化交流和传播的速度非常缓慢，直到十六世纪欧洲航海技术提高实现了地理大发现以后，全球性的交往和传播才开始加速"①。也就是说，世界经济的全球化发展模式在新航路开辟之后便进入了快速发展阶段。从某种程度上来讲，明清瓷器装饰艺术本身作为中外文化交流的媒介载体较早进入了世界性的经济文化市场，并以其独特魅力成为世界多元文化的重要组成部分。现代陶瓷文化要实现复兴，必须面向世界，同各国文化进行广泛的交流互动，吸收有益的文化因素以孕育新的艺术风格，从而适应市场并重新在世界上形成品牌文化与影响力。

产品本身的创新之外，还必须了解世界范围内瓷业生产格局的变动并积极做出调整，据周思中在谈到景德镇于近代衰落的原因时指出："景德镇的衰落不在于它存在'贡品文化'，也不在于它在传统上缺乏'市场机制'和'市场意识'，也不在于它因'深居内陆'而缺乏现代的营销策略和销售渠道、缺乏'创新意识'。而在于世界陶瓷产业结构的大变化，这种变化引起国际乃至国内陶瓷产业结构的大调整。"② 由产业结构调整所引起的衰落，事实上还是因为对产业市场及结构信息的获得不够灵敏、且变通意识不强，无法做到在短时间内把握并适应全新的文化生态环境。

这表明在世界经济日渐融为一体而表现出高度全球化趋势的环境下，必须以开放性心态积极融入这一经济潮流当中，关注国际市场上的相关产业动态，适应新的消费偏好进行生产策略调整。但这并不意味着所谓的"文化同质化"，因为唯有保持自身民族文化的独有特性，才能够真正在新的文化生态环境当中站稳脚跟，并进一步推进自身经济、文化的发展，为世界文化多样性发展做出贡献。

---

① 方李莉：《中国陶瓷史》（上），齐鲁书社 2013 年版，第 7 页。
② 周思中：《是谁摘走了"瓷都"的桂冠？——对当代景德镇的评论》，《中国陶瓷》2005 年第 8 期。

结　语

马克思主义认为艺术是人类认识、把握世界的精神性的方式和手段，并具有明确的意识形态特性①，因而具有道德教化、伦理观念、价值与信仰以及审美方面的精神性内涵与功能，并可以成为统治阶层用以传达思想与强化等级制度的形式符号。明清时期景德镇瓷器装饰艺术作为一种意识形态的物化形式是各阶层人们主体精神的反映，包括特定的情感理想、审美理念、价值追求、认知方式及文化观念等内容，因而是以物质形式表达精神性内容的文化艺术形态，是人们精神活动的实体性产物。

明清时期景德镇瓷器装饰艺术以文化产品的形式存在，并对人们的文化艺术活动以及思维方式等产生影响，体现出艺术价值与文化功能上的双重特征。明清官窑御瓷有着"表达礼仪与皇权的神圣价值，以及作为社会关系象征物的价值，即通过宇宙的神圣结构参与社会制度、秩序的不断重新建构的过程"②。也就是说，宫廷使用的瓷质祭礼器往往不惜工本、精益求精，是因为统治者在其中寄寓了维持社会结构稳定运转的神圣祈盼，作为与天地神灵进行沟通的媒介，其精细程度决定着心愿能否达成。而民间用于供奉祭祀的瓷器，往往也追求造型与纹饰上的极致精美，以最大程度"取悦"甚或"献媚"于神灵来达成自身的功利性追求。在这里，百姓更看重其精神实用功能，而艺术形式上的逼真、华丽、细腻都是帮助自身达到功利性意愿的手段，至于其艺术审美价值（审美性）则是次要的。

---

① 马克思在《〈政治经济学批判〉导言》中表述历史唯物主义时指出，"在考察这些变革时，必须时刻把下面两者区别开来：一种是生产的经济条件方面所发生的物质的、可以用自然科学的精确性指明的变革；一种是人类借以意识到这个冲突并力求把它克服的那些法律的、政治的、宗教的、艺术的或哲学的，简言之，意识形态的形式。"《马克思恩格斯选集》第2卷，人民出版社1972年版，第83页。

② 方李莉：《中国陶瓷史》，齐鲁书社2013年版，第19页。

　　而关于精神文化的功能，马林诺夫斯基曾做过详细论述："只有在人类的精神改变了物质，使人们依他们的理智及道德的见解去应用时，物质才有用处。另外，物质文化是模塑或控制下一代人的生活习惯的历程中所不能缺少的工具。人工的环境或文化的物质设备，是肌体在幼年时代养成反射作用、冲动及情感倾向的实验室。"① 明清瓷器装饰艺术以其独特的造型、纹饰及色彩表达着中国传统文化的审美意象与民间美术的精神功利性追求，它是物质性的文化产品，从而能够以其感性的、直观的艺术形象来实现人们对审美情感的认知。就纹饰内容题材而言，无论是源自古老民间传统的并蒂莲、蝶恋花还是取材于民间传说的佛道仙人、戏曲小说还是历史人物故事、花鸟山水等生命的、历史的以及自然的内容皆以瓷绘纹饰的形式呈现出来，也都受到儒释道思想相互交融所形成的特有文化心理的制约与影响，是以纹样艺术的形式表达着独特的中华民族性，其所构建的象征性意义世界可以被广大民众所认知并共享，因而从某种程度上表达了中国人的幸福观与价值观，从而有助于完善和提升人们的智力情感。这些外在的艺术形式背后承载着信仰、审美等在内的传统文化逻辑，是以物质表象呈现着人们的文化意义世界，并借助丰厚的文化内蕴发挥多样性的精神文化功能。

　　渗透于古代社会各阶层人们的各个生活层面的传统文化，历经时代变迁后，在新的文化生态环境下，往往又以物质的与非物质的文化遗产形式成为新的经济与文化建构发展过程中可资利用的有效资源。其作为人文资源②在世界很多地方被用来构建和强化全球化语境中各个民族的文化主体

---

① ［英］马林诺夫斯基：《文化论》，费孝通等译，中国民间文艺出版社1987年版，第5页。

② 由费孝通先生提出的"人文资源"概念为："人文资源是人类从最早的文明开始一点一点地积累、不断地延续和建造起来的。它是人类的历史、人类的文化、人类的艺术，是我们老祖宗留给我们的财富。人文资源虽然包括很广，但概括起来可以这么说：人类通过文化的创造，留下来的、可以供人类继续发展的文化基础，就叫人文资源。"费孝通：《西部人文资源的研究与对话》，《民族艺术》2001年第1期，第23页。也就是说，人文资源作为人类的文化创造与积累自古就伴随在人们生活与文化的发展过程中，而非今天才出现的，但将其作为"资源"来认识以及"资源"这一概念的提出则是现代社会才有的。明清瓷器装饰艺术有意识地借用了各种自然与人文资源来发展自身，其所创造的辉煌成就又为我们今天民族社会的"文化重构"提供了可贵的多方面的文化资源。（过去遗留下来的遗产，成为今天社会发展的宝贵资源，而今天创造的新文化又是未来社会文化发展的起点与资源基础。因而，文化遗产是链接过去、现在与未来的筋脉与纽带。）

意识，而作为经济资源在重塑地方文化形态的同时，也促成新的经济增长模式的形成。明清瓷器装饰艺术本身即是由手工技艺完成的文化产品，并凭借对传统文化资源的创造性借鉴与应用而获得了极大的成功，无论是其本身所蕴含的文化艺术价值还是其工艺技术价值在新的文化生态下都已转化为独特的非物质文化遗产，为新的文化、经济发展模式的形成提供重要的传统资源保证。这种情况在民俗吉祥文化方面有着较为突出的表现，"我们目前在中国各地从事民俗调查时所最常遇见的吉祥图案，包括其主题、表现技巧和隐含的意义结构等基本上均是直接从明清吉祥图案沿袭或继承而来"①。现代社会生活方式的变迁也在加速改变着人们的审美观念，对明清瓷绘吉祥纹样的运用因为技术的日益精进而呈现出更为多样化的表现形式与艺术格调，但在主题和象征寓意上却表现出一贯的传承性特点。

此外，明清时期景德镇瓷器装饰艺术的产业化发展模式对今天各类非物质文化遗产的传承、创新与发展有着重要的借鉴经验与启示意义。它打破传统，以创新性的思维观念对传统文化与时代审美、海外文化资源与民族文化底蕴进行了合理有效的融合与提升，实现了传统与时代、民族与世界之间的协调统一。瓷器装饰艺术全面融入了明清时期的社会、生活当中，一方面促进经济发展，创造巨大经济效益；另一方面则是文化价值的实现，就国内市场而言，不断提高民众对民族文化的认同感进而激发民族性；就海外市场而言，广泛传播了中华民族传统文化的民族性、包容性等优秀品质与开拓进取的创新精神。因而，经济价值之外，其本身所具有的艺术审美价值与社会文化价值是其获得成功的关键，也即不断提升的文化附加值是根本。这正与当代文化产业实践的生产与经营理念不谋而合。所谓具有创新性的文化产业发展模式，就是以具有原创性、时代性及产业性的方式来开发利用传统文化资源，形成独具民族特色的产业品牌及产业价值链，在利用文化资源创造经济价值的同时，达到其文化价值的实现。在这里，与以商品为中心的传统经济发展模式不同，注重不同消费群体个性化、差异化需求的创新性思维是关键。而创新就是要打破传统，在将传统文化资源与时代因素进行融合的过程中激发碰撞出新的思维观念，以新的

---

① 　周星：《作为民俗艺术遗产的中国传统吉祥图案》，《民族艺术》2005 年第 1 期。

技术、审美对传统文化中的优质元素进行合理转化、整合与提升，形成内蕴丰厚而又充满时代气息、符合时代审美需求的文化产品，实现传统文化艺术在新的文化生态环境中的价值转换与理念传播。

参考文献

典籍文献

《明史》，中华书局 1974 年版。

《明实录》，中研院史语所 1962 年版。

《明会典》，中华书局 1989 年版。

《清史稿》，中华书局 1977 年版。

《清实录》，中华书局 1985 年版。

（明）沈德符：《万历野获编》，中华书局 1959 年版。

（明）宋应星著，潘吉星译注：《天工开物》，上海古籍出版社 2008 年版。

（明）徐光启：《农政全书》，台湾商务印书馆 1983 年版。

（明）王士性：《广志绎》，中华书局 1981 年版。

（明）于慎行：《谷山笔尘》，中华书局 1992 年版。

（明）王阳明：《王阳明全集》，上海古籍出版社 1992 年版。

（明）许自昌：《樗斋漫录》，上海古籍出版社 1995 年版。

（清）顾炎武著，黄汝成集释：《日知录集释》，中州古籍出版社 1983 年版。

（清）刘廷玑撰，张守谦点校：《在园杂志》，中华书局 2005 年版。

（清）赵翼著，王树民校注：《廿二史札记》，中华书局 1982 年版。

（清）钱大昕：《潜研堂文集》，江苏古籍出版社 1997 年版。

（清）鄂尔泰、张廷玉等编纂：《国朝宫史》，北京古籍出版社 1997 年版。

（清）张庚：《国朝画征录》，浙江人民美术出版社 2011 年版。

（清）蓝浦：《景德镇陶录》，北京燕山出版 1991 年版。

（清）陈浏:《陶雅》,北京燕山出版社1991年版。

研究论著

陈宝良:《明代社会生活史》,中国社会科学出版社2004年版。

陈进海:《世界陶瓷艺术史》,黑龙江美术出版社1995年版。

陈伟、周文姬:《西方人眼中的东方陶瓷艺术》,上海教育出版社2002年版。

陈高华、吴泰:《海上丝绸之路》,海洋出版社1991年版。

陈淞贤:《中国传统陶瓷艺术研究》,中国美术学院出版社2001年版。

陈炎:《中国审美文化史·元明清卷》,山东画报出版社2000年版。

陈炎:《海上丝绸之路与中外文化交流》,北京大学出版社2002年版。

程金城:《中国陶瓷美学》,甘肃人民美术出版社2007年版。

程庸:《国风西行:中国艺术品影响欧洲三百年》,上海人民出版社2009年版。

邓白:《中国历代陶瓷纹饰》,上海科学技术文献出版社1989年版。

邓乔彬:《中国绘画思想史》,贵州人民出版社2001年版。

丁叙钧:《明清釉上彩绘瓷器》,上海书店出版社2004年版。

段建华:《中国历代吉祥装饰设计》,中国轻工业出版社1999年版。

封孝伦:《人类生命系统中的美学》,安徽教育出版社1999年版。

冯天瑜:《明清文化史散论》,华中工学院出版社1984版,

冯先铭:《中国古陶瓷图典》,文物出版社1998年版。

冯先铭:《中国陶瓷》,上海古籍出版社2001年版。

冯克诚:《清代绘画史》,中国文史出版社2005年版。

傅衣凌:《明清社会经济史论文集》,中华书局2008年版。

傅衣凌:《明清时代商人及商业资本?明代江南市民经济试探》,中华书局2007年版。

傅振伦译注:《陶说译注》,轻工业出版社1984年版。

傅振伦:《景德镇陶录详注》,文献出版社1993年版。

甘雪莉:《中国外销瓷》,东方出版中心2008年版。

耿宝昌：《明清瓷器鉴定》，紫禁城出版社、两木出版社 1993 年版。

耿宝昌：《明清陶瓷鉴赏》，紫禁城出版社 1993 年版。

郭廉夫：《中国纹样辞典》，天津教育出版社 1998 年版。

胡惠林、单世联：《文化产业学概论》，书海出版社 2006 年版。

黄能馥、陈娟娟：《中国历代装饰纹样大典》，中国旅游出版社 1997
年版。

黄启臣：《广东海上丝绸之路史》，中山大学出版社 2003 年版。

黄霖、韩同文编：《中国历代小说论著选》，江西人民出版社 1982
年版。

江奔东：《文化产业经济学》，泰山出版社 2008 年版。

江西省轻工业厅陶瓷研究所编：《景德镇陶瓷史稿》，生活・读书・
新知三联书店 1959 年版。

景德镇陶瓷研究所：《中国的瓷器》，中国财政经济出版社 1963
年版。

孔六庆：《中国陶瓷绘画艺术》，东南大学出版社 2003 年版。

雷绍锋、杨先艺著：《中国古代艺术设计史》，武汉理工大学出版社
2002 年版。

李泽厚：《美的历程》，生活・读书・新知三联书店 2009 年版。

李知宴：《中国古代陶瓷》，商务印书馆 1998 年版。

李知宴：《中国陶瓷艺术》，外文出版社 2010 年版。

李家治：《中国科学技术史・陶瓷卷》，科学出版社 1998 年版。

李典：《中国传统吉祥图典》，京华出版社 2005 年版。

李辉炳：《中国陶瓷全集》，上海人民美术出版社 2000 年版。

李浴：《中国美术史纲》，辽宁美术出版社 1984 年版。

李砚祖：《装饰之道》，中国人民大学出版社 1993 年版。

李砚祖：《造物之美：产品设计的艺术与文化》，中国人民大学出版
社 2000 年版。

李伯重：《江南的早期工业化（1550—1850）》，社会科学文献出版社
2000 年版。

李科友、关永存点校：《古瓷鉴定指南・二编》，燕山出版社 1993
年版。

梁森泰：《明清景德镇城市经济研究》，江西人民出版社 1991 年版。

刘开渠：《刘开渠美术论文集》，山东美术出版社 1984 年版。

刘凤君：《中国古代陶瓷艺术》，山东教育出版社 1990 年版。

刘兰华、张柏合著：《中国古代陶瓷纹饰》，哈尔滨出版社 1994 年版。

刘墨：《中国画论与中国美学》，人民美术出版社 2003 年版。

刘秋霖：《中国吉祥纹样图典》，百花文艺出版社 2004 年版。

吕成龙：《中国古代颜色釉瓷器》，紫禁城出版社 1999 年版。

吕品田：《中国民间美术观念》，江苏美术出版社 1992 年版。

马希桂：《中国青花瓷》，上海古籍出版社 1999 年版。

缪良云：《中国历代丝绸纹样》，纺织工业出版社 1988 年版。

穆益勤编：《明代院体浙派史料》，上海人民美术出版社 1985 年版。

潘鲁生：《民艺学纲要》，北京工艺美术出版社 1998 年版。

潘鲁生、唐家路：《民艺学概论》，山东教育出版社 2002 年版。

庞熏琹：《中国历代装饰画研究》，文化艺术出版社 2009 年版。

齐涛：《中国古代经济史》，山东大学出版社 1999 年版。

钱穆：《中国历史研究法》，生活·读书·新知三联书店 2001 年版。

芮传明、余太山：《中西纹饰比较》，上海古籍出版社 1995 年版。

沈从文：《中国古代服饰研究》，北岳文艺出版社 2002 年版。

沈福伟：《中西文化交流史》，上海人民出版社 1985 年版。

司马云杰：《文化社会学》，中国社会科学出版社 2001 年版。

宋伯胤：《从刘源到唐英：清代康雍乾官窑瓷器综述》，南京博物院、香港中文大学博物馆 1995 年版。

孙瀛洲：《孙瀛洲陶瓷研究与鉴定》，紫禁城出版社 2008 年版。

孙彦点校：《古瓷鉴定指南·三编》，燕山出版社 1993 年版。

唐力行：《商人与中国近世社会》，浙江人民出版社 1993 年版。

田培标：《明代社会经济史研究》，北京燕山出版社 2002 年版。

田自秉：《中国工艺美术史》，东方出版社 1985 年版。

田自秉、吴淑生、田青：《中国纹样史》，高等教育出版社 2003 年版。

铁源主编：《明清民窑瓷器鉴定》，朝华出版社 2005 年版。

铁源主编：《明清瓷器纹饰鉴定·景物纹饰卷》，华龄出版社 2002年版。

万明：《中国融入世界的步履——明与清前期海外政策比较研究》，社会科学文献出版社 2000 年版。

王国维：《静庵文集》，辽宁教育出版社 1997 年版。

王尔敏：《明清时代庶民文化》，岳麓书社 2002 年版。

王光尧：《中国古代官窑制度》，紫禁城出版社 2004 年版。

闻一多：《神话与诗》，湖南人民美术出版社 2010 年版。

吴仁敬、辛安潮：《中国陶瓷史》，上海书店 1984 年版。

吴晗、费孝通：《皇权与绅权》，上海观察社 1948 年版。

吴山：《中国纹样全集》，山东美术出版社 2009 年版。

吴建雍：《18 世纪的中国与世界·对外关系卷》，辽海出版社 1999年版。

吴承明：《中国资本主义与国内市场》，中国社会科学出版社 1985年版。

乌丙安：《中国民间信仰》，上海人民出版社 1986 年版。

伍跃、赵令雯点校：《古瓷鉴定指南·初编》，燕山出版社 1991年版。

肖丰：《器型、纹饰与晚明社会生活：以景德镇瓷器为中心的考察》，华中师范大学出版社 2010 年版。

肖丰：《民间美术与文化创意产业》，华中师范大学出版社 2012年版。

向焯：《景德镇陶业纪实》，汉熙印刷所景德镇开智印刷局 1920年版。

熊寥：《中国陶瓷古籍集成》，江西科学技术出版社 2000 年版。

熊寥，熊寰：《中国历代瓷器装饰大典》，上海文化出版社 2003年版。

熊寥：《中国陶瓷美术史》，紫禁城出版社 1993 年版。

严建强：《十八世纪中国文化在西欧的传播及其反应》，中国美术学院出版社 2002 年版。

阎宗临：《中西交通史》，广西师范大学出版社 2007 年版。

杨永善：《陶瓷造型艺术》，高等教育出版社 2004 年版。

叶舒宪：《中国神话哲学》，中国社会科学出版社 1993 年版。

叶文程：《中国古外销瓷研究论文集》，紫禁城出版社 1988 年版。

叶喆民：《中国陶瓷史》，生活·读书·新知三联书店 2006 年版。

叶喆民译注：《饮流斋说瓷译注》，紫禁城出版社 2005 年版。

余英时：《士与中国文化》，上海人民出版社 1987 年版。

余英时：《文史传统与文化重建》，生活·读书·新知三联书店 2004 年版。

余春明：《中国名片：明清外销瓷探源与收藏》，生活·读书·新知三联书店 2011 年版。

袁珂：《山海经校注》，上海古籍出版社 1985 年版。

袁宣萍：《十七、十八世纪欧洲的中国风设计》，文物出版社 2006 年版。

张光直：《考古学专题六讲》，文物出版社 1992 年版。

张道一：《中国图案大系》，山东美术出版社 1994 年版。

张广立：《中国古代石刻纹样》，人民美术出版社 1988 年版。

张国刚：《明清传教士与欧洲汉学》，中国社会科学出版社 2001 年版。

张晓玲：《中国原始艺术精神》，重庆出版社 2004 年版。

赵农：《中国艺术设计史》，陕西人民美术出版社 2004 年版。

周一良：《中外文化交流史》，河南人民出版社 1987 年版。

周心慧：《中国古版画通史》，学苑出版社 2000 年版。

中国硅酸盐学会：《中国陶瓷史》，文物出版社 1982 年版。

中国硅酸盐学会：《中国古陶瓷论文集》，文物出版社 1982 年版。

中国古陶瓷研究会：《中国古代陶瓷的外销》，紫禁城出版社 1988 年版。

中国书店：《中国陶瓷名著汇编》，中国书店 1991 年版。

中国第一历史档案馆，香港中文大学文物馆合编：《清宫内务府档案总汇》，人民出版社 2005 年版。

中国社会科学院考古研究所等：《定陵》，文物出版社 1990 年版。

朱杰勤：《中外关系史论文集》，河南人民出版社 1984 年版。

朱培初：《明清陶瓷和世界文化的交流》，轻工业出版社1984年版。

朱狄：《原始文化研究》，生活·读书·新知三联书店1988年版。

左汉中：《中国民间美术造型》，湖南美术出版社2006年版。

宗白华：《艺境》，北京大学出版社1997年版。

［英］贡布里希：《艺术发展史》，范景中译，天津人民美术出版社2004年版。

［英］贡布里希：《秩序感：装饰艺术的心理学研究》，杨思梁、徐一维译，浙江摄影出版社1987年版。

［英］雷蒙德·威廉斯：《文化与社会》，吴松江、张文定译，北京大学出版社1991年版。

［英］詹·乔·弗雷泽：《金枝》，中国民间文艺出版社1987年版。

［英］马林若夫斯基：《文化论》，费孝通译，中国民间文艺出版社1987年版。

［英］简·迪维斯：《欧洲瓷器史》，熊寥译，浙江美术学院出版社1991年版。

［德］雷德侯：《万物：中国艺术中的模件化和规模化生产》，张总等译，生活·读书·新知三联书店2005年版。

［德］利奇温：《十八世纪中国与欧洲文化的接触》，朱杰勤译，商务印书馆1962年版。

［意］利玛窦：《利玛窦中国札记》，中华书局1983年版。

［奥］阿洛瓦·里格尔：《风格问题——装饰艺术史的基础》，刘景联、李薇蔓译，湖南科学技术出版社2000年版。

［美］魏斐德：《洪业：清朝开国史》，陈苏镇译，江苏人民出版社2010年版。

［美］魏斐德：《中华帝制的衰落》，邓军译，黄山书社2010年版。

［美］希尔斯：《论传统》，付铿、吕乐译，上海人民出版社1991年版。

［美］爱德华·W.赛义德：《文化与帝国主义》，李琨译，生活·读书·新知三联书店2003年版。

［美］艾梅兰：《竞争的话语》，江苏人民出版社2005版。

［美］马士：《东印度公司对华贸易编年（1635—1834）》，中国海关

史研究中心译，中山大学出版社1991年版。

［日］长谷部乐尔：《日本出土的中国陶瓷》，东京国立博物馆1976年版。

［日］三上次男：《陶瓷之路》，李锡经、高喜美译，文物出版社1984年版。

［日］海野弘：《装饰与人类文化》，陈进海译，山东美术出版社1990年版。

［日］佐久间重男：《景德镇窑业史研究》，第一书房1999年版。

［加］卜正民：《纵乐的困惑：明代的商业与文化》，方俊等译，生活·读书·新知三联书店2004年版。

［加］卜正民：《佛教与晚明中国士绅社会的形成》，张华译，江苏人民出版社2008年版。

［加］卜正民：《明代的社会与国家》，陈时龙译，黄山书社2009年版。

［俄］普列汉诺夫：《论艺术（没有地址的信）》，曹葆华译，生活·读书·新知三联书店1973年版。

论文

曹林：《中国装饰艺术传统及其当代文化价值》，中国艺术研究院博士学位论文2005年。

曹金源：《"臧窑"瓷样设计者——刘源散论》，《景德镇陶瓷》第2卷第2期。

陈万里：《宋末—清初中国对外贸易中的瓷器》，《文物》1963年第1期。

陈宝良：《明代生员的社会职业流动及其影响》，《明清论丛》第3辑。

杜维明：《试谈中国哲学中的三个基调》，《中国哲学史研究》1981年第1期。

方李莉：《艺术人类学研究的沿革与本土价值》，《广西民族大学学报》（哲社版）2009年第1期。

费孝通：《西部人文资源的研究与对话》，《民族艺术》2001年第

1 期。

　　傅振伦、甄励：《唐英瓷务年谱长编》，《景德镇陶瓷》1982 年第 2 期。

　　高小康：《市民文学中的士人趣味——凌濛初"二拍"的艺术精神阐释》，《文艺研究》1997 年版。

　　古湘、陈柏泉：《介绍几件元、明青花瓷器》，《文物》1973 年第 12 期。

　　李舜华：《"史"与"瞽"——初兴期章回小说确立的两极规范》，《社会科学辑刊》1999 年第 4 期。

　　李湜：《同治、光绪朝如意馆》，《故宫博物院院刊》2005 年第 6 期。

　　刘毅：《明清陶瓷官窑制度比异》，《南方文物》1992 年第 4 期。

　　刘朝晖：《明清以来景德镇的瓷业与社会控制》，复旦大学博士学位论文 2005 年。

　　陆军：《中国古陶瓷饰纹发展史论纲》，中国艺术研究院博士学位论文 2006 年。

　　慕青：《试论中国瓷器上的莲纹》，《文物春秋》1990 年第 4 期。

　　宋暖：《博山琉璃及其产业化保护研究》，山东大学博士学位论文，2011 年。

　　孙锦泉：《华瓷运销欧洲的途径、方法及其特征》，《四川大学学报》（哲社版）1997 年第 2 期。

　　胡光华：《从西方的中国热到中国外销艺术的西化》，《美术观察》1999 年第 2 期。

　　黄纪阳：《明清华瓷外销研究》，南昌大学硕士学位论文，2007 年。

　　王建华：《清代宫廷珐琅彩综述》，《故宫博物院院刊》1993 年第 3 期。

　　王光尧：《从故宫藏清代制瓷官样看中国古代官样制度》，《故宫博物院院刊》2006 年第 6 期。

　　吴琦：《晚明至清的社会风尚与民俗心理机制》，《华中师范大学学报》（人文社科版）1990 年第 6 期。

　　吴建雍：《清代外销瓷与早期中美贸易》，《北京社会科学》1987 年第 1 期。

叶舒宪：《猪龙与熊龙》，《文艺研究》2006 年第 4 期。

周星：《作为民族艺术遗产的中国传统吉祥图案》，《民族艺术》2005 年第 1 期。

周思中：《是谁摘走了"瓷都"的桂冠？——对当代景德镇的评论》，《中国陶瓷》2005 年第 8 期。

图版书目

国家文物局主编：《中国文物精华大辞典·陶瓷卷》，上海辞书出版社、商务印书馆 1995 年版。

故宫博物院编：《故宫博物院藏·清代宫廷绘画》，文物出版社 1995 年版。

景德镇陶瓷馆编：《景德镇古陶瓷纹样》，人民美术出版社 1983 年版。

李希凡总主编：《中华艺术通史·明代卷》，北京师范大学出版社 2006 年版。

李希凡总主编：《中华艺术通史·清代卷》，北京师范大学出版社 2006 年版。

李知宴、陈良珠编：《中国古代瓷器珍品集锦》，两木出版社 1988 年版。

刘新园：《景德镇出土永乐、宣德官窑瓷器展览》，香港市政局 1989 年版。

马自树主编：《中国文物定级图典》，上海辞书出版社 1999 年版。

耿宝昌主编：《故宫博物院文物珍品大系·青花釉里红》，上海科学技术出版社、两木出版社、香港商务印书馆 1999 年版。

耿东升主编：《中国瓷器定级图典》，上海辞书出版社 2008 年版。

邓福星主编：《中国民间美术全集·装饰编》，山东教育出版社 1993 年版。

王朝闻、邓福星主编：《中国美术史·明代卷》，北京师范大学出版社 2011 年版。

王朝闻、邓福星主编：《中国美术史·清代卷》，北京师范大学出版社 2011 年版。

王莉英主编：《中国陶瓷全集》，上海人民美术出版社 2000 年版。

香港艺术博物馆编制：《中国外销瓷：布鲁塞尔皇家艺术历史博物馆藏品展》，香港市政局 1989 年版。

熊寥、熊寰：《中国历代瓷器装饰大典》，上海文化出版社 2003 年版。

杨静荣主编：《故宫博物院藏文物珍品大系·颜色釉》，上海科学技术出版社、香港商务印书馆 1999 年版。

周銮书等编著：《中国历代景德镇瓷器》，中国摄影出版社 1998 年版。

中国美术全集编辑委员会，杨可扬主编：《中国美术全集·工艺美术编·陶瓷》，上海人民美术出版社 1991 年版。

中国历代艺术编辑委员会，李中岳等主编：《中国历代艺术·工艺美术编》，文物出版社 1994 年版。